# 인간교제술

## 효과적인 237가지 법칙

A.F.V. 크니게 지음 / 김진욱 옮김

지성문화사

세계인이 격찬한 인간교제술의
고전적 명저 !

# 인간교제술
## 효과적인 237가지 법칙

인생에서 적을 만들지 말라.
원수는 외나무다리에서 만나는 법이다.
인간교제는 신중을 기하고 다시 한 번 신중하라.
좋은 새가 가지를 가려서 앉듯 사람을 가려서 사귀라.
좋은 인간관계에서 행복과 성공이 따르고
나쁜 인관관계에서 불행과
실패가 따른다.

# 차례

## 제2장 · 자기 자신과의 교제

# 차례

**제2부**

### 제1장·세대가 다른 인간과의 교제

### 제2장·부모, 아이, 부부, 친구와의 교제에 대해서

**제3부**

**제1장 · 신분이 높은 사람과의 교제에 대하여**

# 차례

# 프롤로그

위대한 재능을 갖고 있는 사람이 사회에서 반드시 행복을 손에 넣을 수 없는 이유는 무엇일까. 사교가들이 말하는 '매너의 에스프리'에 입각하여 다른 사람들에게 자신을 맞추려고 하지 않는 사람이 있고, 반드시 필요한 세상의 상식이 결여되어 있는 사람도 있다. 그리고 자신만을 내세우려고 하는 사람도 많다.

따라서 좋은 의지와 소질을 갖고 있는 사람이 모두 행복해진다고 볼 수는 없다. 그 이유는 무엇일까?

남보다 우수하고 영리하며 분별력이 있는 인간이라도 일상 생활에서 고개를 갸웃거리게 하는 짓을 할 때가 있다.

세상에 대해 잘 알고 있는 사람조차도 이해할 수 없는 사기에 걸려들기도 한다. 수많은 경험을 쌓은 사람이 일상 생활 안에서 빗나간 수단을 택하는 일이 있다. 주위 사람들에게 감명을 주려고 하다가 오히려 실패하는 경우도 있다.

분별력 있는 사람이 변덕스럽고 멍청한 사람의 말을 따르거나 자신보다 뒤떨어지는 사람의 고집에 끌려다니기도 한다. 구두끈을 풀게 할 만한 가치도 없는 인간에게 지배되어 부당한 대우를 받는 수도 있다.

반면에 정신면에서 미숙하고 떨어지는 인간이 현자(顯者)조차도 거의 바랄 수 없는 일을 이루어내는 경우도 있다. 성실한 사람인데도 세상 사람들로부터 인정받지 못하는 경우를 많이 볼 수 있다.

재능이 있고 두뇌가 명석한 사람이 사교장에 등장하면 사람들의 시선이 모두 그에게 향하게 되고, 그가 무슨 말을 하

는지 주목한다. 그런데 기대에 어긋나게 바보 같은 짓을
한다거나 저속하기 짝이 없는 화제로 꽃을 피우는 일이
있다. 반면에 머리가 텅빈 사람이 여기저기서 주워 모은 어
려운 말들을 자신의 말로 장식함으로써 주위로부터 주목을
받을 뿐만 아니라 지식인으로 받아들여지는 경우도 있다.

　미인이라고 해서 어디서나 인기를 끄는 것은 아니다. 외
견은 그다지 눈에 띄지 않는 여성이 많은 사람들의 관심을
끄는 경우도 있다.

　나는 이러한 일들을 보면서 생각한다. 세상일에 대처할
때 학식과 경험을 쌓은 인간일수록 재주가 없다고 할 수는
없을지도 모른다. 그러나 이러한 사람들은 처신을 하는 데
어딘가 불편한 점이 있으므로 불행하게도 구석에 처하게 되
는 경우가 많다. 재주가 있는 사람은 확실히 태어나면서부
터 여러 가지 장점을 갖추고 있다. 그러나 어떻게 하면 다른
사람들의 마음에 들 수 있을까, 어떻게 하면 자기 자신을 돋
보이게 할 수 있을까, 그런 것들에 대하여 가장 둔한 것이
이러한 사람들이다.

　매우 총명하고 영리한 사람조차도 세상이라는 곳, 사교
장, 또는 이익이나 명성이 관여되는 장소에서는 종종 목적
을 달성하지 못하고 행복을 손에 넣는 것에 실패한다.

　그러나 이렇게 말했다고 해서 결코 선량한 사람들에게 비
열한 처세술의 소유자들과 맞서도록 강요하는 것은 아니다.
훌륭하고 고고한 품성을 갖고 있는 사람이 열에 들뜬 듯한
성격을 갖고 있는 사람이나 대인 관계가 좋지 않는 사람들

과의 교제에 의하여 암담한 기분에 빠지게 되어도 하는 수
가 없다고 말하는 것은 아니다.

아니, 내가 이 책에서 고찰 대상으로 하고 싶은 인간이란
이러한 타입의 인간이 아니다. 오히려 선량한 의지와 충실
한 진심의 소유자이며, 그뿐 아니라 다양하고 매우 뛰어난
성질을 갖고 세상에서 성공하기 위해, 또한 다른 사람과 자
신의 행복을 이루기 위해 열심히 노력하는 데도 불구하고
다른 사람들로부터 오해를 받고 무엇 하나 성공하지 못하는
그러한 사람인 것이다.

왜 이런 일이 벌어지는 걸까. 도대체 이런 사람들에게는
무엇이 부족하고, 다른 타입의 인간(부도덕하고 불성실하면
서도 세속적인 부와 명예를 취득한다)에게는 무엇이 갖추어
져 있는 것일까.

내가 이 책에서 고찰 대상으로 삼으려고 하는 사람들에게
결여되어 있는 것은 프랑스인들이 말하는 '매너의 에스프
리', 즉 인간 교제술이다. 교제술이란 것은 지성 있는 인간,
총명하고 재주 있는 인간보다는 떨어지는 사람이(누가 가르
쳐 준 것도 아닌데도) 훨씬 더 잘 터득하고 있다.

인간 교제술을 터득하고 있으면 세상 사람들로부터 어엿
한 인물로 통용되고, 게다가 다른 사람들의 원망도 받지 않
게 된다. 교제술을 터득하고 있으면 자기 자신의 마음을 배
반하지 않고 다른 사람들의 기분이나 생각, 기호에 보조를
맞출 수가 있다. 어떠한 사람들이 모인 자리에서도 느긋한
기분으로 대화에 맞출 수가 있다. 게다가 자기다움을 잃지

않으면서도 저속하게 아부하거나 아양을 부릴 필요도 없다.

그러나 이렇게 행복한 자질을 하늘로부터 물려받지 못한 사람은 인간 연구를 시작해야 한다. 몸에 익혀야 할 것은 어떤류의 유연함, 사교성, 양보할 줄 아는 마음, 인내, 자신의 격정을 누를 수 있는 힘, 자신을 관리하는 능력, 그리고 마지막으로 항상 변함 없이 안정된 심정을 지닐 수 있는 명랑한 마음이다.

이러한 기분을 갖고 있다면 누구든지 인간 교제 기술을 자기 것으로 할 수 있다.

그러나 주의해야 할 것이 있다. 교제술이라는 것을 오해해서 비열한 노예와 같이 비굴해지거나 부끄러운 아부를 하게 되서는 안된다는 점이다. 어떤 사람의 말이라도 듣고, 누구든지 추종하며, 생계를 위해 악한에게조차도 충성을 맹세하고, 보수가 주어진다면 부정에 눈을 돌리고, 사기에 손을 빌려 주고 유행을 찬미하는─이러한 노예 근성을 지녀서는 안된다.

'매너의 에스프리'라는 것은 어떤 종류의 인간과 교제를 할 경우에도 우리들에게 지침을 줄 수 있는 것이다. 나는 이 에스프리의 대해 말하려고 생각한다.

나는 관혼상제의 지침서와 같은 것을 쓰려고 하는 것은 아니다. 오히려 나는 짧다고만은 할 수 없는 지금까지 내 인생의 세월 속에서 쌓아 온 여러 가지의 경험으로부터 몇몇 가지의 결론을 이끌어내려고 한다.

내가 내 인생을 통해 온갖 종류, 온갖 계층의 사람들과 교제를 갖고 그들의 행동 거지들을 관찰해왔기 때문이다.

내 책은 완벽한 이론서는 아니다. 오히려 단편들을 모아놓은 것에 지나지 않는다. 어쩌면 독자들의 질책을 받을 만한 내용을 다루었을지도 모른다. 이 책은 여러분들에게 더 깊이 생각할 수 있도록 하기 위한 하나의 토대일 뿐이다.

내가 말하려고 하는 것은 다른 사람들에게 적응하기 위한 기술에 관해서이다. 그런데 나에게 사교가들이 말하는 '매너의 에스프리'에 대해 말할 수 있는 자격이 있을까?

어쩌면 내 인생에서 그 에스프리를 구체적으로 표현한 적은 그다지 없었는지도 모른다. 인간에 대한 지식을 있는 그대로 써보려고 하는 것이 나에게 허용될 수 있을까?

나 자신도 젊을 때 건방지게 사교계에 뛰어들었다가 낭패감을 맛본 적이 있다. 인간과의 교제로부터 이제는 거의 멀리 떨어져서 생활하고 있는 나에게서 인간 교제술을 배우려고 하는 사람이 있을까?

이러한 의문에 내가 어떠한 해답을 줄 수 있는지 독자 여러분은 유심히 바라보기 바란다.

나는 고통스런 경험을 한 적이 있다. 내가 재주가 없는 사람이라는 것은 나 자신도 잘 알고 있다. 그렇기 때문에 다른 사람에게 조언을 하기가 편할 것이다. 위험 속에 처해본 적이 있는 사람이야말로 가장 적절히 다른 사람에게 위험을 경고해줄 수 있을 것이다.

나에게는 정열과 유연함(또는 이것을 다른 사람과 곧 친해지고 싶어하는 능력이라고 해도 좋을까?), 애정이나 우정에 대한 동경심, 다른 사람을 위해 봉사해서 공감을 얻으려고 하는 기분이 있었다. 때문에 나는 종종 서툰 짓을 저질렀다. 이성을 잃고 냉정하게 계산된 행동을 하지 못하는 경우가 있었다. 즉 내가 실패한 것은 내가 바보였기 때문이라든지, 근시안적이라든지, 또는 인간이라는 것을 몰랐기 때문은 아니다. 오히려 사랑하고 사랑받고 싶다는 욕구가 너무 강했기 때문이며, 다른 사람을 위해 행동하고 싶은 갈망을 너무 강하게 갖고 있었기 때문이다.

그런데 나는 거의 20여 년 간 온갖 종류의 사람들과 실로 다양한 관계 속에서 많은 교제를 할 수 있는 기회를 얻었다. 여러 가지 교제를 해본 경험이 있는 인간은—보통 능력이 있고 보통 교육을 받았다고 하면—사람들에게 주의를 주거나 또는 자신이 도망갈 수 있었던 여러 가지 위험을 피해가도록 다른 사람에게 경고할 수 있는 기회를 갖게 된다.

나는 지금 세상에서 떨어져서 고독하게 지내고 있다. 그러나 그것은 내가 인간을 싫어하거나 겁쟁이기 때문은 아니다. 나름대로 중대한 이유가 있지만 여기서 그것을 장황하게 말해봤자 사사로운 내 얘기에 지나지 않는다.

그렇지 않아도 나는 이 책의 서문을 마무리 지으면서 내 자신의 경험을 몇 가지 밝히지 않으면 안된다. 그럼 제1부에 들어가기 전에 조금 더 내 자신의 경험에 대해 말해 볼까 한다.

아직 철부지라고 해도 좋을 정도로 매우 젊었을 때부터

나는 귀족들의 세계를 드나들며 상류 사회 사교계에 얼굴을 내밀었다. 내 성품은 명랑하고 활발하며 활동적이었다. 내 피는 뜨거웠다. 격정이 내 안에 숨어 있었다.

최초의 교육을 통해서 나는 약간 어리광을 부릴 수 있었다. 어릴 적부터 사람들은 나를 어리지만 한 인격체로서 매우 신중하게 대해 주었다. 때문에 나는 세상 사람들이 여러 가지 배려를 해주는 것에 익숙해져 버렸다.

내가 태어나서 자란 지방에는 자유로운 분위기가 있었다. 아부를 하거나 자신의 진짜 모습을 다른 사람에게 감추거나 또는 비굴한 태도를 보이는 것을 거의 볼 수 없었다. 이런 환경 탓에 나에게도 꾸밈없는 태도가 몸에 배었다.

그러나 세상을 헤엄쳐 나갈 수 있는 기술을 어린 시절부터 머리로 익혔지만 실제로 도움이 되는 일은 드물었다. 스스로 이것저것 경험해보고나서야 비로소 가장 좋은 방책을 강구할 수 있게 되었다.

다행스럽게도 나는 그러한 경험을 일찌감치했다.

어느 날 나는 슈베린의 중심가에 있는 이탈리아 오페라 극장의 박스에 앉아 있었다. 다른 귀족들보다 일찍 도착했기 때문에 특별석에는 단 한 사람만이 외롭게 앉아 있었다. 그는 J. 프린스 스미스 백작이었다.

우두커니 홀로 앉아 있던 백작은 나의 출현을 기뻐했다. 즉시 내게로 다가와 인사를 나누고 대화를 하기 시작했다. 나는 내가 알고 있는 것들을 화제로 삼아 백작의 대화 상대를 해주었다.

　백작은 꽤 만족했다. 이윽고 백작은 탁 털어놓고 말하기 시작했기 때문에 나는 신이 났다. 그리고 점점 얘기가 탈선하게 되었는데, 결국은 약간이지만 다른 사람의 험담을 하게 되었다.

　무슨 말을 했는지 이제는 분명히 기억나지 않는다. 하여튼 그때 나는 마지막에 말도 안되는 부주의한 말을 입밖으로 내버리고 말았다. 백작은 내 얼굴을 찬찬히 바라보았다. 그리고 단 한마디도 하지 않고 나를 그대로 내버려 둔 채 자신의 박스로 돌아가 버렸다.

　나는 이런 식으로 질책을 당하고 엄청난 쇼크를 받았다. 그러나 이 쇼크 요법의 효과는 오래 가지 않았다. 내 품성은 양극단으로 기울기 쉬우므로 태도가 초지 일관되지 못했다.

　나는 모든 일을 성급히 해치웠다. 내가 하는 것은 항상 너무 많든지 그렇지 않으면 너무 적었다. 내가 오는 것은 항상 너무 빠르든지 그렇지 않으면 너무 늦었다. 내가 하는 짓은 모두 어리석은 짓이든지 그렇지 않으면 어리석은 짓에 대한 사과였다.

　처음에 나는 너무나 무관심하고 개방적이었다. 부주의하기 짝이 없는 짓을 저지르고는 보복을 받곤 했다.

　다음에 나는 세련된 인간이 되기 위해 주의를 기울이게 되었다. 그러자 내 태도는 부자연스러워지고 오히려 지위가 높은 사람들의 신용을 잃게 되었다. 너무나 아부를 하려고 했기 때문에 주위 사람들로부터 존경을 받지 못하게 되고 자존심과 명성을 잃었다.

　다른 사람과 내 자신에 대해서 염증을 느낀 나는 세상에서 멀어져 사람들 앞에 모습을 드러내지 않게 되었다. 그런데 놀랍게도 이것이 내 평판을 높여 주었다. 이상하게도 사람들은 내 모습을 찾아 헤맸다.

　이렇게 되자 내 마음속에는 다시금 사람들과 교제를 하고 싶다는 충동이 일기 시작했다. 나는 사람들 속에 섞여서 부드러운 태도로 처신하게 되었다. 그러나 세상에서 은둔했었다는 이유 하나만으로 내 등뒤에서 빛나고 있던 후광이 거짓말처럼 사라지고 말았다.

　한때 나는 바보 같은 짓을 하는 사람들을 저주하던 시기가 있었다. 사람들은 나를 두려워할 뿐이지 나를 사랑하는 사람은 아무도 없었다. 그로 인하여 내 마음은 상처를 입었다. 사람들과의 관계를 수복하기 위해 나는 자신의 부드러운 면을 드러내려고 했다.

　그 결과 나에게 다소라도 원한을 갖고 있었던 사람이나 내 말을 재미있게 들어주던 사람도 모두 나를 개의치 않게 되었다. 또한 명랑한 사람들이 박수 갈채를 보내준 덕택에 나의 뒤틀린 성격이 심화된 적이 있었다. 그럴 때 나는 무엇이든지 통렬히 깎아내렸다. 경박한 무리들은 기뻐해 주었다. 그러나 현명한 사람들은 고개를 옆으로 저으며 나에게 차가운 태도를 보여주었다. 내 자신의 성품이 악의에 차 있지 않다는 것을 보여주기 위해 나는 다른 사람들의 험담을 하는 것을 그만두었다. 그리고 잘못을 사과했다. 그러자 어떤 사람은 나를 어리석은 자라고 했으며, 다른 사람들은 위선자라고 했다.

개방적이라고 평판이 높은 사람들과의 교제를 원했던 적
도 있다. 그러나 그들은 권력을 손에 쥔 어리석은 자들이었
으며, 나는 그들로부터 아무런 도움도 얻지 못했다.

신분이 매우 낮은 사람들 사이에 일부러 끼어든 적도 있
었다. 그러나 사람들은 나를 신분이 낮은 사람이라고 생각
하고 함부로 대했다. 교육도 받지 못하고 신분도 낮은 사람
들에게 너무 접근하니까 그들은 나를 이용하려고 했다.

신분이 높은 사람에게 가까이 다가가면 그들은 내 자존심
을 건드리고 내 마음이 거칠어지게 했다.

어리석은 자에게 열등감을 품도록 함으로써 박해를 받은
적도 있었다. 그 밖에 너무 소극적으로 처신해서 사람들 눈
에 띄지 않게 된 적도 있었다.

세상 사람들의 풍습을 익힌 후에는 보잘것없는 사교 클럽
의 예법이라도 내 자신의 것으로 소화하려고 했던 적도 있
었다. 그 결과 나는 중요한 시각과 상류층 인사들로부터의
존경과 아울러 내 자신에 대한 만족감을 잃고 말았다.

그래서 나는 소박하게 처신하려고 결심했다. 그러자 제대
로 된 역할을 연기하고 또 연기해야만 될 경우에 처하게 되
어도 별 볼일 없는 역할밖에 할 수 없게 되었다.

언젠가 나는 거의 밖으로 나가지 않았다. 사람들은 나를
고고한 인간 기피자로 보았다. 또 언젠가는 나는 여기저기
얼굴을 내밀었다. 사람들은 나를 보고 '또 저 녀석이 나타났
군.' 하는 표정을 지었다.

소년 시절 나는 경솔하게도 나를 친구하고 불러주며 나에게 호의를 보여주는 친구에게만 성실하게 대해 주었다. 다른 친구들에게는 눈길도 주지 않았다.

그러나 나는 종종 혹독하게 배신을 당함으로써 어리석은 기대가 무너지고 말았다. 그래서 나는 누구하고든지 친구가 되고 누구에게나 봉사하겠다는 각오를 했다.

그런데 나에게 마음을 열어주는 사람은 아무도 없었다. 우정을 자잘하게 나누어서 모든 사람에게 주려고 하는 인간을 좋아하는 사람은 없기 때문이었다.

기대가 너무 크면 항상 배반을 당했기 때문에 우정이나 성실이라는 것을 전혀 신용하지 않게 된 시기가 있었다. 그때 나는 사람들과 교제를 해도 기쁨을 느끼지 않게 되고 아무에게도 관심을 갖지 않게 되었다.

이렇듯 나는 본래 감추어 두어야 할 내 약점을 주의 깊게 감추어 두었던 적이 한번도 없었다.

이렇게 해서 세월이 흘러갔다. 좀더 능숙하게 처신했더라면 사람들이 보통 '행복'이라고 하는 것을 나도 손에 넣을 수 있었을는지도 모른다. 이제 나는 인간이라는 존재가 무엇인가를 충분히 알게 되었고 경험도 다양하게 쌓았다.

그 덕택에 내 눈이 뜨이고 조심스럽게 처신할 수 있게 되었다. 주위 사람들에게 감화를 줄 수 있는 기술도 익히게 되었다.

그러나 나는 내 지식을 실제로 응용하기에는 너무 늦었다. 다리에 힘이 빠져 인사를 하기도 힘들다. 쓸데없이 허비할 수 있는 시간이 나에게는 거의 남아 있지 않다.

교제술을 구사해서 내 일생의 남은 부분을 보낸다고 해도 얻을 수 있는 것은 극히 일부분에 지나지 않을 것이다. 따라서 이러한 것에 힘을 쏟는다는 것은 지금의 나에게는 걸맞지 않는 일이다. 나이를 먹고 경험을 쌓아 인생을 살아가는 법이 굳어져 버린 인간에게는 이제와서 어울리지 않는 일인 것이다.

이제는 너무 늦었다고 말하지만, 그것은 인간 교제술을 나 자신이 응용하기에는 너무 늦었다는 의미일 뿐이다. 젊은 사람들에게 어떤 길을 걸어가야 할지 가르쳐 주기에는 아직도 늦지 않았다. 그래서 이 글을 쓰고 있는 것이다.

*1*

# 인간 교제술의 일반적 규칙과 주의 사항

*001*-인간은 세상에서 자신을 연기하지 않으면 안 된다는 명제의 적용에 대하여

인간은 집요한 비평가이다. 사람들을 움직인다는 것은 아스피린을 먹듯 아무 것도 아닌 경우도 있으나, 때에 따라서는 뇌수술을 하는 것만큼 어려운 경우도 있다. 그렇기 때문에 사람들을 잘 '다루기' 위해서는 대예술가나 과학자의 수완 만큼이나 특출한 능력이 필요하다.

세상에서 버젓한 인물로 통용되고 있는 사람은 모두 나름대로 자신을 연기하고 있다. 이것은 하나의 금언이다. 프랑스인이 말하는 '작법(作法)의 에스프리'를 마스터하기 위한 책의 주제, 즉 세상에서 목적을 달성하기 위해서는 어떤 수단을 써야 하는지를 말하는 이 책의 주제는 '자신을 어떻게 연기하는가'이다.

이 금언의 정당함은 모든 시대의 경험으로부터 알 수 있다. 이 경험을 이용해서 허풍선이나 사기꾼이 사람들 앞에서 중요 인물인 것처럼 연기할 수가 있다. 그들은 거물급

정치가 및 저명 인사와 연줄이 있다고 허풍을 떤다. 거물급 정치가는 그와 같은 사람을 보거나 만난 적도 없다. 그런데도 그들의 허풍이 곧잘 통한다.

나는 과거에 황제와 거물급 정치인을 잘 아는 관계라고 허풍을 떠는 남자와 만난 적이 있었다. 나는 확신하건데 황제나 거물급 정치인은 그 남자의 이름을 들은 적도 없을 것이다.

그러나 그 남자에 대해 아무도 수상하게 여기지 않았다. 때문에 그는 곧 대단한 명성을 얻게 되었다. 황제께 진정(陳情)하려고 생각하는 사람들이 매일 그를 찾아가게 되었다. 그러자 그는 주저하지도 않고 부끄러움도 없이 어느 거물급 정치인에게 편지를 보냈다.

편지에는 자신이 저명한 누구 누구와 교제를 하고 있는 사람이라고 썼다.

진정을 했던 목적은 달성되지 않았다. 그러나 정중한 답장을 받는 영예를 얻을 수가 있었다. 그로써 한층 그의 명성이 높아졌다.

모든 것을 알고 있다는 얼굴을 하고 있으면서 아무 것도 모르는 사람이 있다. 그런데 그는 불과 1시간 전에는 들어본 일도 없는 사항에 대해 대담하고 결정적인 한마디를 한다. 자신을 연기하는 기술을 응용한 덕분이다. 이 남자의 단호한 한마디는 대단한 박력을 갖고 있다.

그 분야의 전문가가 그 자리에 있었다 해도 소극적인 사람이라면 반론이나 질문을 할 생각조차도 못할 정도의 박력이다. 본래 아는 척하는 사람의 입을 다물게 할 수 있는 사람은 전문 지식을 갖고 있는 사람밖에 없는데도 전문가가 꼼짝 못하는 것이다.

출세욕이 있는 어리석은 사람이 연기할 줄 아는 지혜를 응용하면 권력을 잡게 되어 능력 있는 사람을 몰아낼 수도 있다.

세상에 아무런 도움도 되지 못하는 천재나 재능도 지식도 없는 사람, 허풍만 떠는 사람이 귀인 앞에서 필요 불가결한 사람으로 통하고 있다. 이것 역시 연기를 할 줄 아는 지혜 덕분이다. 학자나 음악가, 화가의 명성을 결정 짓는 것도 대부분은 연기를 할 줄 아는 지혜가 있는가 없는가에 달려 있다.

연기를 할 줄 아는 지혜를 응용함으로써 작가는 자신에게 유리한 서평을 써받을 수 있게 된다. 질질 길게 늘어진 작품의 제2부 앞에 그는 서문을 단다. 지식인이나 학자가 제1부를 칭찬해 주었다고 수줍음도 없이 공개한다(실은 그 지식인이나 학자는 평소부터 친분이 있는 사람이다).

후견인을 구할 때 그럴듯한 연기를 하면서 부탁을 하면 거절당하지 않는다. 두려워하면서 소극적으로 부탁을 하면 대개는 거절당하게 된다. 정당한 부탁조차도 이루어지지 않는 경우가 많다.

처세의 지혜를 응용함으로써 어느 자리에 중용될 수도 있고 좋은 동업자를 만날 수도 있다. 요컨대 인간의 가치는 그 사람이 자신을 어떻게 연기하는가에 의해 결정된다. 그 이상도 이하도 아니다. 이 처세 교훈은 모험가, 자만가, 허풍선이, 경박한 사람들이 지상에서 성공하기 위한 만능 약인 것이다.

나는 독자들에게 만능의 묘약을 주는 척하면서 앵두씨를

주는 짓은 하지 않는 사람이다—그러나 쉿! 조용히.

이 처세 교훈은 우리들에게 전혀 유해 무익하기만 한 것일까. 실은 이 처세 교훈 안에도 우리들에게 가르쳐 주는 것이 있다. 이것은 자신의 경제적, 물질적, 도덕적 내지는 지적 결심을 필요에 따라 포장해서 감추어 주는 기술이다.

자랑을 하거나 저속한 거짓말을 할 때마다 타락해서는 안된다. 그러나 자신의 뛰어난 면을 나타낼 수 있는 기회가 있다면 그 기회를 놓치지 않도록 하는 것이 중요한다.

물론 이러한 방법을 활용할 경우 조잡한 방법을 취해서는 안된다. 너무 성급하게 행동해서 남의 눈에 띄는 방식도 안된다. 그런 식으로 행동하면 오히려 잃어버리는 것이 크다. 당신을 보고 '처음 만났을 때 느낀 것보다도 훨씬 많은 것이 이 사람 안에 들어 있을지도 모른다.'라고 다른 사람이 생각할 수 있도록 행동하는 것이 중요한다.

너무나 훌륭히 빛나는 방패를 갖고 있으면 오히려 적의 눈에 띄기 쉽다. 인간이라면 누구든지 어느 정도는 결점을 갖고 있다. 이러한 작은 결점을 탐색하고 싶어하는 사람도 있다.

그러나 다른 사람의 눈에 띄는 훌륭한 장점을 갖고 있는 사람은 그만큼 또한 다른 사람으로부터 결점을 탐색당하기 쉽다.

자기 자신의 존엄에 대한 어떤 류의 소극적인 의식을 갖고 자신을 겉으로 드러내는 것이 필요하다. 특히 당신의 얼굴과 태도에서 진실과 성의의 빛이 나타날 수 있는 방법으로 자신을 드러낼 줄 알아야 한다.

결정적일 때에 분별력과 지식을 밖으로 드러내는 것이 필요하다. 그러나 너무 많이 드러내서 질투를 사지 않도록 해야 한다. 반대로 너무 적게 드러내서 무시당하거나 짓밟히지 않도록 주의해야 한다.

### 002—완전성을 구한다. 그러나 완전성의 외견을 구해서는 안된다

완전한 인간이 되도록 노력한다. 그러나 완전 무결한 인간이라는 것을 겉으로 드러내서는 안된다.

사람들은 당신이 어떠한 태도를 취하고 있는지를 암암리에 체크한다. 그리고 당신이 취하는 행동을 이것저것 비평한다. 이것은 어쩔 수 없는 일이다. 당신이 아주 사소한 실패를 해도 사람들은 말한다.

"이런 사람은 결코 용서할 수 없다."

비굴한 인간은 완전 무결해보이는 사람 안에서 결점을 발견하면 떠들어대는 법이다. 다른 사람은 실패와 어리석은 짓을 반복해도 그리 소동을 피우지 않으면서 당신이 단 한 번 실패를 한 것을 갖고 다른 사람들의 더욱 큰 실패의 합계보다도 더 혹독하게 평가하려고 한다.

### 003—다른 사람의 의견의 노예가 되어서는 안된다

그러나 다른 사람의 의견의 노예가 되어서는 안된다. 자립하라. 자신이 해야 될 것을 제대로 알고 있다면 세상의 평판이 어떻든 분개하지 않게 된다. 팔방 미인과 같이 처신하

면서 외견을 꾸며봤자 무슨 가치가 있는가. 세상을 잘 건너
가기 위해서 외견을 장식하는 건 어디까지나 천박한 마음에
금이 번쩍거리는 의상을 입힌 것과 같은 것이다.

## 004-옆사람의 결점을 들추어내서는 안된다

자신을 돋보이게 하기 위해 다른 사람의 결점을 비열한
방법으로 폭로해서는 안된다. 즉, 다른 사람의 결점이나 잘
못을 폭로하여 짓밟고 자신을 돋보이게 해서는 안되는 것
이다.

소크라테스는 제자들에게 늘 이렇게 말했다.

"나는 한 가지만 알고 있다. 그것은 내가 아무 것도 모
른다는 사실이다."

나는 어떻게 달라져도 소크라테스보다 현명할 수는 없다.
그러므로 남의 결점이나 잘못을 지적하는 일은 일체 하지
않기로 했다. 그 방침 덕분에 나는 꽤 이득을 보았다.

## 005-다른 사람의 권위의 우산을 써서는 안된다

다른 사람의 공적을 자신의 공적인 것처럼 떠들어대서는
안된다. 당신 위에 훌륭한 사람이 있을 경우 사람들이 당신
에게도 경의를 표하는 경우가 있다. 당신은 그로 인해 거만
해져서는 안된다.

오히려 겸손하게 '윗사람 없이 나 혼자밖에 없다면 사람
들은 나에게 경의를 표하지 않을지도 모른다.'라고 생각해
야 한다. 세상 사람들이 당신의 가치를 인정해주도록 당신

은 충분히 노력을 해야만 한다.

태양의 빛으로 빛나는 달이 되지 마라. 별 주위를 도는 위성이 되지 마라. 오히려 작아도 좋으니까 자신의 빛으로 어두운 거리를 비추는 조명(照明)들이 되어야 한다.

## 006 – 자신의 괴로움을 겉으로 드러내서는 안된다

무엇인가 부족한 것이 있거나 고통이나 불행에 빠져 있고, 또 분별력이나 신념이나 강인한 의지가 충분히 갖추어져 있지 않아 매우 고통을 당할 경우가 있다. 그럴 때 당신은 당신을 도와줄 수 있는 사람에게만 그 고통스런 마음을 털어놓아야 한다. 만약 사랑하는 아내라도 당신을 도와줄 수 없다면 괴로운 마음을 그녀에게 토로해서는 안된다.

당신의 괴로운 마음을 받아들일 수 있는 사람은 아주 드물다. 대부분의 사람은 당신의 무거운 짐을 오히려 무겁게 해줄 뿐이다. 행복의 여신이 당신에게 미소를 던지지 않게 되면 실로 많은 사람들이 당신 곁을 떠나는 법이다.

당신에게 구원의 길이 없다는 것, 아무도 당신을 은밀히 도와주려고 하지 않는다는 것, 당신을 돌봐주는 사람이 전혀 없다는 것을 세상 사람들이 느낄 수 있게 되었을 경우에는 당신은 오히려 아무에게도 의지하지 않으려고 해야 한다.

세상으로부터 내팽개쳐진 인간에 대한 확고한 신념을 갖고 '내가 원조해 주겠습니다.'라고 자칭하고 나설 수 있는 용기를 도대체 누가 갖고 있겠는가.

"나는 이 남자를 알고 있습니다. 그는 내 친구입니다. 당

신들은 그에 대해 나쁘게 말하지만 당신들 모두를 합친 것
보다도 그 한 사람이 더 가치 있는 사람입니다.”

이렇게 발언할 수 있는 용기를 누가 갖고 있겠는가.

만약 당신 주위에 이러한 말을 해주는 사람이 있다고 해
보자. 그러나 이러한 인간은 어쩌면 영락한 악마일지도 모
른다. 그 자신이 비참한 상황에 놓여 있고 절망감에 쌓여 있
으므로 자신의 비참한 운명 안에 당신을 끌어들이려고 하는
것인지도 모른다. 이러한 인간이 주는 원조란 당신에게 유
익하기는커녕 오히려 재난의 씨앗이 될 뿐이다.

## 007―자신의 행복을 퍼뜨리고 다녀서는 안된다

행복의 한가운데 있을 경우라도 당신은 행복하다는 것을
떠벌려서는 안된다. 번영, 재산, 재능을 펴보여서도 안
된다. 왜냐하면 인간은 자신보다 나은 인간을 보면 험담이
나 질투를 하지 않고는 배기기 힘든 존재이기 때문이다.

다른 사람에 대해 너무 큰 친절을 베풀어서는 안된다. 옆
사람을 위해 너무 많은 것을 해서는 안된다. 넘치는 자선을
베푸는 사람과 직면하게 되면 많은 돈을 빌린 사람이 채권
자를 만났을 때와 마찬가지로 견딜 수 없어 도망치게 된다.

친구들로부터 큰 기대를 받고 있는 경우에도 친구의 눈에
당신의 모습이 지나치게 큰 인물로 비치지 않도록 주의해야
한다. 단 한번의 선행의 거부가 지금까지의 천번의 선행을
잊게 하기 때문이다.

●타인과의 교제에 있어서 절제는 영혼의 평정을 보증한다.
　상피에르―프랑스의 계몽 사상가

## 008—자신을 잃어서는 안된다

자신을 잃지 않는다. 신(神)이나 인간성, 운명이란 것에 대한 신뢰감을 잃지 않는다. 이 점에 특히 주의해야 한다. 당신의 얼굴에 의기 소침한 표정이나 절망의 빛이 나타나는 것을 주위 사람들이 보면—그때 모든 것이 끝장나게 된다.

한편 불행의 한가운데 있는 사람은 다른 사람에게 종종 매우 부당한 행동을 취하기 마련이다. 그는 사람들이 약간만 기분 나쁜 태도를 취하거나 냉정한 표정을 지은 것만으로도 자신을 빗대어 빈정거리는 것이라고 생각하기 쉽다.

그는 자신이 괴로운 상황에 있다는 것을 주위 사람들이 모두 알고 있다고 생각하기 쉽다.

그리고 만약 그가 도움을 청하면 주위 사람들이 모두 도망가 버릴 것이라고 믿고 있는 것이다.

## 009—냉정함을 잃어서는 안된다

냉정 침착한 마음은 하늘로부터 받은 선물이라 할 수 있다. 이것이 있으면 우리들은 사람과 교제할 때 매우 유리하다. 물론 이러한 장점은 기술을 통해 얻을 수 있는 것만은 아니다.

그러나 태어나면서부터 냉정 침착한 마음을 갖추고 있지 않은 사람이라도 노력 여하에 따라 그런 성격을 기를 수 있다. 어떠한 경우에 처하더라도 냉정 침착한 마음을 견지할 수 있다면 성급하게 일을 처리하거나 다른 사람뿐 아니라 자기 자신까지도 당황하게 만드는 일은 피할 수 있다.

특히 임기 응변이 빠른 사람일수록 더 주의해야 한다. 나는 다음과 같은 사항을 권장한다. 예기치 않은 질문이나 평소 익숙치 않은 일에 부닥쳤을 때 1분간이라도 좋으니까 침묵하라는 것이다.

그리고 자신이 취해야 할 길을 찾기 위한 여유를 얻는 것이다. 당황해서 부주의하게 한 말 한마디, 또는 내딛은 한걸음이 후회와 불행한 결말을 가져다 주게 된다.

이와는 반대로 결정적인 순간에 마음을 가라앉히고 민첩하게 그 자리에서 결단을 내리는 사람은 행복과 구제와 위안을 얻을 수 있게 된다.

## *010*−다른 사람의 친절을 받는 것은 가능한 한 적은 것이 좋다

다른 사람에게 친절을 요구하거나 다른 사람으로부터 친절을 받아들이는 일은 가능한 한 줄이는 것이 좋다. 아주 조금밖에 기여하지 않았으면서도 나중에 많은 보상을 요구하는 사람이 많다. 이런 사람이 생기면 교제의 밸런스가 무너지면서 자유를 해치게 되고 무슨 일을 해도 삐걱거리게 된다.

많은 보상을 요구당해 당황하거나 불쾌한 기분이 들게 되는 것은 실제로는 열번 중 한번도 되지 않을 것이다.

그러나 아무리 그것이 작은 비율을 차지하더라도 그 한번의 경우도 피할 수 있도록 다른 사람으로부터의 친절이나 그 밖의 것을 받는 것보다는 오히려 자신이 주도록 봉사하는 신중함이 필요하다.

다른 사람에게 친절을 베풀 때 싫은 얼굴을 하지 않을 수 있는 사람은 적다. 독자 여러분도 시험 삼아 행복의 절정에 있는 아는 사람에게 이렇게 얘기를 해보자.

"부탁하고 싶은 일이 있어요. 나는 곤경에 빠져 있어요."

이때 당신의 아는 사람 중 얼마나 많은 사람이 얼굴을 찡그리는지.

다른 사람의 도움 없이 해나갈 수 있는 최선의 수단은 다음과 같다. 너무 많은 것을 바라지 않을 것, 절도를 지닐 것, 그리고 소극적인 희망으로 만족할 것 등이다.

이에 비해 헤아릴 수 없을 정도의 많은 욕망―명예욕일 경우도 있고 금전욕, 물욕, 정욕일 경우도 있을 것이다―에 빠져 있는 사람, 또는 유행하는 사치품의 매력에 감염되어 눈에 비치는 것은 무엇이든지 갖고 싶어하는 사람, 또는 호기심이 너무나 왕성한데다 변덕이 심해 온갖 무익한 활동에 고개를 들이미는 사람―이러한 사람은 물론, 자신의 무한한 욕망을 충족시키기 위해 다른 사람의 원조나 도움을 결코 포기하지 못하는 것이다.

◀ point 인간교제술 20 ▶

**인간성에 대해서 알아두어야 할 일**

인간이란 지구상에서 가장 복잡하고 흥미로운 동물이다. 사람은 지적(知的)으로 고르지 못하다. 이와 마찬가지로 도덕적으로도 고르지 못하다.

## 011 ─ 약속은 엄격히 지키고 진실을 말한다

약속은 충실히 지킨다. 한번 입밖으로 내놓은 말은 아무리 사사로운 말이라도 확실히 지키도록 한다. 말할 때에는 항상 진실만을 말한다.

이 원칙 이상으로 반드시 지켜야 할 보편적인 원칙은 없다. 이 원칙을 충실히 지켜 나가면 사람들로부터 존경을 받고 다른 사람들이 우정을 나타내게 된다.

마음속에 떠오르는 모든 것을 공표해야만 된다는 법은 없다. 그러나 자신이 생각하고 있는 것과 전혀 다른 것을 말할 권리도 결코 존재하지 않는다.

'필요에 의해 하는 수없이 시킨 거짓말'이라는 것은 존재하지 않는다. 진실이 아닌 것을 입밖으로 내버리면 언젠가는 반드시 모든 사람에게 폐를 끼치게 된다.

약속을 엄격히 지키고 진실이 아닌 것은 결코 말하지 않는다는 평가를 얻은 인간은 신뢰와 평판과 존경을 얻을 수 있다.

## 012 ─ 시간을 정확히 지키고 정리 정돈을 하면서 근면 하게 일한다

일을 할 때에는 엄밀함을 잃지 말아야 한다. 시간을 정확히 지키며 제대로 정리 정돈을 하고 근면하게 일하는 것이 필요하다. 자신의 서류나 열쇠는 보관 장소를 반드시 정해 두고, 암흑 속에서도 어디에 무엇이 있는지 알 수 있도록 해 두어야 한다.

다른 사람의 사물이나 서류일 경우에는 더욱 소중히 다루어야 한다. 다른 사람으로부터 빌린 서적이나 그 밖의 물품은 전대해서는 안된다. 전대한 물품을 빌렸을 경우에는 적당한 때에 그것을 이쪽에서 반납해야 한다. 빌려준 당사자나 그 가족이 물품을 찾으러 오기를 기다려서는 안된다.

말과 행동이 정확하여 안심하고 무엇이든지 맡길 수 있는 사람, 이러한 사람과는 누구든지 교제를 하고 싶어하고 함께 일을 하고 싶어한다.

## 013—자신에게 흥미를 가져주기를 바란다면 당신 쪽에서 먼저 상대에게 흥미를 가져야 한다

당신에게 흥미를 가져 주기를 바라는가? 그렇다면 당신 쪽에서도 상대에게 흥미를 보여야 한다.

나의 경험에 의하면, 이쪽에서 진실한 관심을 보이면 아무리 바쁜 사람이라도 주의를 기울여줄 것이고, 협력도 해주기 마련이다.

그러므로 누군가를 친구로 만들고 싶으면 우선 그 사람을 위해 봉사해야 할 것이다. 그를 위해 자기의 시간과 힘을 바치고, 사려 있는 몰아적(沒我的) 노력을 기울여야 한다.

세상에는 사람과의 교제를 좋아하지 않는 사람이 있다. 우정이나 친절심이나 애정에 관한 센스가 부족한 사람도 있다. 이렇듯 자기 혼자 살아가는 듯한 사람은 다른 사람에게 도움을 청해도 응해주지 않는다.

### 014 — 모든 것을 있는 그대로 드러내서는 안된다

사람들은 다른 사람에게 있는 그대로 모든 것을 드러내지는 않는다. 여기에는 두 가지의 이유가 있다.

첫째, 자신을 모두 드러내 버리면 약점까지도 드러나 버린다. 그것이 악용될 우려가 있기 때문이다.

둘째, 사람들 앞에서 아무 것도 숨기지 않는 것이 당연한 일이 되어 버리면, 사람들은 결국 당신의 아주 사소한 행동에까지 사정 설명을 요구하게 되고, 모든 것을 알고 싶어하게 되며, 모든 것에 충고를 하려고 하는 사태가 일어나기 때문이다.

반대로 너무 자신을 드러내지 않는 것도 좋지 않다. 만약 그런 식으로 행동하면 당신의 행동의 배후에 무엇인지 중대한 의미가 감추어져 있는 것이 아닐까, 또는 위험한 기도가 숨어 있는 것이 아닐까 하는 의심을 받게 되고, 당신 자신도 불쾌한 사태에 말려들게 된다. 특히 외국에 갔을 때나 여행지, 그리고 그 밖에 온갖 경우와 장소에서 당신은 오해를 받게 되고 거의 일상 생활에서 — 마음을 털어놓고 지내는 친구와의 교제에 있어서조차도 — 곤혹스러운 경우에 처하게 될지도 모른다.

### 015 — 모든 사람은 즐거움을 얻고 싶어한다. 즐거움을 주는 법에 대해서

어떤 경우라도 다음과 같은 점들을 잊어서는 안된다.

인간이란 유쾌한 기분을 갖고 싶어한다. 착실하고 견고한

교제 자리에서도 때로는 센스 있는 말이나 풀어진 분위기를
섞어 주지 않으면 사람들은 점차 지루해 한다. 뿐만 아니라
인간이란 자신이 칭찬을 받거나 추켜올라가는 것을 센스 있
고 총명하며 유쾌한 얘기라고 생각한다.

그러나 현명한 사람들은 자신이 분위기 메이커가 되는 것
자체가 자신의 명예를 해치는 행위라고 생각한다.

성실한 사람에게 비굴한 아부를 하는 것은 무가치한 일
이다. 그런데 양극단에 치우치지 않고 중용의 길이 될 수 있
는 방법이 하나 있다. 나는 독자들에게 이 길을 따르라고 충
고하고 싶다.

어떠한 인간이라도 한가지 정도는 칭찬을 받을 만한 좋은
면이 있다. 그러한 좋은 면을 — 너무 도가 넘치게 칭찬하는
것은 좋지 않지만 — 어떤 사람이 칭찬을 했다고 하자. 그때
그러한 칭찬의 말은 그 사람을 보다 높은 완성을 향해 나아
가게 하는 박차가 된다.

중용의 길이 어떠한 것인가에 대해서는 이상에서 말한 것
만으로도 이해가 될 것이다.

가능한 한 언제나 똑같은 명랑한 표정을 보인다. 격정에
희롱당하지 않는 마음, 더러움을 모르는 마음의 샘물로부터
솟아나오는 너그럽고 명랑한 마음이야말로 어떤 것에 비교
해도 매력적이며 사랑스러운 것이다.

항상 센스 있는 말을 하는 사람이 있다. 사교장을 재미있
게 이끌려고 열심히 준비해왔다는 인상을 주는 사람이
있다. 이러한 사람은 아주 짧은 기간 밖에 사람들의 인기를
끌지 못한다. 이러한 사람에게 관심을 갖는 사람은 매우
적다. 제대로 된 교제를 원하는 마음을 갖고 있고, 생산적인

대화를 원하는 지성을 갖고 있는 사람은 이러한 사람과의 교제를 원하지 않는다.

항상 재미 있는 화제를 제공하려고 하는 사람은 곧 밑천이 드러나고 질리게 된다. 그뿐 아니다. 이러한 사람이 만약 비축해 둔 기지 중에서 한 가지를 꺼내 선을 보일 수 없게 되면 주위 사람들은 매우 불만스럽게 생각하게 된다.

이러한 사람이 식사에 초대받았을 때, 또는 사람들의 주목을 받을 수 있는 장소에 초대되었을 때 그의 양어깨에는 무거운 임무가 주어진다. 초대를 받은 것에 대한 보답으로 센스 있는 스피치를 해야 한다는 의무이다. 만약 그가 목소리를 내리깔고 진지한 연설이라도 한다면 얘기의 반도 끝나기 전에 사람들은 그를 비웃고 말 것이다.

진정한 유머와 진정한 재치는 강요한다고 해서 밖으로 드러나는 것이 아니다. 진정한 유머와 진정한 재치란 것은 천재가 그 재능을 발휘했을 때와 마찬가지로 사람들의 마음을 뜨겁게 하고 감격을 주며 외경심을 품게 하는 것이다.

## 016─내용이 있고 쾌적한 말만을 해야 한다

사람을 만나면 내용이 있는 말을 하든지 아니면 친절한 말을 해야 한다. 그러나 내용이 있는 말이든 친절한 말이든 상대에게 도움이 되는 말을 해야 한다. 상대가 꽁무니를 빼지 못하도록, 또는 준비해 온 듯한 인상을 주지 않도록 말의 사용에 주의해야만 한다.

당신과 함께 지내는 한때가 시간의 낭비라는 느낌을 상대에게 주지 않도록 해야 한다. 당신이 상대의 인격 그 자체에 흥미를 갖고 있다는 것을 상대가 느낄 수 있도록 태도를 취해야 한다. 정성을 다해 행동해야 하는 것이다. 그렇다고 해서 당신 앞을 지나치는 모든 사람에게 다 친절해야 한다고는 생각하지 않는 편이 좋다.

내가 말한 것을 오해하지 말기 바란다. 가능하다면 나는 모든 공허한 말들을 사교장으로부터 추방시켜 버렸으면 하는 것이다. 듣는 사람에게 아무런 도움도 되지 못하고 게다가 정말로 즐겁다고도 할 수 없는 사항들, 또는 상대가 지적으로도 심정적으로도 관심을 갖지 않는 사항들은 절대로 말하지 않도록 자존심을 가져야 한다.

끝없이 공허한 겉치레를 늘어놓는 사람들이 있다. 이런 말을 듣는 사람은 누구든지 겉치레로 하는 칭찬을 아무리 들어도 막연하기만 할 뿐이다. 나는 결코 이러한 겉치레로 하는 말을 권하는 것은 아니다. 그렇다고 해서 선의에서 우러나와 하는 말을 비난하는 것도 아니다. 사람들은 선행으로 나아가게 하는 칭찬이나 절제된 칭찬들을 비난하는 것은 아니다.

내 기본 자세를 밝히기 위해 한 가지 예를 들기로 한다.

나는 과거에 지적이며 아름다운 부인과 또 한 사람, 40세가 되려고 하는 키가 작고 등이 굽은 여자와 함께 식사를 한 적이 있다. 그때 나는 매우 예의 없는 짓이긴 했지만 식사하는 동안 줄곧 그 아름다운 부인하고만 담소를 주고받고 늙은 여자와는 한마디도 하지 않았다. 디저트가 나왔을 때 비로소 나는 무례한 내 행동을 깨달았다. 그런데 나는 자신의 잘못을 정정하기 위해 또 하나의 잘못을 저지르고 말았다. 즉 무례한 행동에 대한 보상을 하기 위해 진실과 성의를 희

50

생하고 만 것이다.

나는 늙은 여자를 향해 20년 전의 사건을 화제로 삼았다. 그녀는 그 사건을 전혀 모르고 있었다.

"이상한 일은 아니죠."

나는 말했다.

"그즈음 당신은 아직 소녀 시절이었을 테니까요."

자신이 그렇게 젊어보인다는 것을 알고 그녀는 진심으로 기뻐했다. 그 한마디 덕분에 나는 그녀의 호감을 살 수 있었다—본래라면 그녀는 그러한 저속하기 이를 데 없는 속이 들여다보이는 말을 하는 나를 경멸했을 것이다.

굳이 이런 말을 쓰지 않아도 그녀가 흥미를 가질 수 있는 화제를 찾아내는 것은 쉬운 일이었을 것이다. 한낮에 늙은 여자가 즐겁게 대화를 나눌 수 있는 화제를 찾아내서 대화를 풀어나가는 것이 나에게 주어진 하나의 의무였을 것이다.

최초의 잘못을 정정하기 위해 저속한 겉치레를 늘어놓는다는 것은 비열한 방법이었다.

*017*—조소와 중상 모략에 대해서

세상으로부터 존경을 잃기를 원치 않는 사람, 그리고 또 자신이 말한 것이 원인이 되어 다른 사람에게 상처를 주거나 다른 사람의 짐이 되기를 원치 않는 사람은 대화를 할 때 주의해야 한다.

대화 중에 다른 사람에 대한 중상, 조소, 험담을 섞어서는 안된다. 진지한 화제를 돌려서 다른 사람을 우습게 만드는 분위기를 만들지 않도록 주의해야 한다. 그런 짓을 하면 확실히 한때는 재미있게 받아들여져 어떤 부류의 사람들로부터는 인기를 끌 수 있을지 모른다. 그러나 다른 사람을 도마 위에 올리거나 진실을 폭로해서 사교장을 즐겁게 만드는 사람은 결국 사람들로부터 경원시되고 경멸받는다.

이것은 당연한 일이다. 왜냐하면 사람으로서의 정과 분별력이 있는 사람이라면 다른 사람의 결점에 대해 걱정을 할 것이기 때문이다. 게다가 악의에서 한 말이 아니었는데도 그것이 다른 사람에게 종종 얼마나 큰 상처를 주는가 생각해 보라. 사람으로서의 정과 분별력이 있는 사람이라면 그러한 점을 잘 알고 있다.

이러한 사람은 유익하고 진지한 대화를 추구한다. 진지한 화제를 웃기는 화젯거리로 만드는 것은 그가 바라는 것이 아니다.

물론 나는 풍자(諷刺)라는 것이 모두 불필요한 것이라고 말할 생각은 없고, 이것을 부정하려고도 생각하지 않는다. 극히 친한 사람들끼리 모인 장소는 별도로 하고, 바보스런 행위나 목적을 일탈한 행위를 하려고 할 때에는 '품위를 잃지 않고 명랑하게 특정의 개인을 대상으로 삼지 않으며, 독기가 없는 야유를 하는 것'이 매우 효과적이다.

마지막으로 한마디 해둔다. 무엇이든지 칭찬하고 명백한 잘못도 용서해주어야 한다는 생각에 나는 결코 찬성하지 않는다. 나는 그리스도교의 사랑의 정신이라는 의상으로 모든 것을 포장해 버리려고 하는 잘난 척하는 사람들을 한번도 신용해 본 적이 없다.

그런 사람들은 대개의 경우 위선자이다. 그들은 입으로는

온갖 훌륭한 말들을 늘어놓으면서 자신이 저지른 악을 감추
어 버리려고 한다.


*018*-소문에 대해서


다른 사람으로부터 들은 소문을 가볍게 다른 사람에게 전
해서는 안된다. 특히 험담에 해당되는 소문은 옮겨서는 안
된다. 소문 중에는 종종 사실 무근인 것이 있다. 몇몇 사람
들의 입에서 입으로 전해지는 사이에 과장되거나 일부만이
전해져서 본래의 내용과는 전혀 다른 얘기가 되어 버리는
일도 있다. 근거없는 소문을 다른 사람에게 전함으로써 죄
도 없는 선의의 사람들을 다치게 되는 일이 종종 일어난다.
　그리고 그 이상으로 자주 소문을 퍼트리고 다닌 당사자가
혹독하게 그 대가를 치루게 되는 일이 있다.

---

◀ point 인간교제술 20 ▶

**마음의 상태**

　인간의 마음은 결코 불변하는 것이 아니다. 하루에도 몇
번씩 변한다. 기쁠 때가 있고 슬플 때가 있다. 이성적일 때
가 있고 감정적일 때가 있다.

　무심코 내뱉은 한마디, 사소한 행동 한 가지에 감정이 상
하거나 기뻐한다. 마음이 넓을 때는 두둥실 배를 띄울 만큼
넓다가도 좁을 때는 바늘 하나 꽂을 수 없을 만큼 좁다.

　그렇기 때문에 사교의 명수들은 상대방의 심리 상태를 살
피는 데 남다른 안목을 갖고 있다. 상대방의 마음이 편치
않을 때는 결코 자기 주장이나 설득을 하지 않는다.

## 019—가정 내의 정보를 흘려서는 안된다

자신의 가정 내의 얘기를 다른 사람의 가정에서 말할 때에는 주의해야 한다. 당신이 평소 교제하고 있는 사람들의 가정 생활에 대해서 이것저것 설명하거나 식사 때 들은 얘기나 가족의 대화 등을 다른 곳에서 말할 때에도 주의하지 않으면 안된다.

당신이 악의로 말한 것도 아닌데도 그러한 수다가 종종 당신에 대한 불신감의 원인이 되고 온갖 불화의 근원이 되는 것이다.

## 020—비난이나 반론을 할 때에는 신중하게

비난하거나 반론할 때에는 신중함을 잃어서는 안된다. 두 가지 면을 갖지 않은 사항들이 이 세상에는 드물다. 선입관은 때때로 현명한 사람의 눈을 흐리게 한다.

다른 사람의 입장에 서서 생각한다는 것은 매우 어려운 일이다. 특히 총명한 사람이 하고 있는 일을 판단할 때에는 성급해져서는 안된다. 어느 정도 당신에게 겸허함이 있더라도 성급하게 판단을 내리면 그 총명한 사람보다도 자신이 더 현명하다고 착각을 하게 될지도 모른다. 이러한 생각은 부적당할 때가 많다.

총명한 인간의 대부분은 다른 사람보다 활기가 있다. 부정을 용서치 않는 감정을 갖고 있으며 대중의 판단에 신경을 쓰지 않는다. 자신의 양심이 옳다는 것을 증명할 때 커다란 권력의 힘을 빌리려고도 하지 않는다.

54

언제든지 총명한 사람에 대해서는 '저 사람은 다른 사람에게 도움이 되는 일을 하고 있나?'라고 자문해보는 것만으로도 좋다. 그가 다른 사람에게 도움이 될 만한 일을 하고 있다면 약간 정에 치우친 행동을 했더라도 잊어주도록 한다. 왜냐하면 이러한 결점은 단지 그 본인에게만 폐를 끼치는 정도일 뿐이고, 그렇지 않으면 기껏해야 곧 사라져 버릴 정도의 사사로운 해악 밖에 미치지 않기 때문이다.

다른 사람의 선행의 동기를 이런저런 식으로 억측하려고 해서는 안된다. 그런 짓을 하면 이번에는 당신 자신의 훌륭한 행위들도 의심의 눈초리로 바라보게 되고 사소한 것들로 여겨질지도 모른다. 선행이라는 것은 어떠한 결과를 가져오는가에 따라 세상 사람들의 판단을 받게 되는 것이다.

## 021 - 말을 너무 많이 하지 않도록

다른 사람과의 대화 중 혼자서 쓸데없는 말을 장황하게 늘어놓지 않도록 주의한다. 간략하고 요령 있게 표현할 줄 알아야 한다. 물론 나는 문어체 표현이나 경구와 같은 표현을 쓰라고 말하는 것은 아니다.

내가 말하는 '간략하고 요령 있는 표현'이란 핵심을 찌르는 짧은 말로 많은 것을 표현하는 것이다. 중요하지 않은 자잘한 것은 우선 옆으로 치워놓고 중요한 것으로 눈을 돌리게 해야 한다. 그런 다음 그다지 중요하지 않았던 것들을 꺼내서 활기 있는 표현을 가함으로써 사람들에게 재미를 느끼도록 하는 표현법을 말한다.

이것이야말로 사교장에서의 진짜 웅변술이다. 이에 대해

서는 나중에 다시 한번 상세히 말하기로 하겠지만, 하여튼
말을 너무 많이 하지 않는 것이 중요하다.

가계를 꾸려나갈 때 돈을 절약하듯이 말과 지식의 낭비를
절제해야 한다. 그렇게 하면 말의 재고가 곧 바닥을 드러내
지도 않는다. 말해서는 안되는 것을 말하거나 말하고 싶지
않은 것을 말해 버리는 일도 없어지게 된다. 당신이 하는 대
화에 질리지도 않게 된다.

다른 사람에게 충분히 말을 하게 한다. 담소라는 틀 안에
서 다른 사람을 끼워넣는다. 본인은 느끼고 있지 못하겠지
만 어떤 장소에서나 담소의 리더가 되는 사람이 있다. 그들
은 아무리 50명의 사람들 사이에 끼어 있어도 즉시로 대화의
주인공이 되어 버린다. 이러한 태도는 사교장에서는 매우
바람직하지 않은 태도이다.

이와 마찬가지로 좋지 않은 인상을 주는 사람이 있다. 그
것은 그저 잠자코 다른 사람들이 하는 말만 들으면서 마치
위험한 관찰자인 듯한 인상을 주는 사람이다. 마음을 터놓
고 담소를 나누고 있는 중에 다른 사람이 언뜻 흘린 부주의
한 한마디도 놓치지 않고 수집해서 악용하려는 듯이 보이는
사람이다.

## 022—자신에게만 흥미있는 일은 말하지 않는다

자연계의 산물은 자유롭게 소비만 하면 된다고 생각하는
사람들이 있듯이, 사교장에서도 받아들이기만 하고 절대로
스스로 주려고는 하지 않는 사람이 있다. 그들은 다른 사람
으로부터 즐거움을 얻고, 배우고, 도움을 받고, 칭찬을 받

고, 돈을 받고, 식사를 얻어먹기를 바란다. 그리고 자기 스스로는 그 대신이 될 만한 것을 아무 것도 하지 않는다.

그들은 지루하다고 한탄을 하면서도 자신이 다른 사람을 지루하게 했는지는 자문해보지 않는다. 그들은 그저 가만히 앉아서 다른 사람의 얘기를 들을 뿐이다. 다른 사람들이 즐거워할 수 있는 분위기를 만들려는 배려는 전혀 하지 않는다 ─이러한 태도는 바람직하지 않을 뿐 아니라 부당한 것이다.

이런 사람도 있다. 그들은 항상 자기 자신에 대한 것, 자기 가정 내의 일, 자신의 생활이나 활동상, 자신의 일에 대한 내용만을 화제로 삼고 어떤 것이든 자신과 관련을 시켜서 자기 중심적으로 비유하거나 이미지를 만들어내서는 다른 사람에게 말하는 것이다.

사교장이란 여러 사람들이 모이는 곳이므로 그 안에서는 당신이 받은 교육, 일, 당신 고유의 삶의 방식 등에 대해서는 가능한 한 화제로 삼지 않도록 해야 한다. 자기 이외에는 흥미가 없는 문제들을 떠벌려서는 안된다. 당신 주위에 있는 사람이 이해하지 못하는 외국어를 말해도 안된다. 지금 있는 사교장의 분위기에 자신을 맞추어 나가는 기술을 배워야 한다.

젊은 부인들 앞에서 의사가 해부에 대해 말을 하거나 궁정인 앞에서 법률학자가 '부당구속'이나 '군사칙령'에 대해 말하거나 술집 여자 앞에서 노교수가 전공 분야의 학설에 대한 얘기를 한다는 것은 더할 나위 없이 촌스러운 것이다.

그러나 주위에 있는 사람들의 흥미를 환기시키는 것이 곤란한 장소에 가게 될 경우도 종종 있다. 예의 감각이 전혀 없는 경박한 사람들 중에 분별있는 사람이 한 명 끼었을 경우를 생각해보자. 무례하고 무지한 사람들은 경박하기 때문에 분별 있는 사람들을 존경하지 않는다. 다른 사람들에 대한 예의나 감정을 개의치 않고 자신의 감정대로만 행동한다. 아무리 좋은 말을 해도 그들에게는 쇠귀에 경 읽기와 다름없다.

이럴 경우 분별 있는 사람이 전혀 이해받지 못해도 그것은 그의 책임이 아니다. '경박한 무리들은 어쩔 수 없다'며 스스로를 위안하는 수밖에 없다.

023-에고이즘에 대해서

마음이 통하는 친구끼리라면 한 사람이 갖고 있는 화제가 모든 사람의 화제가 된다. 이러한 경우를 제외하고는 자기 자신에 대해 너무 많은 말을 해서는 안된다. 그리고 친한 사이라도 너무 자신을 드러내지 않도록 주의한다.

친절한 친구가 당신에게 경의를 표하고 당신 자신에 관해서나 당신이 쓴 문장 등을 화제의 중심으로 삼아 준 경우(사람은 이러한 경우를 종종 만나게 된다)라도 결코 자기 자신에 대해 너무 많은 말을 해서는 안된다. 겸허한 마음은 가장 사랑할 만한 성격이다.

겸허함이라는 것은 오늘날 점점 더 희귀한 것이 되어 가고 있다. 따라서 한층 더 겸허한 마음을 갖는 사람은 다른 사람에게 좋은 인상을 줄 수 있다. 누구든 당신이 쓴 문장을 기꺼이 낭독해주거나, 당신의 재능을 칭찬해주거나, 당신의 활동상에 대해 모두에게 말해주는 것은 아니다. 이러한 것을 기대하는 것은 잘못이다. 하물며 누군가가 능숙하게 그 자리의 분위기를 이끌면서 당신에게 '당신의 얘기를 들려 주세요'라고 부탁할 것을 기대해서도 안된다.

당신의 교제를 위해 다른 사람을 압박해서는 안된다. 즉 자신의 교제 범위의 넓이를 과시하고 다른 사람이 비참한 기분에 잠겨 입을 다물게 되지 않도록 신경을 쓰라는 것 이다.

## 024 - 모순된 말을 해서는 안된다

사람과 대화를 할 경우 모순된 말을 해서는 안된다. 지금 주장하고 있는 것과 전혀 반대되는 입장을 조금 전에는 옹 호하고 있었다는 식이 되지 않도록 조심해야 한다.

의견을 바꾼다는 것은 있을 수 있는 일이다. 그러나 사교 장에서는 찬성의 의사를 밝혔을 경우든 반대의 의사를 밝혔 을 경우든 충분히 근거를 들어 말할 수 있어야 한다. 그것이 불가능하다면 처음부터 단정적으로 말하지 않는 편이 좋다.

◀ point 인간교제술 20 ▶

### 적이 말하는 것에 귀를 기울여라

다른 사람에게 비난이나 공격을 받으면 그저 맹목적으로 자기를 변호해서는 안된다. 그 비난이나 공격의 얼마만큼이 정당한가를 자기에게 물어 거기에 따라서 교훈을 배울 일 이다. 적은 당신의 결점을 지적해주는 최고의 친구가 되기 도 한다.

## 025 — 같은 말을 반복해서는 안된다

기억력이나 주의력이 산만하거나 또는 자신의 생각에 빠져든 나머지 어디에 가도 같은 화제, 같은 소문, 같은 농담, 같은 비유를 반복하는 사람들이 이 부류에 속하는데, 실로 사람을 지치게 만든다.

당신은 이러한 잘못을 저질러서는 안된다.

좋은 말도 세 번 들으면 싫증이 난다. 그런데 이미 했던 말을 지치지도 않고 또하고 또하는 사람이 있다.

## 026 — 저속한 말을 해서는 안된다

외설스러운 말을 대화 중에 끼워넣어서는 안된다. 가슴이 메스꺼워지는 내용, 또는 젊은 여성의 볼이 발갛게 되는 말을 꺼내서는 안된다. 다른 사람이 그러한 얘기를 할 경우에도 결코 동조해서는 안된다.

분별 있는 남성은 그러한 화제를 즐기지 않는 법이다. 만약 남자만이 모이는 사교장이라도 수치심이나 양속에 대한 배려를 잃어서는 안된다.

또한 외설스런 말은 불쾌하다는 생각을 잊어버려도 안된다.

## 027 — 상투적인 문구를 입에 담지 않는다

상투적인 문구를 대화에 끼워넣지 않도록 한다. 예를 들면 다음과 같은 것이 있다.

'건강은 재산', '내 몸과 같이 소중한 것도 없다.', '오래 지속하다 보면 점차 질도 향상되는 법이다.'(나는 그 반대 되는 경우를 증명해 보일 수 있다), '실패를 통해서 사람은 현명해진다'(안타깝게도 이것은 그리 맞지 않는 말이다), '광음 여류'.

마지막 속담은 시간의 경과라는 것에 대해 말하고 있는 거라면 옳은 말이 아니다. 즉 시간이라는 것은 일정한 기준에 따라 돌아가는 것이지, 정해진 속도 이상으로 진행되는 것은 아니기 때문이다.

1년을 짧다고 생각하는 사람은 수면 시간이 너무 많든지 감각이 둔해져 있기 때문일 것이다. 여기서 말한 속담들은 매우 따분하고 무의미하며 맞지 않는 말들일 뿐이다.

### ɑ28 – 무익한 질문은 하지 않는다

무익한 질문을 해서 사람들의 마음을 무겁게 해서는 안 된다. 무엇이든 알고 싶은 것이 있어서 질문하는 것이 아니라 교리 문답풍 질문으로 대화를 구성하는 습관이 몸에 배어서 대화에 질문을 끼워넣는 사람이 있다.

이러한 사람의 질문은 우리들의 마음을 매우 무겁고 답답하게 한다. 이러한 사람과 보통 방법으로 담소하는 것은 매우 불가능할 정도다.

### ɑ29 – 반대 의견에 대해서는 인내심을 보인다

반대 의견에 대해서는 인내심을 발휘해야 한다. 아이와

같이 자신의 의견에 집착하려고 해서는 안된다.

입씨름을 할 때에도 격정에 휩쓸려서는 안된다. 당신이 진지한 기분으로 말한 의견을 상대가 비웃거나 비꼬았을 경우에도 냉정함을 잃어서는 안된다. 만약 냉정함을 유지할 수 없으면 그때에는(만약 당신의 말이 정당하다 하더라도) 당신은 이미 거의 진 것이나 다름없다. 적어도 두번 다시 지금까지와 같은 방법으로 상대를 설득시킬 수는 없게 된다.

## 030—즐거움을 얻으려고 모여드는 장소에서 일 얘기를 해서는 안된다

댄스장이나 극장과 같이 즐거움을 얻으려고 모이는 장소에서는 집안일에 대한 화제를 꺼내서는 안된다. 상대가 마음에 걸려 하는 일을 화제로 꺼내서도 안된다. 피로한 신경을 쉬고 휴식을 취하고 크고 작은 걱정거리들을 잊기 위해 사람들은 춤을 추러가고 극장을 찾는 것이다. 따라서 이러한 자리에서 일상사로 돌아가는 화제를 꺼내는 것은 전혀 바람직하지 않은 일이다.

## 031—종교상의 화제에 대해서

분별 있는 성실한 사람이라면 중요한 종교상의 교리에 대해—아무리 불행한 처지에 놓여 그 설교가 진실이라고는 믿을 수 없을 경우에도—결코 그것을 비웃는 태도를 취하지는 못한다.

또한 교회의 여러 제도나 몇몇 종파에 의해 지켜지고 있는 신앙 내용, 게다가 다수의 사람들이 중요하다고 보는 종교상의 의식에 대해서도 사교장에서는 결코 입에 담아서는 안된다.

다른 사람이 존중하고 있는 것은 자기 자신도 존중해야 한다. 자신이 언론의 자유를 원하고 있다면 다른 사람의 언론의 자유도 인정해야 한다. 우리들이 계몽이라고 하는 것이 다른 사람에게는 어쩌면 몽매한 것으로 여겨질지도 모른다는 점을 잊어서는 안된다.

자신에게는 하나의 편견으로밖에 여겨지지 않는 것이 다른 사람에게는 마음의 안식을 주는 것일 수도 있다. 때문에 당신은 이러한 편견도 존중할 줄 알아야 한다. 다른 사람이 중요시하고 있는 것을 빼앗으면 당신은 그 대신 멋진 것을 상대에게 주어야 한다. 조소는 상대에게 도움이 되지 않는다.

우리들의 이성은 아직 충분히 발달되어 있지 않다. 때문에 이성은 여러 사항에 대해 과오를 저지르기 쉽다. 결점이 있는 체계라고 해도 그 위에 뛰어난 도덕 기준이 있을 수 있다. 따라서 쉽게 체계를 파괴해 버릴 수는 없다. 만약 그런 짓을 한다면 건물을 밑에서부터 부숴 버리는 것과 같다.

그리고 마지막으로 잊어서는 안될 것이 있다. 그것은 앞에서 말한 사항들은 사교장에서 논할 만한 성질의 화제가 아니라는 점이다.

한편 오늘날 사람들은 종교에 관해 말하는 것을 일부러 피하고 있다는 생각이 든다. 신을 찬미하는 뜨거운 심정을 토로하는 것을 부끄러워하는 사람들이 있다. 그들은 몽매하다고 여겨지는 것을 두려워하고 있는 것이다.

한편 종교심을 갖고 있는 척하는 사람도 있다. 그들은 종
교적 열의를 부정하는 듯한 말을 절대로 입밖으로 내지 않
는다. 신심가들로부터 좋은 점수를 따고 싶은 것이다.

첫번째 경우는 다른 사람의 눈을 두려워하는 것이며, 두
번째 경우는 좋은 사람인 척하는 것에 지나지 않지만, 하여
튼 양쪽 다 성실한 인간에게는 가치 없는 태도로 보일 뿐
이다.

### 032—다른 사람의 결함을 화제로 삼을 때에는 주의를 기울인다

간혹 다른 사람의 육체적·정신적·도덕적 결함에 대해 화
제로 삼을 경우가 있다. 또 어떤 류의 입장이나 선입관을 조
소하거나 일정한 신분의 사람들을 깎아내리는 말을 할 때가
있다.

이럴 경우에는 자신의 주위를 잘 둘러보고 기분이 상할
사람이 없는지, 또는 그런 비난이나 조소에 해당되는 사람
은 없는지, 그리고 본인은 없어도 친척이나 가까운 사람은
없는지 주의해야 한다.

용모나 체형, 외모에 대해 다른 사람의 흉을 보아서는 안
된다. 사람들이 가장 모멸감을 느끼는 경우는 신체적인 결
함을 지적받았을 때이다.

세상에 대해 조금이라도 알고 있는 사람이라면 이 세상에
는 매우 다양한 외모를 지닌 사람들이 살고 있다는 것을 잘
알고 있을 것이다. 때문에 이런 것을 입밖으로 내지는 않
는다.

그러나 안타깝게도 많은 사람들, 특히 여성들은 종종 다른 사람들의 외모에 대한 흉을 보곤 한다. 그들은 자신의 컨트롤할 수 있는 힘, 또는 예절이나 공정성이라는 것에 대한 관념이 매우 빈약하다. 때문에 자신의 눈에 익숙치 않은 용모를 지닌 사람을 보면 놀라운 표정을 감추지 못한다.

이것은 성품의 빈약함을 폭로하는 것이다. 무엇이 아름답고 무엇이 추한 것인가에 대한 관념은 극히 상대적이며 개인의 취미에 의해 다양한 것이다.

인상학(人相學)에서는 미추의 개념이 외관과는 사뭇 다르다. 얼핏보면 추해보이는 외면 깊숙한 곳에 사물에 대한 통찰력과 생각할 줄 아는 섬세한 두뇌, 따뜻한 마음씨가 숨어 있다는 것을 매우 자주 보게 된다. 인간을 겉모습으로 판단해서 여러 가지 나쁜 것들을 추측하는 것은 허용될 수 없는 것이다. 겉모습으로부터 받은 인상을 눌러 감추지 못하고 조소하는 태도를 취해 당사자에게 상처를 주는 일은 용서받을 수 없는 일이다.

특이한 외모 외에도 여러 가지 점에서 사람들의 눈에 띄는 사람이 있다. 예를 들면 웃음거리가 될 만한 몸짓을 하는 사람, 무엇에 홀린 듯한 태도를 취하는 사람, 몸놀림이 만화적인 사람, 상식을 모르는 사람, 부주의하게 행동하는 사람, 유행에 뒤떨어진 복장을 태연하게 입고 다니는 사람 등이다.

이러한 사람을 보고 웃거나 또는 제삼자에게 신호를 보내서 이상한 인상을 받았다는 것을 알리고, 그로써 당사자를 당황하게 하는 짓을 했다면 그것은 결코 바람직하게 인생을 보내고 있는 사람이라고는 할 수 없다.

### 033 — 편지를 주고받을 때의 규칙

내가 인간 교제에 대해 말하고 있는 사항들은 서신(書信)에도 해당된다. 내용이 공허한 편지를 쓰지 않도록 주의한다. 받은 사람이 아무런 기쁨도 느끼지 못하고 또 도움이 될 만한 것이 아무 것도 쓰여 있지 않는 편지라면 보내지 않는 편이 낫다. 말할 때보다도 편지를 쓸 때 훨씬 주의를 기울여야 한다.

그와 마찬가지로 중요한 점은 상대에게서 받은 편지는 소중히 다루어야 한다는 것이다. 이러한 신중함을 잊음으로써 많은 오해와 분쟁이 야기된다. 한번 써보낸 것은 지울 수가 없다. 글로 쓴 단 한마디의 말이 마음의 평안을 어지럽히고 일가의 평화를 무너뜨릴 수도 있다.

편지를 쓸 때, 아니 문장을 쓸 때에는 아무리 주의를 해도 지나침은 없다.

다시 한번 말한다. 경솔하게 내뱉은 말은 상대방이 잊어버릴 수 있지만 일단 쓰여진 말은 50년 후까지도 상속인의 손에 남겨져 재난의 씨앗이 될 수 있다.

### 034 — 사람을 웃음거리로 만들어서는 안된다

사교장에서는 그 어떠한 사람도 웃음거리로 만들어서는 안된다. 비록 그 사람이 무능하거나 변변치 못한 사람이라고 해도.

그 사람이 정말로 무능한 사람이라면 그의 무능을 일부러 들춰내서 웃음거리로 만들어 봤자 당신에게는 아무런 명예도 되지 않는다.

또한 상대가 당신이 생각하고 있는 것처럼 무능하지 않을
경우도 있다. 그때는 당신이 그로부터 웃음거리가 될지도
모른다. 또한 상대가 선량하고 품성이 바른 사람일 경우에
는 당신이 그의 마음을 상하게 한 셈이 된다. 상대가 질투심
이 많고 고약한 사람일 경우, 언젠가는 반드시 그가 어떠한
형태로든 보복을 하러 올 것이다.

## 035—다른 사람을 놀라게 하거나 놀려서는 안된다

거짓 정보나 농담, 그 밖에 사람의 마음을 순간 불안하게
하거나 낭패감을 맛보게 하는 말을 해서 다른 사람(친구일
지라도)을 놀라게 하거나 놀려서는 안된다. 세상에는 불쾌
해서 화가 나고 기분이 나쁜 때가 많이 있다. 꿈에서든 현실
에서든 우리들에게 여러 가지 고뇌의 무거운 짐이 지어져
있다. 따라서 아무리 잠깐이라도 다른 사람의 마음이 더 한
층 무거워질 만한 일이 나타나면 그것을 제거해주는 것이
친구로서의 의무이다.

세상 사람들이 흔히 하고 있는 일이지만, 농담으로 허황
된 얘기를 친구에게 들려주는 사람이 있다. 잠시 동안은 그
친구도 재미있게 듣지만 곧 싫증을 낸다.

나는 이런 류의 얘기를 하는 것은 매우 어리석은 짓이라
고 생각한다. 이러한 농담이나 꾸며낸 얘기는 모두 교제의
즐거움에 탄력을 주기는커녕 오히려 망가뜨리는 것이 된다.

장난으로 다른 사람의 호기심을 자극하거나 또는 하던 말
을 도중에 그만두어 다른 사람을 초조하게 해서는 안된다.

말하고 싶지 않은 것이라면 처음부터 입밖으로 꺼내지 말았어야 한다.

친구에게 경고를 하는 것이 습관처럼 되어 버린 사람이 있다. 이러한 사람은 이런 식으로 말한다.

"너에 관해 이상한 소문이 흘러다니고 있어. 그러나 나로서는 그 내용을 차마 너에게 말해줄 수가 없어."

누군가가 조심스럽지 못한 행동(예를 들면 당사자가 있는 곳에서 당사자의 흉을 보는 등)을 하거나 또는 창피스러운 짓을 하려고 할 때가 있다. 그럴 경우 당사자가 당황하지 않도록 주의를 주어야 한다. 상대가 곤혹스러워지지 않으면서 일이 잘 수습되도록 당신이 이끌어나가야 하는 것이다.

## 036―다른 사람에게 불쾌한 일이 생각나게 해서는 안된다

불쾌한 일을 일부러 상대방이 떠올리도록 해서는 안된다. 사람들 중에는 '빗나간 동료 의식'이라고 부를 수 있는 감정을 품고 있는 사람이 있다. 스스로는 아무런 도움도 될 수 없으면서 다른 사람의 경제 상태나 기타 예민한 문제에 대해 알고 싶어한다.

사교장이라는 곳은 번거로운 일상사를 잊어버리고 기분을 새롭게 하고 싶은 사람들이 모이는 장소인데도 이런 사람들은 번거로운 사항들을 생각나게끔 한다.

당신은 인간에 대한 충분한 지식을 갖고 있어야 한다. 눈앞에 있는 상대가 도대체 어떠한 성격을 갖고 있는가, 어떠한 상태에 있고 어떠한 종류의 고민을 갖고 있는가를 충분히 파악할 수 있어야 한다.

그런 다음 상대가 일상사에 대한 화제를 주제로 삼으면서 기분이 좋아지는 타입인지 아니면 그 반대로 오히려 기분이 무거워지는 타입인지를 잘 구별해야 한다.

### 037─조소하는 사람들 중에 섞이지 마라

다른 사람을 질책하거나 창피스러운 말을 하고 있는 자리에 함께 있게 되어도 당신은 결코 그에 동조해서는 안된다. 함께 웃고 있어도 안된다. 오히려 아무 것도 듣지 못한 척해야 한다. 이런 식으로 배려할 줄 안다면 사람들은 당신을 기억해주게 되고 감사하게 될 것이다.

### 038─논쟁을 즐기는 심정에 대해서

반대 의견을 곧 입밖으로 내버리는 습관, 사물에 반항하고 싶어하는 심리, 논쟁을 즐기는 심정, 다른 사람의 의견이나 명언을 곧 인용하고 이것을 권위의 배경으로 삼으려고 하는 심리 등에 대해서는 나중에 말하기로 한다.

### 039─당신이 후견인이 아닌 한 다른 사람의 행위에 대해서는 그 사람의 책임에 맡겨두어야 한다

옆사람의 행동이 직접 당신에게 관여되는 경우는 제외하기로 한다. 또한 옆사람의 행동이 사회의 모럴에 위배되고 그것을 방치해두면 범죄가 될 경우도 제외하기로 한다. 이

러한 경우를 제외하고는 당신은 옆사람의 행동에 이것저것
신경을 써서는 안된다.

걸음이 빠르다든지 느리다든지, 수면 시간이 길다든지
짧다든지, 집에 있는 시간이 많다든지 적다든지, 복장이 화
려하다든지 초라하다든지, 와인을 마시는지 맥주를 마시는
지, 빚이 있는지 재산이 많은지 등등 당신이 그 사람의 후견
인이 아닌 한 이러한 것들이 도대체 당신과 무슨 관계가 있
는 일인가.

그러나 꼭 알아두어야 할 정보는 어리석은 자들로부터 듣
는 것이 가장 좋다. 즉 그들은 너무 배려를 한다든지 얘기의
골자를 정리 정돈해서 말한다든지 각색을 하거나 감정 이입
을 하지 않고 있는 그대로 말을 해주기 때문이다.

## 040 — 지루할 때 처신하는 법

대화를 하다 보면 지루하게 느껴질 때가 종종 있다. 참을
수 없을 정도로 지루할 때 꾹 참으면서 지루한 척하지 않
는다 — 우리들이 이러한 태도를 취하는 것은 상대방의 체면
을 배려하기 때문이다.

대화에 진실이 담겨 있지 않으면 않을수록, 상대가 수다
스러우면 수다스러울수록 사람은 다른 생각을 하기 쉽다.
그렇게 함으로써 지루함을 참는 것이다.

그러나 나는 자신을 희생하면서까지 지루한 대화 상대가
되어 줄 필요는 없다고 생각한다. 왜냐하면 그런 상대는 계
속 당신을 지루하게 만들 것이기 때문이다.

대화가 중요한 것이라는 사실은 두말할 나위가 없다. 그

러나 너무 수다를 떨면 자신이 다른 사람을 지루하게 하는
원인이 된다.

### 041—침묵에 대해서

사교 생활 중에서 가장 중요한 미덕이면서 점점 더 보기
드물어지는 것이 있다. 그것은 침묵의 미덕이다.

오늘날 입만으로 하는 약속뿐 아니라 입만으로 하는 선서
나 직언도 볼 수 있게 되었다. 다른 사람에게는 말하지 않
겠다고 약속하고, 부끄러움도 없이, 타인에게 말을 옮기는
사람이 많이 있다.

이 정도로 심하진 않아도 매우 입이 가벼운 사람이 있다.
이러한 사람은 말하고 싶다는 욕구를 참을 수 없다. 입을 다
물고 있어 달라고 친구가 부탁한 것을 잊어버린다.

이러한 사람은 자기 자신의 비밀이나 계획, 경제 상태에
대해서조차 충분히 비밀을 지키지 못한다. 이렇게 해서 그
들은 결국 자기 자신의 행복조차도 짓밟아 버리게 된다.

다른 사람의 비밀이나 자신의 비밀에 대해 이 정도로 무
심한 사람이 도대체 어느 정도의 불이익을 가져올까. 이 점
에 대해서는 아마 더 이상 말할 필요가 없을 것이다.

또한 비밀 사항은 아니더라도 말하지 않는 편이 나은 것
도 있다. 또한 말을 해봤자 아무에게도 도움이 안되고, 누가
들어도 재미가 없으며, 뿐만 아니라 누군가가 불이익을 당
하게 될지도 모르는 얘기도 있다.

교제에 있어서 매우 중요한 미덕의 하나로 나는 현명한
침묵을 권한다.

## 042−교제에서의 소탈함

선천적으로 누구하고나 곧 친구가 되며 친해지는 재능을 갖고 있는 사람이 있다. 이와는 반대로 매일 여러 곳에서 모르는 사람들과 만날 수 있는 기회가 있음에도 불구하고 소극적이고 내성적인 사람이 있다.

내성적이라는 것은 잘못된 교육의 결과인 경우가 종종 있다. 그러나 동시에 '은밀한 허영심'으로 인한 것이기도 하다.

즉 다른 사람 앞에서 자신의 모습을 훌륭하게 드러내지 못하는 것에 대한 우려에서 오히려 소극적이 되는 허영심을 말한다.

내가 알고 지내는 한 후작이 있다. 그는 내가 아는 사람 중에서 가장 고고하고 지성적인 사람이다. 그 용모도 다른 사람에게 주눅이 들 정도는 아니다.

그런데 이 후작이 나에게 이런 말을 한 적이 있다. 그는 자신의 높은 신분으로 인하여 어릴 때부터 매일같이 다양한 사람들과 만날 기회가 있었다. 그러나 다른 사람들과 초대면할 때는 항상 너무나 긴장한 나머지 눈앞이 캄캄해진다고 했다.

"소탈한 마음을 가지십시오. 마음을 활짝 열고 자신의 그런 성격을 먼저 말씀하시는 것도 좋겠습니다. 저는 내성적인 성격이라 인간 관계에 몹시 서툽니다, 하고요."

나의 조언을 들은 후작은 그 후 많은 사람과 쉽게 사귈 수 있게 되었다. 자신이 염려하고 있던 사항을 미리 말함으로써 마음의 안정을 찾을 수 있게 되었던 것이다.

가볍게 다른 사람과 교제할 수 있다는 것은 하나의 재능
이다. 처음 만났을 때 곧 상대에게 좋은 인상을 주고 어떤
타입의 인간과도 소탈하게 대화를 나눌 수 있으며, 자기 앞
에 있는 사람이 어떤 사람인지 또한 어떤 화제를 나누면 좋
을지 곧 판단할 수 있는 재능 — 이러한 재능을 지닐 수 있도
록 모든 사람들이 노력을 해야 한다.

그렇다고 해서 여기서 말하는 소탈함이란 것이 사기꾼들
과 같이 부끄러움도 없이 밀어붙이는 식으로 타락해서는 안
된다. 사기꾼들은 첫대면한 사람들에게 인사를 나눈 지 1시
간도 채 못되어 상대의 경력을 물어보고 자신의 경력도 떠
벌린다. 그리고 스스로 협력과 우정을 약속하고 상대에게도
후원과 도움을 달라고 부탁하는 것이다.

## 043-능숙한 대화법과 외면의 태도

대화에 있어서 애매한 표현은 금물이다. 자세하고 정확하
게 자기를 표현하고 생기 있게 대화를 하는 기술을 익히는
것이 중요하다. 이 기술을 익히는 것도 일종의 재능인데, 이
것을 익히기 위해서는 대화 상대자의 능력이 어느 정도인지
에 관해서 주의를 기울여야 한다.

여하간에 지루하지 않도록 재미있게 얘기를 풀어나가야
한다. 이때 주의할 점은 자신의 말에 자신이 취하지 않도록
해야 한다.

상황에 따라서 얘기의 내용에 다양한 변화를 주는 것이
중요하다. 수수한 내용을 말하는 가운데 화려함이 섞이는
것이 더 좋으며, 진지한 얘기 도중에 재미있는 부분이 담겨

있는 것이 더 한층 유쾌하다.

그리고 아주 자연스러운 말투로 말한다. 담소하는 동안에 어떠한 표정을 지을 것인가도 잘 연구해 두지 않으면 안 된다. 자신의 표정을 스스로 컨트롤하여 결코 찡그린 인상을 지어서는 안된다.

인간은 말씨에 의해 그 사람의 교양 정도를 추측할 수 있다. 품위없는 말씨는 겉으로 드러나지 않도록 노력해야 한다. 행동이나 표정도 품위 있어야 한다.

최하층 서민들이 흔히 하는 짓인데, 그리 중요하지도 않은 일에 흥분해서 머리나 팔, 신체의 일부를 마구 흔든다. 그런 행동은 심히 상대방을 불쾌하게 만든다. 그러므로 이러한 행동 거지를 해서는 안된다.

부드러운 표정을 짓고 똑바로 상대의 눈을 쳐다보아야 한다. 좋은 환경에서 자란 사람은 품위 있는 태도가 자연스럽게 겉으로 드러난다. 기분 좋은 교제를 하기 위해서는 이러한 자연스러운 품위를 지니도록 해야 한다.

내가 여기서 말한 것은 경시해서는 안될 점들이다. 가정에서도 사사로운 교제 법칙을 만들어서 이것을 지키는 것이 좋다. 예의를 자신의 '제2의 본성'으로 삼아야 한다.

섬세한 사교 법칙에 대해 쓰려고 하면 한이 없을 것이지만, 적어도 다음에 관한 것은 지켜야 한다.

• 사교석에서는 가능한 한 다른 사람에게 자신의 등을 보이지 않도록 해야 한다.
• 다른 사람의 호칭이나 이름을 잘못 불러서는 안된다.
• 예의를 엄격히 지키는 사람들이 있는 곳에서는 윗사람

이 자신의 오른쪽에 오도록, 또 세 사람이 있을 경우에는 윗사람이 중앙에 오도록 배려해야 한다.

• 창가에 있을 때 집밖으로 윗사람이 지나가거나 인사할 경우에는 창문을 열어야 한다. 여의치 않을 경우에는 창문을 열려고 하는 동작이라도 취해야 한다.

• 다른 사람과 말할 때에는 상대의 얼굴을 똑바로 쳐다보아야 한다. 물론 힐끔힐끔 봐서는 안된다.

• 말하는 목소리는 분명해야 하며, 목소리가 갈라지지 않도록 조절해야 한다.

• 여성과 함께 걸을 때에는 보조를 맞추어서 몸이 닿지 않도록 그녀와 같은 식으로 걷는다.

• 계단을 내려갈 때에는 여성이 먼저 내려가도록, 반대로 올라갈 때에는 여성이 나중이 되도록 해야 한다.

• 상대가 이해할 수 없는 화제는 꺼내지 않는다. 열심히 설명해도 아무런 도움이 되지 않는 경우나 말하는 내용이 그리 중요하지 않다고 느껴질 경우에는 오히려 아무 말도 하지 않는 편이 낫다.

• 사교장에서 좌홍을 깨는 것은 예의에 어긋나는 일이다. 예를 들면 기껏 다른 사람이 트럼프로 마술을 보여주고 있는데 이미 알고 있어서 흥미없다는 얼굴을 하고 있으면 예의에 어긋나는 일이다.

여기서 말한 사소한 사교 법칙들에 대해 이 이상 말하지 않기로 한다. 일정한 지위에 있고 어느 정도의 교육을 받은 사람이라면 이 정도의 교제 법칙은 알고 있을 것이다.

단 한 가지 여기서 기억해 두어야 할 것은 이러한 사소한

일들이 많은 사람들의 눈에는 사소한 것으로 보이지 않으
며, 우리들이 당면한 행복이 이러한 사람들의 손안에 달려
있다는 점이다.

*044*—복장에 대해서

어떻게 처신하는 것이 예의에 맞는 일인지 대해서는 이
정도로 말하기로 한다. 단, 복장에 대해서는 약간 말하고자
한다.

옷을 입을 때에는 신분 이상의 옷을 입어서는 안되고 신
분 이하의 복장을 해서도 안된다. 너무 화려해보이거나 천
박해지지 않도록, 또 너무 값비싼 옷을 착용하지 않도록 주
의한다.

좋은 취미를 갖고 있다는 것이 느껴지도록 청결한 복장을
입는다. 복장에 돈을 들여야 할 때에는 너무 사치스러워지
지 않도록 신경을 쓴다. 너무 유행에 뒤떨어진 옷도 안되지
만 최신 유행의 복장도 안좋다. 신분이 높은 사람들이 모이
는 장소에 나갈 때에는 평상시보다 복장에 더 신경을 써야
한다. 사람은 그 자리에 어울리지 않는 복장을 착용하고
있다고 느낀 순간 그곳이 불편하게 느껴지기 시작하는 것
이다.

*045*—사교장에서의 작은 무례

사교장에서 해서는 안될 사소한 일들이 그 밖에도 많이
있는데, 몇 가지 예를 들기로 한다.

  교회의 설교 중에 조는 것, 콘서트 중에 말을 하는 것, 사람들의 등뒤로 돌아가서 다른 친구에게 무슨 말을 소근거리거나 눈짓을 하는 것, 춤을 잘못추면서도 자신의 춤추는 모습을 다른 사람들에게 과시하려고 하는 것, 악기 연주가 서툴면서도 다른 사람에게 자신의 연주를 들려주려고 하는 것, 자신을 피해 가려는 사람을 이쪽에서 접근하는 것, 트럼프의 룰을 모르거나 또는 생각하는 데 오래 걸리면서도 게임에 끼고 싶어하는 것, 춤을 추면서 멜로디를 흥얼거리는 것, 연극 도중에 앞으로 나가서 뒷사람에게 방해가 되는 것, 모임에 지각을 하거나 조퇴를 하고 사교장의 어떤 사람보다도 그 자리에 오래 남아 있는 것.

  여기서 말한 것들은 피하도록 해야 한다. 또한 다른 사람의 서류를 훔쳐보지도 말아야 한다. 독서나 일을 하고 있을 때 다른 사람이 흘끔흘끔 쳐다보는 것을 싫어하는 사람도 많다. 그리고 서류나 금전을 아무렇게나 방치해 놓은 방에 혼자 있어서도 안된다.

### 046─사교장에 어느 정도 얼굴을 내밀어야 할까

  '사교장에 어느 정도 얼굴을 내미는 편이 좋을까 ?'라는 질문을 받을 때가 있다. 이 질문에 대한 대답은 개개인의 상황이나 필요도, 상태, 무엇에 배려해야 하는가에 따라 달라진다. 그러나 대개는 다음과 같은 기준이 있다.

  다른 사람의 집에 너무 자주 얼굴을 내미는 것은 좋지 않다. '당신은 왜 그렇게 가끔 얼굴을 보여주십니까 ?'라는 말을 듣는 편이 '항상 당신을 뵙게 되는군요.'라는 말을 듣

는 것보다는—한번에 모든 사람을 만족시키기는 힘들므로
—나을 것이다.

인간이란 본래 어느 정도 사교장에 얼굴을 내미는 것이
좋을지 판단할 수 있는 센스를 갖고 있다(지나친 허영심이
나 자기 만족에 눈이 어두워진 사람은 다르지만). 이 센스가
우리들에게 자신이 그 자리에 있는 것이 좋을지 아닐지, 이
제 퇴장해야 할 시간인지 아직 남아 있어야 할 것인지 가르
쳐줄 것이다.

나는 다음과 같은 것을 권하고 싶다.

신뢰감을 갖고 사귈 수 있는 상대의 수를 가능한 한 줄이
고 극히 적은 수의 친구들만을 갖고, 그 틀을 넓히려고 할
때는 충분히 주의를 기울인다(물론 스스로 자신을 컨트롤할
수 있는 범위에 한해서).

자신이 다른 사람으로부터 신뢰받고 있다고 생각하는 순
간 곧 그 사람을 가볍게 보거나 이용하고 싶어지는 사람이
있다. 인생을 쾌적하게 보내기 위해서는 사람들 속에 있으
면서 자신을 항상 '이방인'과 같은 위치에 두는 것이 좋다.
그렇게 하면 당신은 존경받고 소중히 여겨지며 존중받을 것
이다.

따라서 대도시에서 사는 사람의 인생이 더 유리하다. 대
도시에서는 매일 다른 사람들을 만날 수 있기 때문이다. 본
래 내성적인 사람은 다르지만 모르는 사람 사이에 끼어 앉
아 있을 때에는 대개 마음이 가벼운 법이다. 여기서는 다른
곳에서는 들을 수 없는 얘기를 들을 수도 있다. 긴장할 필요
도 없고 조용히 주위 사람들을 관찰할 수도 있다.

◀ point 인간교제술 20 ▶

**남의 성격적 결함을 고칠 수는 없다**

인간을 근본적으로 바꾸려고 해서는 안된다. 성격적 결함
이나 습관으로 굳어진 버릇은 여간해서는 고쳐지지 않는다.
따라서 될 수 있는 대로 성격이나 습관을 바꿀 필요가 없는
사람을 동료나 친구로 선택하는 것이 현명하다.

## 047—지나친 기대는 품지 않도록 한다

어떠한 사교장에 대해서든 지나친 기대감은 갖지 않도록
한다. 아예 기대를 하지 않는 편이 나을 것이다.

주위에 누가 있든 자신만이 혼자 눈에 띄고 주목을 받으
며 모든 사람의 이목이 자신에게만 쏠리기를 바라는 것은
피해야만 한다. 만약 이러한 지나친 기대를 버리지 못하고
사교장으로 나간다면 우리들은 어디를 가도 자신이 경시당
하고 있다고 느끼게 될 것이다.

내가 아는 사람 중에는 나서지 않는 편이 유리한데도 불
구하고 자신이 만물의 중심이 되어야만 직성이 풀리는 사람
들이 많이 있다. 일상 생활 속에서 흔히 볼 수 있는 일인데,
자신과 어깨를 나란히 할 수 있는 사람이 주위에 있다는 걸
못견뎌 하는 사람이 많이 있다.

이러한 사람은 기대나 요구나 의뢰를 받을 수 있는 사람
이 자신밖에 없는 상황이 되면 즉시로 적절히 행동을 하며
재치있는 사람으로 처신한다. 그런데 그들은 자신이 '기타
많은 사람들 중의 한 사람'이라는 상황이 되면 즉시로 비굴
하게 행동하며 질투심을 발로한다.

이것은 교제라는 길을 잘못 찾아든 불행한 사람의 굴절된 모습이다. 자기 자신이 행복하게 살고 다른 사람을 행복하게 해주기 위해서는 이 세계에 대한 기대나 요구를 가능한 한 줄이라고 권하고 싶다.

## 048 — 처신을 바꾼다

교제할 때에는 상대에 따라 다소는 처신을 바꾸고, 또 상대를 존중하는 정도를 바꾸지 않으면 안된다.

누구에게나 악수를 하기 위해 오른손을 내밀어서는 안된다. 누구에게나 포옹하며 친밀한 인사를 해서는 안된다. 누구에게나 자신의 본심을 털어놓아서는 안된다.

만약 당신이 누구에게나 우정을 나누어 준다면 정말로 중요한 친구나 사랑하는 사람에게 당신은 무엇을 나누어 줄 수 있겠는가. 당신이 보여주는 우정을 누가 신용하겠는가. 도대체 누가 당신이 보여주는 우정을 가치 있는 것으로 여기겠는가.

## 049 — 항상 같은 태도로 행동한다

주위 사람에 대해서는 항상 같은 태도로 행동해야 한다. 오늘은 온화하고 내일은 냉정해지지 않도록 주의해야 한다.

오늘은 퉁명스럽다가 내일은 기분 나쁠 정도로 정중하고 친절한 사람, 또는 오늘은 쾌활한 사교가이지만 내일이 되면 얼음처럼 차갑고 말이 없어지는 사람, 이러한 사람과 교제를 하면 당황하게 될 때가 있다.

변덕이 심한 사람은 기분이 좋을 때 마음으로부터 흠뻑 우정을 보여준다. 당신은 그의 우정을 믿고 며칠 후 그 사람을 방문한다. 그는 당신과 함께 있는 것을 기뻐하면서 '자주 찾아와 주세요.'라고 친절하게 말했기 때문이다.

그런데 실제로 그의 집에 가보니 이번에는 냉랭하고 험악한 분위기로 대해준다. 말도 잘하지 않고 당신을 방안에 앉혀둔 채 내버려 둔다.

이러한 사람과는 한시라도 빨리 멀어져야 한다. 그리고 그들이 나중에 다시 당신에게 접근한다면 당신도 마찬가지로 그에게 냉정해져야 한다.

## 050—장점을 발휘할 수 있는 기회를 다른 사람에게 준다

만약 다른 사람이 당신에게 호감을 품고 당신을 추켜세우더라도 눈에 띄도록 행동해서는 안된다. 오히려 장점을 발휘할 수 있는 기회를 다른 사람에게 주도록 한다.

나는 여러 사교장에서 분별력과 기지가 넘치는 남자라는 평가를 받아왔다. 그러나 나는 사교장에서 센스 있는 말을 단 한마디도 하지 않았다. 내가 한 것이라곤 그저 쓸데없는 말들에 대하여 인내심을 갖고 귀를 기울여준 것 뿐이다. 또는 자신 있는 화제를 갖고 있는 사람과 말할 때에는 대화를 그 화제 쪽으로 몰고 간 것 정도이다.

많은 사람들이 나에게로 와서 이런 말을 했다.

"당신과 같이 멋지고 훌륭한 식자이며 문필가이신 분께 경의를 표하기 위해 왔습니다."

그들이 이렇게 말할 때 나는 고소를 금할 수 없다.

그들 대부분은 칭찬을 받은 당사자인 나에게는 말할 기회도 주지 않고 자기 혼자 떠들기 시작한다. 나는 단지 듣고만 있다가 적당히 맞장구를 쳐줄 뿐이다.

그들은 내용이 풍부하고 듣기에 편안한 나의 말투에 매우 매료되어 돌아가지만, 실은 나는 20개 정도의 단어도 말하지 않았을 정도다.

경박한 인간과 교제를 할 때는 인내심이 필요하다.

항상 같은 말을 하는 사람이 있다. 당신은 그 얘기를 이미 몇 번이나 들었을 경우가 있다. 뿐만 아니라 그가 지금 말하고 있는 화제도 당신이 그에게 전해준 것이다. 이럴 때 당신은(만약 그가 위로해줄 만한 가치가 있는 사람이라면) '나는 그 얘기를 몇 번이나 들었기 때문에 매우 지루하다'는 것을 나타내는 태도를 취해서는 안된다.

이러한 인내심은 진실한 태도가 아닐지도 모른다. 그러나 만약 이러한 인내심으로 인해 상대가 상처를 받지 않고 또 당신의 평가가 높아진다면, 이 인내심은 '죄가 되지 않는 진실하지 않은 태도'라고 할 수 있을 것이다.

세상에는 말에 대한 화제를 즐기는 사람, 담배를 한 모금, 와인 한 컵을 함께 마셔줄 수 있는 사람을 필요로 하는 사람, 죄가 되지 않는 즐거운 일을 기다리는 사람이 있다. 그러한 사람이 있다면 — 무리가 되거나 거짓말이 되지 않는 범위 내에서 다소 상대를 해주도록 한다.

나는 자기 중심적인 사람들에게서 흔히 볼 수 있는 저속한 매너를 좋다고 생각해본 적은 한번도 없다. 그들은 다른 사람의 얘기를 잘 들어주지 않는다. 뿐만 아니라 다른 사람에게 말을 시켜놓고 그 얘기가 끝나기도 전에 다른 말을 하는 것이다.

## 051―어떠한 사교장에도 배울 만한 것이 있다

어떠한 사교장에서도 무엇인가 배울 만한 것이 있다. 결코 무의미한 대화는 없는 것이다. 나는 이 점을 믿도록 당신에게 권한다.

그편이 당신 자신을 위해서나 다른 사람을 위해서 도움이 되기 때문이다. 그렇다고 학식이나 세련된 문화를 모든 사교계에서 찾으려고 하는 것은 무리다. 오히려 건전한 상식으로 만족하는 것이 중요하다.

사교장에서는 상식을 화제로 삼고 상식을 통용시키도록 해야 한다. 그리고 모든 신분의 사람과 즐겁게 교제를 해야 한다. 그렇게 하면 때와 장소에 걸맞는 분위기를 점차로 익혀나갈 수 있게 된다.

## 052―어떤 사람과 교제를 해야 하나

누구와 가장 많이 교제를 해야 할까.

사람은 각각 처한 환경이 다르므로 이 질문에 대한 대답도 달라질 것이다. 그러나 누군가를 택해야 한다면 자신보다 현명한 사람을 택해야 한다.

현명한 사람과 교제하면 여러 가지를 배울 수 있다. 현명한 사람은 터무니없는 칭찬을 하지 않는 대신 사람을 무시하지도 않는다.

그런데 우리들은 대개 자신이 말하는 것을 그대로 들어주는 사람, 즉 동화에 나오는 요정과 같은 존재를 자신의 주위에 두고 싶어한다. 요정들은 우리들이 마법의 방망이를 한 번 휘두를 때마다 춤을 춰준다. 자신이 말하는 것을 들어주는 사람하고만 교제를 하다 보면 우리들은 한걸음도 앞으로 나아갈 수가 없다.

다양한 능력을 갖고 있는 사람과 교제를 하는 건 유용하며 배울 만한 것도 많다. 뿐만 아니라 배울점이 많은 상대와 교제를 하는 것은 우리들에게 있어서 하나의 의무이기도 한다.

반대로 우리들로부터 무엇인가를 배우려고 하는 사람에게는 우리들과 교제를 하는 것이 의무이며 하나의 권리이기도 하다.

그러나 이러한 생각을 극단적으로 밀고 나가서는 안된다. 인간의 개성이라는 것은 그 사람의 황금 시대에 절차 탁마해서 완성을 위해 노력한 산물이다. 따라서 이러한 개성을 소홀히 하는 일이 있어서는 안된다.

## 053―부탁하라, 세상에서 무엇인가를 얻고 싶다면

사회 생활을 할 때 누군가에게 편의를 봐달라고 부탁할 경우가 생긴다. 또는 원조를 받거나 특별한 배려를 받고 싶은 경우도 생긴다. 어떤 경우든 당신은 스스로 부탁을 하고 애원해야 한다.

이쪽에서 부탁하지 않아도 누군가(그들 편에서도 당신을 필요로 할 경우가 생길 테니까) 당신에게 자발적으로 원조나 조력을 해줄 것이라고 기대해서는 안된다.

인간이란 누구든지 자신이나 자기 가족에 대해 마음을 쓰는 법이다. 자기 주장을 하지 않는 소극적인 사람이 자신이 갖고 있는 재능을 썩히고 있을 때, 아니면 굶어 죽게 되었을 때조차도 사람들은 그 사람보다도 자신에 관해 더 신경을 쓰는 법이다.

따라서 많은 유능한 사람들이 평생 자신의 존재를 알리지 못하고, 다른 사람들에게 도움이 될 만한 일을 하지 못하고 생애를 마치게 된다. 이러한 결과가 되는 것은 그들이 스스로 머리를 숙여 부탁하지 못했기 때문이다.

## 054―남이 도와주는 것에는 한계가 있다

이미 말한 것이지만 누군가 다른 사람으로부터 받는 것보다는 자신이 다른 사람에게 베푸는 것이 중요하다. 그렇다고 다른 사람을 위해 너무 이것저것 해주려고 하는 것도 바람직한 일은 아니다.

부탁을 받았을 때에는 도움을 주는 것이 좋지만, 너무 많은 것을 주어서는 안된다. 누구하고나 친구가 될 수 있다는 식의 태도는 자중해야 한다. 특히 조심해야 할 것은 다른 사람에게 교육적인 충고를 베풀려고 하는 태도다.

그런 입장에 서있지 않은 사람은 다른 사람에게 충고를 하려고 해서는 안된다. 충고를 해주었다고 해도 당신에게 감사할 사람은 극히 소수다. 오히려 인간이란 다른 사람에게 조언을 구할 때조차도 이미 무엇을 할 것인지를 결정하고 있는 경우가 많다. 즉 자신의 마음이 내키는 일만 할 것이라고 이미 마음속으로 결심하고 있는 것이다.

　그 밖에 해줄 만한 것이 아무 것도 없다고 해서 자잘한 일 (쇼핑을 함께 가준다든지)을 해주려고 할 필요는 없다. 오히려 상대의 마음에 부담이 될 뿐이기 때문이다. 그 밖에 이와 비슷한 식의 참견이나 친절도 피하는 것이 좋다. 이런 일을 했다고 해서 돈과 시간을 낭비하는 것에 비해 상대로부터 감사를 받는 경우는 드물고 만족시켜 주는 일도 적다.

　다른 사람의 가정 내의 사사로운 일에 끼어들어서도 안 된다. 나는 몇 번인가 친절심으로 인해 끼어들었다가 오히려 악의로 오해를 받은 경험이 있다.

　마음이 잘 통하는 상대라면 몰라도 싸움의 중재자가 되어 화해를 시키려고 하지 않는 편이 좋다. 결국은 싸우는 당사자들이 일치해서 당신을 공격하게 되기 때문이다. 남녀 사이에 끼어드는 것, 결혼 중매를 하는 것도 남의 일에 간섭하기 좋아하는 아줌마들에게나 맡기기로 하라.

────────────

●높은 지혜는 협화와 일치 속에서 이루어진다. 남의 말을 들을 때에는 깊은 주의를 기울여야 한다. 말은 적게 할수록 좋다. 그대에게 묻지 않은 말에 대해서는 절대로 대답하지 않도록 하라. 만약에 묻는 사람이 있거든 되도록 간단하게 대답하라. 알지 못함을 부끄럽게 생각할 필요는 없다.
다투기 위해서 다투지 말라. 자만을 피하라. 정도 이상의 높은 지위를 탐내지 말라. 설령 그러한 위치가 그대에게 굴러들어 오더라도.
지나치게 공손한 태도를 짓지 말라. 그것은 남도 그대에게 공손하기를 강요하는 것이 되기 때문이다. 그렇게 되면 서로가 불쾌감만 느끼게 되는 것이다.

## 055—다른 사람에 대해 어떻게 판단해야 할까

상대방의 사람 됨됨이를 판단할 때에는 '상대가 무슨 말을 하는가'를 근거로 삼지 말고 '상대가 어떤 행동을 하는가'를 근거로 삼아야 한다. 단, 사람을 관찰할 때에는 관찰하고 있다는 느낌을 주어서는 안된다. 상대가 정장을 입고 위엄 있게 행동하는 것은 관찰해봤자 아무런 소용이 없다. 오히려 사소한 행동상의 특징에 주의를 기울일 필요가 있는데, 예를 들면 다음과 같은 것이다.

• 건강한 사람이 잠자리에서 일어났을 때 어떤 기분이 되는가.
• 어떤 음식, 음료수를 좋아하는가.
• 손이 많이 간 음식이 아니라도 양이 많은 요리를 좋아하는가, 그렇지 않으면 맛이나 장식에서 신경을 쓴 고급스러운 요리를 좋아하는가.
• 어떤 걸음걸이를 하는가.
• 어떤 매너를 갖고 있는 사람인가.
• 혼자 외출하는 것을 좋아하는가, 그렇지 않으면 항상 동반하는 사람과 팔짱을 끼고 걷는 것을 좋아하는 사람인가.
• 똑바로 걷는 것을 좋아하는 사람인가, 그렇지 않으면 옆에서 걷는 사람 쪽으로 비틀비틀 걸어가서 부딪치거나 상대의 발을 밟기도 하는 사람인가.
• 아무리 사소한 일이라도 다른 사람의 의견을 들어야 하며, 옆사람이나 동료가 어떻게 하는지 묻지 않으면 안심을

하지 못하는 사람인가.

• 물건을 떨어뜨렸을 때 무슨 일이 있어도 당장 주워야
하는 사람인가, 그렇지 않으면 천천히 자세를 가다듬고나서
그것을 주울 수 있는 태세가 될 때까지는 그대로 두는 사람
인가.

• 사람의 얘기를 가로막고 자기 이외에는 아무도 말하지
못하게 하는 사람인가.

• 비밀을 갖는 것을 좋아하며 다른 사람을 몰래 불러서는
비밀 얘기를 속삭이는 사람인가.

• 무엇이든지 혼자 결정해 버리는 사람인가 등등이다.


당신은 인간의 모든 행동을 관찰해야만 한다. 단, 다른 사
람의 여러 가지 행동상의 특징으로부터 상대의 성격을 파악
하려고 할 때에는 공정하도록 해야 한다.

당신에게 친절하게 대해주는 사람이 있어도 그 상대하고
만 사이좋게 지내서는 안된다.

당신 쪽에서 희생을 해도 좋다는 생각을 갖고 있어야 비
로소 애정이나 우정을 흔들리지 않는 확고한 것으로 신용할
수 있게 된다. 마음으로부터 몸을 바칠 수 있다는 태도를 보
여주는 사람은 많다. 그러나 그들 대부분은 자신이 좋아하
는 것을 단념하고 상대의 이익이 되도록 행동해야 할 사태
에 직면하면 즉시 뒤로 물러나 버리고 만다.

어떤 사람이 가치 있는 사람인가를 알기 위해서는 당신이
여러 방면에서 배려할 필요가 있다. 만약 당신이 상대가 원
하는 것을 전부해주고 싶다고 생각한다면 그러한 당신에게
는 교제술 같은 것은 필요없을 것이다.

## 056 — 주의해야 할 규칙

모임에 나와 있는 누군가의 소문을 다른 사람에게 말할 때에는(물론 이러한 행위는 칭찬받을 만한 태도는 아니다), 적어도 그 당사자의 눈에는 띄지 않도록 해야 한다. 반대로 당신이 약간 떨어진 곳에서 누군가가 소문을 말하고 있는 것을 들었을 경우 그쪽으로 시선을 돌려서는 안된다. 그렇게 되면 오히려 당신 자신이 다른 사람들의 시선을 끌게 된다. 다른 사람의 얘기를 듣기 위해서는 귀만 있으면 되지 눈까지는 필요없는 것이다.

## 057 — 주의해야 할 규칙을 모든 인간에게 적용해야
### 하는가

지금까지 나는 일반적인 교제술에 대해 말해왔다. 인간 교제술이란 사람과의 교제를 쉽게 해주고 쾌적한 것으로 해주며 사회 생활의 부담을 경감시켜 준다는 것을 목적으로 한다. 물론 교제술 같은 것이 전혀 필요없다고 생각하는 사람도 있을 것이다. 그러한 사람에게는 그 나름대로의 이유가 있다. 자기 나름대로의 방식을 갖고 편안하게 행동하고 싶다고 하는 사람에게는 그 나름대로의 방식을 인정해주는 것이 주위 사람들이 취할 바른 태도이다. 교제술을 다른 사람에게까지 억지로 강요해서는 안된다.

유력자의 조력이나 세상의 평판, 명성, 칭찬 등을 원하지 않는 사람도 있다. 정치적·경제적 환경 탓으로, 또는 그 밖의 이유로 알고 있는 사람들의 폭을 넓힐 필요가 없는 사람도 있다. 나이 탓으로 또는 몸이 약하기 때문에 교제를 피하려고 하는 사람도 있다. 이러한 사람들에게는 교제의 법칙 같은 건 무용지물이다.

때문에 나 역시 내가 말한 교제술을 다른 사람에게 흉내 내라고 요구하기보다는, 각 사람이 자신의 생각대로 길을 걸어가도록 내버려 두는 것이 올바른 태도라고 생각한다.

무엇을 행복이라고 생각하는가는 사람에 따라 각양 각색이다. 따라서 그럴 생각이 없는 사람에게 행복을 억지로 강요하는 것은 쓸데없는 짓일 것이다.

경박한 사람이 분별력이 풍부한 사람을 나쁘게 말하는 수가 있다. 이러한 모습을 보는 것은 흥미로운 일이다. 경박한 사람이 왜 분별력 있는 사람을 나쁘게 말하는 것일까.

그 이유는 자신들의 사교 방식을 분별 있는 사람이 전혀 존중하려고 하지 않고, 또 그럴 필요를 느끼지 않기 때문이다.

분별력이 있는 사람은 혼자서 고고한 생활에 자족하며 중요한 시간을 바보들을 위해 낭비하고 싶지 않다고 생각한다. 누구든지 사교 생활의 노예가 되고 싶다고는 생각하지 않는 것이다.

## 058 – 무슨 일에서든 항상 시종 일관된 태도를 보인다

한번 정한 방침을 굽혀서는 안된다. 예외를 인정하는 것은 위험한 일이다. 작은 예외가 항상 큰 예외를 불러온다. 다른 사람에게 책을 빌려주지 않는다. 술은 입에 대지 않는다 등등 자신이 납득했기 때문에 결정한 것들은 아버지가 부탁을 하더라도 가볍게 무너뜨려서는 안된다.

단호하게 자신의 방침을 관철시켜야 하는 것이다. 그러므로 애당초 가볍게 방침을 세워서는 안된다. 어떠한 사태가 일어날지 모든 가능성을 방침을 세우기 전에 생각해보아야 한다. 또한 자잘한 일들에 구애 받아서도 안된다.

무슨 일이든 시종 일관된 태도를 보여줄 필요가 있다. 일단 처세 방침을 세우면 약간이라도 그것을 변경해서는 안된다. 당신이 세운 처세 방침 중에는 다른 사람 눈에는 이질적으로 보이는 것이 있을지도 모른다. 그럴 때 사람들은 처음에는 이러쿵저러쿵 말들을 할지 모른다. 그러나 잠시 후면 그들은 아무 말도 하지 않게 된다.

인내심을 갖고 자신의 방침을 단호히 지켜 나간다면 항상 성공을 거둘 수 있다. 처세의 방침이라는 것은 물건을 만들 때의 소재와 같은 것이다. 좋고 나쁨은 얼마나 오래 지속되는가로 결정된다. 매우 성실하게 행동하는 사람조차도 정당하게 평가받지 못하는 경우가 종종 있다. 그 이유를 생각해보면 다음과 같은 것을 깨닫게 된다.

'이 사람의 행동은 교제를 하는 상대의 평소의 행동 양식으로부터 벗어나 있기 때문'에 보조가 맞지 않는 것이다. 때문에 훌륭한 행동을 취해도 주위 사람들로부터 그 목적과 의지를 의혹의 눈으로 바라보게 하는 것이다.

### 059─항상 양심을 잊지 않는다

앞에서 말한 사교 법칙보다도 더욱 중요한 것이 있다. '항상 양심을 지켜야 한다'는 법칙이다.

　어떤 목표를 세우고 어떤 수단을 활용해도 자신의 마음에 비추어 거리껴지는 부분이 있어서는 안된다. 결코 구부러진 길을 걸어서는 안된다. 올바른 길을 걷는 사람만이 좋은 결과와 신의 가호, 곤경에 처했을 때 주위의 원조를 기대할 수 있다.

　간혹 운이 나쁜 시기가 잠시 찾아온다 해도 당신은 자신의 마음에 더러운 것이 없다는 것을 확신하고 자신의 목표가 바르다는 것에 자신감을 지녀야 한다. 그렇게 하면 반드시 멋진 활력이 솟으면서 마음에 명랑함이 찾아들 것이다.

　겉으로 행복한 듯이 싱글벙글거리고 있는 사람보다도 곤경에 빠져 있다는 표정을 하고 있는 사람이 다른 사람들의 눈에 더 잘 띄는 것이다.

● 인간은 자신의 적을 택하는 일에 너무나도 부주의하다.

　　O·와일드 ― 영국의 시인·작가.

● 어떤 때라도 인사는 덜하기보다는 넘치게 하는 쪽이 좋다.

　　톨스토이 ― 러시아의 작가.

● 좋은 기분은 사교계에서 걸칠 수 있는 가장 좋은 장신구의 하나이다.

　　대커리 ― 영국의 작가.

● 좋은 얼굴이 추천장이라면 좋은 마음은 신용장이다.

　　리튼 ― 영국의 작가·정치가.

● 나쁜 매너는 이성도 정의도 깨뜨리고 만다. 세련된 매너는 싫은 것도 잘 보이게 한다.

　　B·그라시앤 ― 스페인의 작가

# 자기 자신과의 교제

옛날 희랍의 황금 시대에 소크라테스라는 철학자가 한 제자로부터, 이 세상을 보람 있게 살아나가고 생활을 잘 영위하려면 어떻게 하면 좋은가 하는 질문을 받았다.

그의 대답은 "너 자신을 알라."고 하는 것이었다.

다른 사람들을 아는 것과 똑같이 자신을 아는 것이다. 이 장을 다 읽었을 때엔 자기에 대해서 지금까지 품고 있었던 이미지보다도 더욱 현실적인 이미지를 갖게 될 것이다. 이 것은 다른 사람을 평가하는 데 도움이 된다. 왜냐하면 우리들은 서로가 다름과 동시에 많은 공통점을 가지고 있기 때문이다.

---

●자신이 원하지 않는 것은 남에게 베풀지 말라.

〈논어論語〉

## 060—자기 자신과의 교제보다 유익하고 흥미로운 교제는 없다

"너 자신을 알라!"

나는 세상에서 이 말보다 더 의미 심장한 말은 없다고 생각한다. 이 말 속에는 무척 심오한 철학이 내포되어 있다. 우리 인간은 이 말을 해석하고 이해하기에 따라서 삶의 질을 달리하게 된다.

인간에게 있어서 지구의 중심은 항상 자기 자신이다. 내가 있음으로 해서 세상의 모든 것이 저마다의 의의와 가치를 지니게 된다. 그러므로 자기 자신에 대한 의무는 가장 중요한 의무이다.

"먼저 너 자신과 교제하라!"

독자들에게는 무척 생소한 말이겠지만, 나는 이 말을 인간 관계의 황금률로 생각하고 있다. 왜냐하면 자기 자신과 잘 사귀는 사람이 남과도 잘 사귈 수 있기 때문이다.

자기 자신과의 교제에 성공하지 못한 사람이 타인과의 교제에만 열을 올린다는 것은 주체성의 상실이다. 내실이 없기 때문에 결국 후회만을 남기게 된다.

매일 여기저기 돌아다니는 사람은 자기 집에서는 타인이 된다. 자신을 도야(陶冶)하지 않고 항상 기분 전환을 위해 살아가는 사람은 자신의 마음의 이방인이 된다. 한가한 사람들 속에 섞여 자기 내부의 권태를 줄여가는 수밖에 없게 된다. 자신에 대한 자신감을 상실하고 자신과 얼굴을 마주해야 하는 단계에 이르면 당황하게 된다.

듣기 좋은 말만 해주는 친구를 원하는 사람은 진실의 소리에 대한 호기심을 잃게 된다. 그리하여 결국은 자신의 내부로부터의 진실의 목소리에조차 귀를 빌려주지 않게 된다. 그리고 양심이 뭔가 불쾌한 것을 속삭이면 선의의 목소리가 뭉개져 버리는 길거리로 뛰쳐나가게 되는 것이다.

## 061 — 자신에게 자신이 가장 필요한 순간이 언젠가는 꼭 찾아온다

자신의 가장 충실한 친구인 자기 자신이 자신을 가장 필요로 할 때 등을 돌리지 않도록 주의해야 한다.

정녕 그렇다! 모든 사람에게 버림을 당하더라도 자신은 자신을 버릴 수 없는 순간이 꼭 있는 법이다. 자신과의 교제가 유일한 위로가 되는 순간이다.

그러나 이럴 때 자신의 마음과 평온하게 교제할 수 없다면, 자신의 마음으로부터 위로나 도움이 일체 거부된다면 도대체 어떻게 될까?

자기 자신과의 교제에서 위로나 행복, 안식을 구하려고 한다면 다른 사람에 대해서와 같이 자신에 대해서도 주의깊고 성실하게, 섬세하고 공정하게 교제를 해야 한다. 심하게 다투어 화가 나게 하거나 풀이 죽게 해서는 안된다. 가볍게 보거나 타락시켜서도 안된다.

---

●타인과 교제에 있어서 예의 범절을 엄수하는 사람은 이자로 살아가지만, 그것을 무시하는 사람은 원금에 손을 댄다.
　　호프만슈탈 — 오스트리아의 시인·극작가.

## 062—건강에 배려해야 한다. 그러나 어리광을 피워서는 안된다

심신의 건강에는 주의해야 한다. 건강을 해치는 사람은 인생과 재산을 낭비하는 사람이다. 인간이 운명에 초연해질 수 있는 것도 대개는 건강이라는 재산이 그 유일한 조건이 된다. 몸이 건강하지 않으면 이 세상의 모든 부귀 영화도 가치없는 것이 되어 버린다.

몸을 소모시키거나 단련하는 것을 싫어하고 약간의 바람을 맞는 것도 두려워해서는 기골(氣骨)이 없는 굴〔石花〕과 같은 인생이 된다.

몸의 힘이 필요한 사태가 된 후에야 몸을 움직이려고 해도 아무 소용없다. 마음을 끊임없이 정념의 태풍에 내맡기고 있는 인간, 48시간 정신의 돛을 올리고 있는 인간은 최적의 시기가 도래했을 때에는 좌초되고 만다.

지력, 기억력이 지쳐 있는 사람, 어떠한 사소한 분쟁이나 불쾌한 일에도 꽁무니를 빼고 있는 인간은 진정한 즐거움을 알 수가 없다. 힘, 용기, 결단이 필요할 때에 길을 잃고 헤매게 되는 것이다.

단지 생각만으로 심신을 괴롭혀서는 안된다. 불쾌한 것이나 몸의 상태가 좋지 않다고 해서 그때마다 우울해져서는 안된다. 용기를 내지 않으면 안된다. 걱정할 필요는 없다.

이 세상 모든 것은 일시적인 것이다. 모든 것은 인내심에 의해 극복된다. 다른 것에 주의를 기울이면 잊어버리게 된다.

## 063―자기 자신을 존경하고 신뢰한다

다른 사람에게 존경을 받으려고 하면 자기 자신을 우선 존경해야 한다. 제삼자에게 보이면 부끄러운 짓을 숨어서 해서는 안된다. 좋은 행위, 예절바른 행위를 하는 것도 다른 사람의 마음에 들기 위해서라기보다 자신에 대한 존경심을 잃지 않기 위해서 하는 것이다.

혼자 있을 때에도 외모나 복장을 아무렇게나 해서는 안된다. 아무도 보지 않는 곳에서 불결하고 초라하며 부정하고 포악한 태도를 취해서는 안된다. 자신의 가치를 손상시켜서는 안된다.

어떠한 경우에 처하더라도 자신에 대한 신뢰, 자신이라는 인간의 존엄성을 잃어서는 안된다. 다른 사람들보다 현명하지 않고 세련된 행동을 할 수 없다고 해도 열의나 마음의 성실함까지 잃어서는 안된다.

## 064―자신은 완전하지 않다. 훌륭한 사람이 되지 못한다 해도 절망해서는 안된다

다른 사람이 도달해 있는 도덕적 또는 지적(知的) 수준에 미치지 못한다고 해서 절망하거나 불만을 품어서는 안된다. 자신 안의 다른 뛰어난 면을 간과해 버리는 것은 옳지 못하다. 그 면은 다른 사람보다 뛰어날지도 모르기 때문이다.

그렇지 않다고 해도 도대체 자신의 모든 부분이 다 훌륭해야 할 필요는 없다.

지배욕이나 빛나는 주역을 연기하고 싶다는 욕망에 사로
잡혀서도 안된다. 그것은 때때로 높은 대가를 지급하지 않
으면 안되기 때문이다.

안타깝게도 이러한 사실을 알고 있는 사람은 드물다. 자
신의 능력과 진가에 내심 느끼는 것이 있을 때 위대한 인간
이 되고 싶다는 이 욕망을 배제시켜 버리기는 힘든 일이다.
물론 나도 이것을 잘 알고 있다.

다른 사람들이 자신의 내면에 있는 것을 이해해주지 못하
고 평가해주지 않는 것을 보는 것은 매우 괴로운 일이다.

그러나 사태가 이렇다고 해서 기력을 잃어서는 안된다.
자기 자신과 신(神)의 섭리에 대한 신뢰를 잃어서는 안
된다.

"신이여, 이 파괴적인 불운으로부터 보호해주소서!"

인간 외적인 것을 얻을 수 있는 인간에게는 탁월한 위대
함이 있다. 이 위대함은 인간, 운명, 외면적인 평가와는 관
계가 없다. 오히려 그것은 내면의 의식에 의해 이루어지는
것이다. 알려진 것이 적으면 적을수록 이 감정은 강해진다.

## 065 — 자신에게 자신이 유쾌한 교제 상대여야 한다

자신에게 있어서 자신이 유쾌한 교제 상대가 되어야
한다. 자신을 지루하게 해서는 안된다. 게으름뱅이여서도
안된다. 자신에 대해서 구석구석까지 알고 있는 것으로는
부족하다. 책이나 타인으로부터 부단히 새로운 발상을 모으
도록 하는 것이 좋다.

항상 자신이 좋아하는 생각의 틀 안에서 돌고 있으면 단

조로운 인간이 되어 버릴 것이다. 단조로운 인간은 고정 관념 속에서 탈피할 수 없다.

자신에게 자신이 가장 지루한 교제 상대가 되어 버리면 자신의 마음과 양심에 부담이 되는 때는 온다. 이것을 의심하는 자는 자신의 기분의 차이에 주의해보면 좋을 것이다.

일련의 시간을 목적없이 또는 해가 될 만한 방법으로 보내고 나면 얼마나 산만하고 싫은 기분이 드는가?

자신이 무겁게 느껴질 것이다. 이에 대해 유익하게 보낸 하루의 저녁이 되면 자신의 생각과 대화를 나누는 것이 얼마나 유쾌하게 느껴지는가.

### 066 — 자신에게 공정하고 성실할 것, 다른 사람과 마찬가지로 자신에 대해서도 엄격할 것

그러나 자신이 자신에게 있어서 사랑스러우며 쾌적하고 유쾌한 교제 상대라는 것만으로는 충분하지 않다. 자신이 자신에게 아부하지 말고 가장 충실하고 성실한 친구가 될 수 있어야 한다. 다른 사람에게와 마찬가지로 자기 자신에게도 호의를 갖고 행동해야 하며, 다른 사람에게와 마찬가지로 자신에게도 엄격해야 할 의무가 있다.

자신에게는 모든 것을 허용하고 면죄하면서 다른 사람에게는 그렇지 않은 것이 인간이다. 자신이 잘못을 저질렀을 때에는 그것을 인정하고 그것을 운명이라든지 저항할 수 없는 충동 탓이라고 돌린다. 그러나 친구의 잘못에는 관대해지지 못한다. 이것은 옳지 않은 일이다.

## 067─자신의 덕성을 어떻게 판정하고 반성해야 될까

동년배나 같은 신분에 있는 사람들보다는 내가 낫다는 식
으로 자신의 가치를 측정해서는 안된다. 오히려 보통보다
현명하고 뛰어난 사람이 될 수 있는 능력이나 소질, 교육이
나 기회를 어느 정도 자신이 갖고 있는가를 기준으로 삼아
야 한다.

혼자 있을 때, 때때로 이 점을 반성해보고 결산해보는 것
이 좋다. 보다 고차원적인 완성을 향해 이러한 싹들을 자신
이 어떻게 활용했는가, 엄격한 재판관이 되어 스스로에게
물어보는 것이 좋다.

◀ point 인간교제술 20 ▶

**자기 자신을 알라**

이것이 모든 행동의 기초가 된다. 그러나 자기를 바라
본다고 자기를 알 수 있는 것이 아니다. 다른 사람의 눈으
로 볼 때, 비로소 그대 자신을 똑똑히 알 수 있는 것이다.

# 다양한 개성을 가지고 있는
# 사람들과의 교제

일반적으로 알려져 있는 사실이지만, 대부분의 사람들은 이성적인 면과 그렇지 않는 면을 함께 가지고 있다. 예컨대 가사에 꼼꼼한 어느 주부가 물건을 살 때가 되면 매우 비이성적으로 되는 일이 있다. 집을 산다거나 차를 산다거나 할 때에는 매우 세심한 사람이 경마라도 하게 되면 조금도 돈이 아깝다고 생각하지 않는다. 건강을 위하여 식사량에 매우 신경을 쓰고 있으면서도 폭음을 즐긴다.

사람들은 어느 정도 이와 같은 점을 가지고 있다. 어떠한 증거나 설득도 듣지 않는 감정적인 맹점을 가지고 있다.

이 장에서는 다양한 개성을 가지고 있는 사람들과의 교제를 말하고자 한다.

┌─────────────────────────────────────┐
◀ point 인간교제술 20 ▶

**사람마다 호불호가 다르다**

  물질이건 마음이건 그것을 필요로 하는 사람에게 주지 않
으면 영양으로 되지 않는다. 각양 각색의 사람들과 사귀기
위해서는 그들이 필요로 하는 것을 주는 것이 중요하다.
물고기를 낚으려고 하면서 보석을 준비하는 것은 얼마나 어
리석은 일인가!
└─────────────────────────────────────┘


## *068*−네 종류의 중요한 기질과 그 혼합에 대해서


  인간에게는 크게 대별하여 네 종류의 중요한 기질이 있다
고 한다. 담즙질, 점액질, 다혈질, 우울질이 그것이다.

  이러한 기질 중 어느 하나밖에 갖고 있지 않은 사람, 기질
들이 뒤섞여 있지 않은 사람은 없을 것이다. 여러 기질들의
무한한 혼합에 의하여 그 미묘한 뉘앙스나 멋진 다양성이
나타나는 것이다.

  어떠한 인간이라도 대개 이 네 가지의 주요 기질 중 어느
것인가가 주로 지배를 하고 있으며, 그것이 그 사람의 인생
에 지대한 영향을 미치게 된다는 사실을 부정할 수 없다.

  네 종류의 주요 기질에 대해 생각하는 바를 말해보기로
한다. 확신을 갖고 말하고 싶은 것은 다음과 같은 점이다.

  정숙을 좋아하는 사람은 담즙질(膽汁質)인 사람을 피하는
것이 좋다. 담즙질인 인간은 끊임없이 불길이 타오르고 있
으며 다른 사람에게 그 불을 옮기고 불태워 버린다. 그러나
사람을 따뜻하게 해주지는 않는다.

다혈질(多血質)인 사람은 불안정하고 연약하다. 힘과 견고함이 결여되어 있다.

우울질(憂鬱質)인 사람은 자기 자신에게, 점액질(粘液質)인 사람은 다른 사람에게 각각 견디기 힘든 짐이 된다.

담즙질에 다혈질이 섞인 사람은 이 세상에서 눈에 띄고 두려움이 대상이 된다. 가장 힘차게 활동하기 때문에 지배하고 파괴하며 건설한다. 즉 담즙질과 다혈질의 조합은 진실의 지배자, 전제자의 성격이 되는 것이다. 그러나 여기에 우울질이 더해지면 폭군이 만들어 진다.

다혈질이며 점액질인 사람은 아마 가장 행복하고 조용한 인생을 보낼 수 있을 것이다. 스스로 즐기고 자신의 능력을 악용하지 않고 아무에게도 상처를 입히지 않는다. 그러나 아무런 위대한 일도 이루지 못한다. 이 성격이 극단적이 되면 무취미하고 어리석으며 조잡한 욕정으로 퇴화된다.

담즙질이며 우울질인 사람은 온갖 재난을 불러일으킨다. 잔인, 복수, 파괴, 죄없는 사람의 처형, 자살 등은 이 성격이 원인이 되는 수가 많다.

우울질이며 다혈질인 사람은 자기 자신에게 양쪽으로부터 동시에 불을 붙여 마음도 몸도 지쳐 버리게 된다.

담즙질이면서 강한 점액질을 내포하고 있는 사람을 만나기는 힘들다. 이 조합은 모순된 것으로 보이는데, 그 양극단적인 기질이 조수의 간만과 같이 교체되는 인간도 있다. 그들은 건전한 이성과 평정함을 필요로 하는 일에는 전혀 어울리지 않는다. 때문에 그들을 움직이기 위해서는 많은 노력이 필요하다.

그러나 움직였다고 하더라도 문제가 있다. 그들은 겨우

탄력이 붙었는가 하면 이번에는 야수와 같이 사방 팔방으로 날뛰게 된다. 말릴 수도 없는 성급함이 모든 것을 망쳐 버리고 만다.

그러나 우울질이며 점액질인 사람이 가장 견디기 힘든 사람이다. 그들과 함께 생활하는 것은 모든 이성적이고 선량한 사람에게 있어서 더할 나위 없는 지옥이 된다.

### 069 — 지배욕이 강한 사람

지배욕이 강한 사람을 다루기는 힘들다. 그들은 친구로서의 교제, 사교적인 교제에는 적합하지 않다. 그들은 어디서나 일관되게 주역을 맡으려고 한다. 모든 것이 자신의 뜻대로 되지 않으면 안된다. 자신이 주체가 되지 않은 일들은 경멸한다. 그럴 경우 가능하다면 모두 부숴버리려고 한다.

그러나 자신이 선두에 서서 행한 것에는 끊임없이 정열적으로 활동한다. 목적을 방해하는 모든 것을 제거해 나간다.

지배욕이 강한 사람이 두 사람 이상 함께 있게 되면 도움이 될 만한 일은 하나도 없다. 주위의 모든 것을 파괴해 버린다. 이러한 사람과 함께 살게 되었을 때에는 어떻게 해야 할까. 그것은 설명하지 않더라도 모두가 알 수 있을 것이다.

---

●타인의 결점이 눈에 띄게 되는 것은, 자기 자신을 잊어버렸을 때 일어나는 현상이다. 가끔 우리는 남을 비난함으로써 그저 무의미하게 그를 해치는 과오를 범한다.
자기를 건지려 하지 않고, 또 바르게 살려는 노력도 하지 않는 사람은, 유혹에 빠지며 못된 일을 본받기 쉬운 사람이다.

## 070 – 명예욕이 강한 사람

명예욕이 강한 사람을 다루는 법도 지배욕이 강한 사람의
경우와 거의 마찬가지이다. 지배욕이 강한 사람은 동시에
명예욕도 강하다. 그러나 반대로 명예욕이 강한 사람이 지
배욕이 강하다고는 할 수 없다. 오히려 이런 사람은 조금이
라도 돋보일 수 있다면 조역으로도 만족하려고 한다.

때때로 복종하는 것을 명예로 느끼는 경우조차 있다. 그
러나 그의 이러한 약점을 노려서는 안된다. 그는 그렇게 비
열한 행위에 대해서는 결코 용서하지 않기 때문이다.

## 071 – 허영심이 강한 사람

허영심이 강한 사람은 추켜세워 주기를 바란다. 칭찬을
해주면 더할 수 없이 좋은 기분이 된다. 주목받고 호의만 받
으면 만사 OK이다. 거기에 특별한 경의는 담겨 있지 않아도
된다.

본래 인간에게는 누구에게나 좋은 인상을 주고 싶어하는
욕망이 있다. 그러므로 이러한 약점을 갖고 있는 사람이 있
더라도 그다지 나쁜 사람이 아니라면 관대하게 봐주는 것도
괜찮다.

듣기에 좋은 말은 하도록 내버려 두어도 된다. 칭찬하는
말에 들뜨거나 때로는 자랑을 해도 이해해주는 것이 좋다.

그러나 비열한 방법을 쓴다면 무슨 일이 있어도 질타해야
한다. 허영심이 강한 인간으로서 비열한 방법을 쓴다면 구
제 불능인 사람이라 할 수 있다. 그들은 입에 발린 칭찬에

마음을 빼앗긴다. 그러므로 결국은 칭찬하는 말 이외에는 듣고 싶지 않게 된다. 진실의 소리에 귀가 닫혀 버리는 것이다.

일반적으로 학자와 부인들에게 이런 경우가 많다.

나는 단순하고 솔직한 사람으로서는 도저히 사귀기 힘든 사람을 몇 명 알고 있다. 그들은 이쪽에서 하는 말 한마디 한마디에 민감하게 반응한다. 뭔가 자신에게 호의가 될 만한 말은 없는지 귀를 기울인다. 그 모습은 마치 선물을 기대했다가 실망을 당한 아이와 같은 것이다.

그들은 기대가 배반당했다는 것을 알게 되면 갑자기 기분이 나빠진다. 이런 류의 허영심의 궁극은 에고이즘이 된다. 이러한 사람과는 친구로서의 관계, 또는 사교적인 관계를 맺기가 거의 불가능하다. 함께 살아야 하는 사람에게는 증오의 씨앗이 될 뿐 아니라 허영심이 강한 사람 자신에게도 일종의 짐이 되는 것이다.

허영심이 강한 사람은 일반적으로 자신이 스스로 칭찬을 늘어놓는다. 자신이 추켜세워지기를 기대하고 있기 때문이다. 칭찬만이 보답을 받을 수 있는 유일한 방법이라고 생각하고 있는 것이다.


072 - 자존심과는 다른 의미에서는 오만함


오만함은 지배욕, 명예욕, 허영심, 자존심과는 다른 것이다. 자존심은 마음의 특성 중에서도 가장 고귀한 것이라고 할 수 있다. 내면의 숭고함과 존엄함에 대한 의식이며, 비열하게 행동하지 않겠다고 하는 감정이다.

모름지기 인간은 자존심으로부터 위대하고 고결한 행위가 나온다. 모든 사람으로부터 버림을 받았을 경우에도 성실한 인간의 지주가 되는 것이 바로 이것이다.

그것은 실로 운명이나 악인을 초월할 수 있게 해준다. 권력을 갖고 있는 악인조차도 그에 의해 억압된 현자의 자존심을 앞에 두고는 칭찬을 하지 않을 수 없게 된다.

이에 반해 자신이 갖고 있지도 않은 장점을 내세우거나 가치가 없는 것을 자랑하는 것은 오만함이다. 변변치 못한 인간이 훌륭한 조상을 들먹이며, 마치 선조의 공적이 자신의 공적인 양, 뽐내는 것도 오만함의 소치이다.

인간을 매우 조잡하고 비사교적으로 만드는 것도 이것이다. 이러한 오만함에는 대개 생활 양식의 결여와 어색한 태도가 뒤섞여 있다. 때문에 때로는 귀족의 오만함보다도 훨씬 콧대가 높아 보인다.

예술가가 자기의 재능에 대해서 자승지벽(自勝之癖)하는 것도 오만함 덕분이다. 다른 사람이 인정해주지 않아도 머릿속으로 모든 사람을 능가할 수 있다고 믿는 것이다. 찬탄해줄 사람이 아무도 없어도 그는 전세계의 무취미를 비난한다. 자신의 예술이 이상한 것이 아닐까 하는 자연스런 생각을 하지 못하는 것이다.

이 오만함이 불쌍한 인간에게 붙어 있다면 그것은 동정의 대상일 뿐 재난을 불러일으키지는 못한다.

그런데 오만함에는 항상 어리석음이 따른다. 따라서 소극적인 대처법으로는 효과가 없다. 오만함으로 오만함을 다스리든지, 오만한 행동을 보고도 못본 척하는 수밖에는 방법이 없다.

또는 오만한 태도를 취하는 자를 완전히 무시하고 간혹 주목받을 행동을 했을 때에도 완전히 무시하는 수밖에 없다. 이런 사람은——나도 자주 경험한 것이지만——양보하면 할수록 한층 오만해지기 때문이다.

## 073—매우 예민한 사람

매우 예민한 사람과 기분 좋게 사귀기도 힘들다. 여기에는 여러 가지 원인이 있다. 때문에 함께 살아가야만 하는 사람 중에 허튼 소리를 잘하는 사람, 여러 가지로 해석할 수 있는 표정, 또는 무시당하기만 해도 상처를 받거나 굴욕을 느끼는 자가 있다면 잘 알아 보는 것이 좋다. 그것은 허영심 때문이든지——대부분의 원인이 이것이다——, 야심 때문이든지, 악인에게 이용을 당한 경험이 있기 때문이다.

또는 그의 감수성이 너무 예민해서 다른 사람에게 해주듯이 자신에게도 해주기를 바라고 있기 때문일 것이다. 그러므로, 매우 힘든 일이기는 하지만, 각 유형에 따른 처신을 조절하고 이런 류의 자극을 피하도록 해야 한다.

그런데 이런 사람이 성실하고 총명하다면 그런 상태도 오래 지속되지는 않는다. 솔직하고 친근하게 설명해주면 점차로 친구를 신뢰할 수 있게 된다. 고결하고 솔직한 태도를 계속 유지해 나간다면 결국에는 이 단점이 고쳐질지도 모른다. 실제로 이런 류의 인간 중에서 사귀기 어려운 사람은 자신이 경시당하고 있다든지 충분히 존경받지 못한다고 생각하는 사람이다.

그러므로 당신은 이런 류의 함정에 빠지지 않도록 주의해야 한다. 자신도 괴로울 뿐 아니라 다른 사람에게도 귀찮은 일이기 때문이다.

## 074 - 고집스러운 사람과의 교제법

고집스러운 사람을 다루는 법은 예민한 사람을 다루기보다 훨씬 어렵다. 단, 이런 사람이 총명하다면 구제할 방법이 있다.

총명한 고집쟁이에게는 처음을 양보하는 것이 현명하다. 그러면 그는 이윽고 스스로 이성의 소리에 귀를 기울이게 되고, 이쪽이 취한 태도가 뛰어나다는 것을 느끼게 된다. 그러면 잠시 후에는 훨씬 유연해진다.

그러나 비참한 것은 고집이 어리석음과 함께 뒤섞여 나타날 경우이다. 이런 사람을 만나서 교제를 해야 될 때도 있다. 이럴 때에는 도리나 배려도 통용되지 않는다. 이러한 경우에는 그가 제멋대로 행동하도록 내버려 두는 수밖에 없다.

그러나 그때 그의 계획, 기획에 그 자신의 책임을 막중하게 하는 것이 좋다. 그러면 그는 어리석고 성급하기 때문에 당황하게 되고 스스로 이쪽의 도움을 청하게 될 것이다. 그럴 경우에는 질질 끄는 것이 좋다. 그로 인해 그가 겸허하고 순종적이 되며 다른 사람의 지도를 받아야 할 필요성을 느끼게 되는 수가 많다.

그러나 어리석고 고집스런 사람이 옳았던 적이 단 한번이라도 있었거나, 또는 그가 자신의 잘못을 캐치하게 되면 그를 지도하려는 생각을 포기하는 것이 좋다. 왜냐하면 그는 항상 자신이 옳다고 생각할 것이기 때문이다. 매우 화가 나는 일이긴 하지만 그는 자신의 통찰력과 솔직함을 신뢰하고 있는 것이다.

그런데 총명하든 어리석은 사람이든 고집스런 사람에게는 처음부터 지루하게 의견을 늘어놓아도 아무런 소용이 없다. 상대는 더욱 고집스러워질 뿐이다. 만약 당신이 그런 사람 밑에 있고 그가 당신에게 어떤 일을 명령했다고 하자. 그리고 나중에 그 자신도 이 명령이 옳지 않았다는 것을 깨닫게 되리라는 것을 당신은 알고 있다고 하자. 이 경우 가장 현명한 방법은 거역하지 말고 입으로는 상대에게 복종하는 척하는 것이다. 그가 깨닫게 될 때까지 일을 미루고 있든지 또는 그가 시인할 수 있는 상태가 되도록 은밀히 일을 풀어나가는 수밖에 없다. 단, 후자의 경우 그보다 뛰어난 당신의 통찰력을 자만하기보다는 당신의 명령이 나에게는 이렇게 들렸다는 식으로 둘러대는 것이 좋다.

간혹 일어나는 긴급한 경우에 강경하게 나오면 이쪽에서도 강경하게, 절대로 양보하지 않는 방법도 효과적이고 필요할 것이다. 그러나 이 수단을 너무 자주, 그리 중요하지도 않은 경우에 써먹으면 효과를 잃게 된다. 이쪽에 정당성이 없는 경우에는 더욱 그렇다. 항상 논쟁을 일으키는 자는 정당성이 없기 때문에 그러는 것이라는 억측을 스스로 불러일으키는 것이다.

자신이 아니라 상대가 이러한 사태에 직면하도록 하는 편이 현명한 방법이다.

## 075─싸움을 좋아하고, 반론을 즐기며, 역설을 좋아한다

분쟁을 이상하게 좋아하는 특이한 체질이 있다. 대부분은 고집으로 인해 생기는 것이지만 때로는 단순한 변덕이나 비사교적인 기분에도 원인이 있다. 무엇이든지 아는 척하고 다른 사람이 제안하는 것은 무엇이든지 반대하는 타입의 인간이 여기에 해당된다.

그들은 스스로 확신하고 있으면서도 굳이 그것에 반대되는 말을 하고 싶어한다. 분쟁에 즐거움을 느끼기 때문에 그러는 것이다.

또한 상식에 반하는 것, 이성을 갖고 있는 사람으로서는 생각할 수도 없는 것을 말하는 것을 자랑스럽게 생각하는 타입도 있다. 반론을 제기할 것이라고 기대하면서 그렇게 하는 것이다.

게다가 싸움을 좋아하는 타입도 있다. 그들은 항상 1대 1의 싸움을 할 기회를 찾아 헤맨다. 마음이 약한 사람, 적어도 자신보다 훨씬 겁이 많은 사람에 대해서 일종의 승리를 거두려고 하는 것이다.

이러한 사람들과 교제를 할 경우에는 냉담해야 한다. 이쪽에서는 결코 화를 내서는 안된다. 반론을 즐기는 사람과는 결코 논쟁을 하지 말고, 상대가 흥이 나서 반론을 제기하기 시작하면 곧 대화를 그만두어 버리는 편이 좋다.

그들의 논쟁을 즐기는 정신에 방위벽을 쌓아서 불필요한 말을 하지 못하도록 하는 수밖에 없다.

두 번째 타입에 대해서는 그들의 주장에 약간만 반론을

제기해서 기쁘게 해주는 것도 때로는 좋을 것이다.

그러나 세 번째 타입, 싸움을 즐기는 사람에 대해서는 더욱 조심을 해야 한다. 그들과 함께 있는 것을 피할 수 없는 상황이라면 한번쯤은 강한 태도를 보여주는 것이 좋다. 말하자면 이쪽과 싸움을 하고 싶은 생각이 그들에게 두번 다시 일어나지 않도록 해주는 것이다. 그 자리에서 단호하게 자신의 생각을 말하면 된다.

본래부터 반대만 하고 싶어하는 특이한 성격을 갖고 있는 사람은 일정한 수이다. 그들은 항상 자신의 손에 들어오지 않는 것을 가지려고 한다. 다른 사람이 하는 것에는 만족할 수 없다. 자신의 주문대로 하지 않으면 무엇이든지 불평을 한다. 그것이 아무리 훌륭한 것이라도 그렇게 한다.

이런 인간에게는 자신이 원하는 것과 반대되는 것을 제안하든지, 또는 이쪽에 반대하면서도 실은 그들이 이쪽의 생각을 밀어주게 되도록 조절해 나간다면 잘 풀어나갈 수 있을 것이다.

## 076 – 화를 잘 내는 사람

화를 잘 내는 사람이 있다. 그들은 고의로 다른 사람에게 굴욕감을 주려고 하는 것은 아니다. 자신의 성격을 누르지 못하기 때문에 순간적으로 감정을 폭발한 것이다. 이들은 격노한 순간에는 가장 친한 사람에게조차도 화를 내고, 나중에 자신의 경솔함을 후회하곤 한다.

말할 필요도 없이 현명하게 양보하고 유연함으로 대처하는 것이 이러한 인간이 이성을 되찾을 수 있게 하는 유일한 수단이다.

그러나 이것은 상대의 성격에 뛰어난 점이 있고, 그러한 배려를 할 수 있을 경우에 한한다. 양보와 유연함으로 대처한다 해도 주의할 점이 있다. 그것은 화가 난 사람에게 점액질적인 무기력한 냉담함으로 대처하는 것은 같이 싸우는 것보다 더 곤란하다는 것이다. 화를 내고 있는 편은 자신을 비웃고 있다고 생각하여 더욱 화를 내게 될 것이기 때문이다.

## 077─복수심이 강한 사람

화를 잘 내는 사람이 부당한 행위를 해도 그것은 그 성급함 때문일 뿐이다. 그들은 잠시 모욕을 당했다고 여겨지면 즉시 화를 내지만 나중에 곧 자신의 행동을 뉘우치고 용서를 구한다.

이와는 달리 복수심이 강한 사람은 원한을 마음속으로 감추어 둔다. 그것을 부딪칠 기회가 오기를 기다리고 있는 것이다.

복수심이 강한 사람은 결코 잊어버리는 일과 용서가 없다. 이쪽이 온갖 방법을 동원하여 화해를 하려고 해도 소용이 없다.

그들은 자신이 당한 일뿐 아니라 당했다고 생각하는 모든 것에 대해서 복수를 한다. 게다가 그것은 위해(危害)의 양이나 정도에 해당하는 정도도 아니다. 어쩌다 실수한 경솔한 말에 대해서도 복수를 한다. 모욕당한 것을 아무도 보지 못했어도 복수를 한다.

명예심이 손상을 당한 것이라면 다른 사람의 행복을 파괴하기에 이른다. 그 복수는 당사자에 한하지 않는다. 모욕을 한 사람의 가족, 사회 생활, 친구에게까지 미친다.

이러한 사람과 함께 살아가야 한다는 것은 매우 슬픈 일이다. 내가 충고할 수 있는 건 이러한 사람을 모욕하지 말라는 것 정도다.

## 078-결단을 내리지 못하는 사람, 무기력한 사람

게으르고 무기력한 사람에게는 끊임없이 재촉하는 수밖에 없다. 아무리 무기력한 사람이라도 그 사람을 지배하고 있는 정념은 있는 법이다. 따라서 그것을 추켜세운다면 당신의 뜻대로 움직이게 할 수 있다.

이런 류의 사람은 결단을 내리지 못하고 별 볼일 없는 일인 데도 몇 년씩이나 방치해 두는 경우가 있다. 편지에 답장을 쓴다, 수령증을 쓴다, 지급을 한다, 이런 것들을 처리하는 것이 매우 큰일인 것이다.

이러한 사람에게는 때로는 실력 행사가 필요하다. 당초에는 이쪽이 강하게 밀어붙이는 태도를 나쁘게 생각하더라도 일단 성가신 일이 일단락되면 결국은 감사하는 마음을 갖게 될 것이다.

◀ point 인간교제술 20 ▶

**상대에게 성실한 관심을 표명하라**

기원 전 1백 년에 파브리아스라는 로마 시인이 이런 말을 했다. "우리는 자신에게 관심을 가져주는 사람에게 관심을 가진다."

## 079—인간 혐오증, 의심이 많은 사람, 기분이 나쁜 사람, 솔직하지 못한 사람

의심이 많은 사람, 항상 기분이 나쁜 사람, 솔직하지 못한 사람은 고결하고 성실한 사람과 교제를 해도 즐거움을 얻지 못한다.

의심이 많은 사람은 그 스스로가 의심을 받지 않으려고 한마디 한마디를 신중히 생각하고 한걸음이라도 이것저것 생각해 본 다음에 내딛지 않으면 안된다. 의심이 많기 때문에 쾌활한 기쁨의 불씨가 이쪽의 가슴으로부터 상대의 가슴으로 옮겨 붙을 수도 없다. 어쩌다 찾아온 유쾌한 순간, 그 더할 수 없는 기쁨을 공감의 결여로 인해 백지장으로 만들어 버리고 만다.

그뿐만이 아니다. 우리가 기쁨의 절정에 있을 때 무뚝뚝하게 방해를 하고 그 감미로운 꿈을 깨버리고 만다. 이쪽이 흉금을 털어놓아도 반응을 보이지 않으며 항상 경계를 한다. 가장 친밀한 친구를 악인으로 보고 가장 충실한 종을 사기꾼이나 배신자로 생각한다.

이러한 식이므로 그로 인해 이쪽까지 이상해지거나 인간 혐오증에 빠지지 않으려면 여간 성실하고 견고한 사람이 아니고서는 곤란하다.

이러한 인간에 대해서는 무리를 하지 말고 평소와 다름없는 성실한 태도를 보여 주며, 상대가 의심을 느끼면 그것을 없애 주도록 하는 것이 좋다. 그것이 불가능하다면 그들의 성격을 심각하게 받아들이지 않는 것도 한 방법이다. 사려와 양심에 따라 대담하면서도 쾌활하게 대하는 수밖에 없다.

그런데 이런 류의 인간은 정말로 불쌍한 사람들이다. 그들의 인생은 그들 자신과 다른 사람에게 고통이 된다. 그들의 고약한 성격이 원인인가 하면 그렇지도 않다. 아니, 그들이 지닌 마음의 병의 원인은 대부분의 경우 선천적인 것이거나 혈액의 둔중으로 인한 것이다. 너무나 자주 속임을 당했다는 피해 의식의 악영향을 미친 것일 수도 있다.

이 병의 치료는 젊을 때라면 결코 불가능하지 않다. 치료를 위해서는 주위에 있는 사람들이 그의 기분에 상관하지말고 그에게 항상 고결하고 성실하게 대해주어야 한다. 이로써 결국 그는 세상에 아직 성실함이 존재한다는 것을 깨닫게 될 것이다. 그러나 노인일 경우에는 병의 뿌리가 더욱 깊은 법이므로 인내심을 갖고 견디는 수밖에 없다.

가장 슬픈 것은 이러한 성격이 인간 혐오증으로까지 발전하는 것이다. 독일에서 대성공을 거둔 희곡 〈인간 혐오와 후회〉의 작가는 등장 인물인 소좌에게,

"나는 이런 인간과 교제하는 법을 잊어버리고 있었다."

라고 말하게 하고 있다.

그 말과 같이 나도 그에 대해서는 거의 쓰지 않았던 것이다. 그러나 이런 사람에 대한 일반적인 규칙을 제시하는 것은 실제로 불가능하다. 이를 위해서는 이 병의 원인을 각각의 경우에 따라 정확하게 알아야 하기 때문이다.

---

●사람은 선행善行을 다하지 않고 선행을 말하며, 나쁜 짓을 말하지 않고 나쁜 짓을 일삼는다.

　독일의 속담

080—질투심이 많은 사람, 심술이 많은 사람, 남을
　　중상하는 사람, 다른 사람의 불행을 기뻐하는
　　사람


질투심이 많은 성격, 다른 사람의 불행을 기뻐하는 성격,
질투를 하거나 부러워하는 성격은 심술궂고 비열한 인간만
이 갖고 있는 성질일 것이다. 그러나 사실은 그렇지만은
않다. 다른 면에서 뛰어난 성질을 갖고 있는 많은 사람들의
마음속에 이 나쁜 성질이 섞여 있는 것을 자주 볼 수 있다.
인간의 본성은 어디까지나 약한 것이다. 야심과 허영심은
우리들의 내부에 다른 사람의 행복을 솔직하게 인정하고 싶
지 않다는 감정을 불러일으키기 마련이다. 영광, 명성, 미
모, 권력, 친구, 연인, 그 밖에 무엇이든지간에 우리들은 이
행복이라는 추상 명사를 항상 뒤쫓고 있다. 이렇게 해서 이
감정이 그러한 행복들을 소유하고 있는 인간에 대한 어떤
류의 반감을 싹트게 한다.
예술가, 학자, 장인의 질투, 귀족, 부자, 궁정 세계에 살
고 있는 사람들의 질투, 부부, 친구, 애인 사이의 질투——
이러한 것에 대해서는 나중에 말하기로 한다.
여기서 말해 두고자 하는 것은 다음과 같은 점들이다.
세상의 질투로부터 완전히 벗어나려고 한다면 당신의 모
든 장점, 노력의 성과라든지 행복이라는 이름이 붙어 있는
모든 것을 감추지 않으면 안된다. 질투심이 많은 사람들의
감정을 자극하지 않도록 하기 위해서는 스스로의 장점, 지
식, 재능을 드러내지 말고 감추어 두는 수밖에 없다. 어떤
것에서든 우수함을 보여주어서는 안되고, 조금만 원하고,

요구하는 것도 성취하는 것도 아주 조금이라는 식으로 보여
주는 수밖에 없다.

그런데 질투심으로 인해 때때로 무서운 중상 모략이 행해
진다. 고결한 사람이라도 피할 수 없는 일인데, 이런 경우에
처했을 때에는 어떻게 행동해야 할까.

이것을 일괄적으로 정할 수는 없다. 신속하고 명료하게
그 진상을 밝히는 것이 가장 성실한 방법이며 현명한 방법
일 수도 있다.

그러나 해명하는 것이 성실한 인간의 체면에 관계되는 경
우도 종종 있다. 비천한 사람은 중상에 의해 이쪽이 불안에
빠지는 것을 보면 끊임없이 그것을 행하려고 한다. 그러나
진실은 시간이 지나면 밝혀지는 법이다.


*081*―인색에 대해서


인색은 가장 부끄러운 정념 중의 하나이다. 부에 대한 욕
망이 고개를 들면 인색한 사람은 온갖 저열하고 비열한 행
위를 쓴다. 돈이 되는 것이라면 어떠한 종류의 감정―― 우
정, 동정, 호의와 같은 것은 끼어들 여지도 없다. 아니, 사
소한 즐거움조차도 즐기려고 하지 않는다.

인색한 사람들은 다른 사람을 보면 누구든지 도둑으로
본다. 자신보다 더 소중한 부(富)에 기생해서 자기 자신을
빨아먹으려는 사람들로 보이는 것이다.

그중에는 금전욕에다 또 다른 욕망까지 겹쳐져 있는 사람
도 있다. 그들은 돈을 긁어 모으고 절약을 하면서 모든 즐거
움을 단념하지만 어떤 류의 욕망에 대해서는 다르다. 정욕,

식욕, 명예욕, 허영, 호기심, 도박, 기타 무엇이든지 상관
없다. 한 장의 금화가 손에 들어온다면 형제나 친구를 속이
고 세상의 지탄을 받는 것도 불사하면서 순간의 관능이나
향락에는 백 장의 금화도 아끼지 않는 인간도 있다.

게다가 가치에 관한 계산이 서툴러서 동화를 모으느라고
금화를 버리는 인간도 있다. 돈을 사랑하지만 그것을 다루
는 법을 모르고 있는 것이다. 그래서 그들은 사기꾼들에게
당하고 빼앗긴 돈을 만회하려고 조급해진 나머지 아랫사람
들을 괴롭힌다. 낭비한 막대한 돈을 다시 모으려고 한번에
동화 한 개가 될까 말까한 수수료를 벌기 위해 매우 비열한
방법을 쓰곤 한다.

인색한 사람의 마음에 들고 싶으면 그에게 아무 것도 요
구해서는 안된다. 이것이 그들과 교제할 수 있는 일반적인
규칙이다.


### 082─은혜를 모르는 사람에 대한 대처법

다음은 은혜를 모르는 사람에 대해서이다. 이러한 인간에
대해서는 어떻게 행동해야 할까.

세상에는 기브 앤드 테이크(give and take)를 모르는 사람
이 있다. 받을 줄만 알고 주는 것에 몹시 인색한 사람도
있다. 이들은 곤궁에 처했을 때와 곤궁에서 벗어났을 때의
마음이 다르다. 이해 타산에 따라 표리 부동한 행동을 취
한다.

이런 사람들이 하는 감사의 말을 믿어서는 안된다──이
것은 지금까지 내가 때때로 강조해 온 말이다. 인간 혐오증

에 걸리게 되거나 신이나 운명에 투정을 하고 싶지 않다면 이 원칙을 잠시도 잊어서는 안된다.

당신이 충성스럽게 봉사해 온 사람, 역경으로부터 구해준 사람, 이쪽이 몸을 던져서 봉사하고 경우에 따라서는 자신을 희생하면서까지 어루만져 준 사람——이러한 인간이라도 당신에게 못되게 굴 수가 있다. 일시적인 이익이라든지 환경이 변했다는 이유로 당신을 배반하고 박해하고 학대하기도 한다.

이러한 사람에게서 상처를 받지 않으려면 인간적인 감정에서 완전히 해탈한 상태여야 할 것이다.

그러나 당신이 인간에 대해 현명한 통찰력을 갖고 있다면, 따뜻하고 착한 마음씨를 갖고 있는 사람이라면 고결한 행동을 주저해서는 안된다.

이 점에 대해서는 제2부와 제3부에서 별도로 얘기를 하겠지만, 그에 앞서 강조해 두기로 한다.

착한 행위에 대한 보상은 어떠한 행위든 그 자체에 있다. 어떠한 감사도 믿을 수 없다는 것을 처음부터 알고 있더라도, 자신이 그저 선에 대한 사랑으로 인해 사욕없이 행동을 한 것에 대한 기쁨이다.

고결한 사람은 선을 베푼 사람을 망각하는 자를 가엾게 여긴다. 그리고 다른 사람에 대한 봉사를 그만두지도 않는다. 약하면 약할수록, 마음의 행복이 엷으면 엷을수록 절실하게 도움을 구하지 않을 수 없는——그런 인간에 대한 봉사를 그만두지 않는다.

따라서 다른 사람에게 베푼 행위가 망은으로 돌아온다 해도 그것을 탄식해서는 안된다. 그런 사람을 비난해서도 안된다. 크고 고결한 마음으로 그 인간에게 대처해야 한다. 그가 이쪽으로 다시 온다면 다시 맞아들이지 않으면 안된다.

선행은 결국 다른 선행을 부르는 법이다. 망은을 측은하게 여기고 포용해준다면 그도 자신의 잘못을 깨우치고 인품이 개선되기에 이를 것이다. 그렇게 되지는 않더라도 악덕에 대한 대가는 모두 그 악덕 자체에 있다고 생각하면 된다. 악인의 마음 그 자체의, 그 비열함 자체로부터 불가피하게 생기는 결과가 복수를 해줄 것이다.

인간의 망은에 대해서는 긴 페이지를 할애해도 부족할 정도이다. 그러나 내가 지금까지 당한 체험에 대해서는 나에게 죄를 진 사람들을 어루만져 주는 기분으로 오히려 침묵하는 방법을 택하기로 하겠다.

---

●대하大河는 돌을 던져도 그 흐름이 흩어지지 않는다. 타인의 악담에 마음이 동요되는 자는, 큰 강이기는커녕 물구덩이보다도 도량이 작은 인간이다. 남 때문에 불행의 구렁텅이에 떨어졌다면, 참고 견뎌 그 불행을 극복하라. 그대 자신도 용서 받아야만 할 인간이다.

083—음모를 좋아하는 사람과 거짓말쟁이에 대해서

어떤 일에서나 마찬가지지만, 곧바른 길을 걸어가지 못하는 사람이 있다. 그들이 꾀하는 일에는 무슨 일이든 음모, 교언, 속임수가 섞여 있는 것이다. 근본부터 마음의 상태가 나쁘거나 생활 방법이나 운명 등의 영향으로 인해 이러한 성격이 형성된다고 여겨진다.

예를 들면 매우 의심이 많은 사람은 아주 사소한 행위라도 다른 사람 몰래 행한다. 그들은 한사코 본심이나 진짜 목적을 숨기려고 한다.

정연한 활동을 하지 못하는 사람, 곧 흥분해 버리는 사람, 의욕에 차 있는데도 너무나 간단하게 일이 끝나 버려 자신의 재능을 발휘할 찬스가 없는 사람——이러한 사람들이 자신의 힘이 미칠 수 있는 범위를 확대하거나 활약 무대를 재미있게 하려고 온갖 탈선을 하게 되는 것이다. 즉 목적을 위해 수단을 고르는 것이라고 말할 수 있다.

또한 허영심이 매우 강한 사람은 위장, 책략, 항쟁 이외의 것에는 익숙하지 않다. 그들에게는 아무런 문제도 없이 진행되는 생활이 매우 지루하게 보이는 것이다.

그 밖에도 공상적인 상념에 의하여 머리가 가득 차 있는 사람, 혹은 한가한 생활이라든지 있는 그대로의 자연, 진리에의 감각을 잃어버린 사람도 음모 없이는 살아갈 수 없다.

이런 류의 인간에 대한 처신으로 가장 좋은 방법은 다음과 같은 것이다.

스스로 항상 솔직히 행동해야만 한다. 그들에게 말과 행동으로 비뚤어진 것, 음모, 위장이란 이름이 붙는 것을 모두 단호히 적대시한다는 것을 보여준다. 성실하며 정직한 인간에게는 누구에게든지 마음으로부터 존경심을 갖는다는 것을 보여준다.

그렇게 하면 그들은 당신을 악랄한 책략의 현장으로 밀어넣으면 얼마나 체면을 잃게 될 것인가를 조금은 느끼게 될 것이다.

그들이 아직 당신을 속이지 않았다면 그들에게 무한한 신뢰를 보여주며, 당신을 속인다는 건 상상도 할 수 없는 일이라는 태도를 보여주는 것도 좋다. 그러면 그들은 경의(敬意)에 신경을 쓰게 됨과 동시에 불평을 살 일을 하지 않으려고 주의하게 될 것이다.

작은 약점에 대해서는 관대해야 한다. 저지른 과오가 책략과 관계 있는 것이 아니라면 관대히 용서해주는 것이 좋다. 그러면 윤리의 엄격한 재판관 앞에 서 있는 것처럼 당신의 관대함을 두려워하게 된다.

그들에게 몰래 다가가서 신변을 탐색하려고 해서는 안된다. 뒷길로 돌아가서는 안된다. 오히려 확실하지 않고 시비를 명확히 가리고 싶은 것이 있다면, 또 그럴 만한 권리가 있다면 정면으로부터 깨끗하게 상대를 응시하면서 시시비비를 가리는 것이 좋다. 그들이 말이 막히고 도망가려고 하면 그들에게 기만이라는 오명을 씌우지 않기 위해 물어보는 것이라는 점을 이해시킨다.

단, 그 이후에는 그들에게 이전보다 냉정한 태도를 취하는 것이 좋다. 도망가려고 할 때에는 친근하면서도 심각한 태도로 자기 자신의 품위를 떨어뜨리는 행동을 해서는 안된다고 경고하는 것도 좋을 것이다.

그럼에도 불구하고 당신을 속인다면, 음모나 속임수로 사기를 치는 것을 계속한다면, 개선의 여지가 보일 때까지 그들을 경멸하고 그 언행 일체에 불신을 보여줌으로써 그들을 벌하는 수밖에 없다.

그러나 왜곡된 책략이 습성화된 사람이 다시 진리의 정도로 돌아서는 일은 드물다.

## 084 — 허풍을 떠는 사람

흔히 말하는 허풍선이, 호언 장담을 잘하는 사람은 또 다른 종류의 인간이다. 이러한 인간에게는 본래 누군가를 속이려고 하는 의도가 있는 것은 아니다. 그들이 존재하지도 않는 사실을 날조하거나 실제 이상으로 과장하는 것은 자신을 보다 돋보이게 하고 싶어서거나, 생각하고 있는 이상으로 평가받고 싶기 때문이다. 또는 깜짝 놀랄 만한 말을 해서 주의를 끌고 호감을 갖게 하며 재미있는 사람이라는 인정을 받고 싶어서이다.

심한 경우 그들은 자신이 떠들어댄 허풍을 사실로 믿어 버리며 눈에 보이는 모든 것을 과장이란 안경을 통해 보게 된다. 이러한 허풍선이의 말이나 보고에 귀를 기울일 때에는 재미있다. 그 과장된 말투에 익숙해져 버리면 그 말의 어디까지를 믿어야 할지 처음부터 알 수 있게 된다.

그러나 허풍이 너무 지나치면 당신은 현명하게 충고해야 한다. 예컨대 좀더 정확하게 말하면 어떻겠느냐고 계속해서 질문을 던져서 그가 만들어 내고 있는 얘기 속으로 그 자신을 끌어들이는 것도 좋을 것이다.

그러면 그는 진퇴 양난에 빠져 얼굴이 벌게질 것이다. 또는 거짓말을 할 때마다 이쪽에서 더욱 심한 거짓말로 되받아줌으로써 그의 얘기를 진실로 믿을 만큼 바보가 아니란 것을 깨닫도록 해준다. 거짓말을 늘어놓기 시작하면 곧 대화의 돛을 접어 버리고 거짓말의 바람을 피하는 것도 좋다.

몇 명의 사려 깊은 사람들로부터 이런 대접을 받으면 허풍선이도 조금은 신중해질 것이다.

## 085—창피를 모르는 사람, 게으름뱅이, 아첨꾼, 뻔뻔스러운 사람

창피를 모르는 사람, 게으름뱅이, 아첨꾼, 뻔뻔스러운 사람——이러한 사람들로부터는 어느 정도 거리를 두고 친근하게 지내지 않는 편이 좋다. 그들과 교제를 하거나 친해지기를 바라지 않는다는 것을 정중하면서도 엄숙한 태도로 알려주는 것이 좋다.

먼저 게으름뱅이 퇴치법이다. 알고 지내는 사람이 나에게 이런 이야기를 한 적이 있다.

그는 네덜란드에서 한 사려 깊은 사람의 사무실에 큰글씨로 다음과 같은 글이 쓰여 있는 것을 보았다고 한다.

"일없는 사람이 찾아오는 것은 정해진 일이 있는 사람에게는 큰 폐가 된다."

나는 이 아이디어가 나쁘지 않다고 생각한다. 중요하지도 않는 용무로 시간을 빼앗는 사람을 간단히 내쫓을 수 있는 방법인 것이다.

그런데 아첨꾼에게는 특히 주의해야만 한다. 타락하지 않기 위해서이다. 그들이 노래하는 세이렌*의 노래가 귀에 익숙해지면 우리들은 근본부터 흔들리게 된다.

아첨꾼의 교언은 진실의 소리를 듣기 싫도록 하는 힘을 지니고 있다. 때문에 잘못을 지적해주는 충실한 친구를 멀리하게 된다. 여기까지 타락하지 않기 위해서는 위험한 유

---

* 세이렌(Seiren);그리스 신화 중의 해정海精, 상반신은 여성이고 하반신은 새 모양을 한 괴물. 이탈리아 근해에 출몰하여 아름다운 소리로 뱃사람을 유혹하여 죽게 한다 함. 나중에 오르페우스(Orpheus)를 유혹하다 실패하여 바위로 변하였음.

혹에 대해 냉정함을 무기로 해서 싸우지 않으면 안된다. 나쁜 적으로부터 도망가듯이 아첨꾼들로부터 도망가는 것이 좋을 것이다.

그러나 이것은 생각처럼 간단하지가 않다. 아첨의 반대가 되는 말을 하는 척하면서 아첨을 하는 자가 있기 때문이다. 당신의 약점을 빈틈없이 조사하고 있는 아첨꾼이 있는 것이다. 특히 궁정에서 나는 이런 류의 사람들을 많이 보았다. 주군(主君)에게 충언을 말하는 사람이라는 평판에도 불구하고 온후한 얼굴 뒤에서 말도 안되는 것들을 떠들어대며 다니는 사람들을.

### 086—악인에 대한 대처법

그럼 여기서 근본부터 나쁜 사람에 대한 일반적인 대처법을 말하고자 한다. 나는 인간의 원죄를 제외하고 근본부터 나쁜 사람은 존재하지 않는다고 생각한다. 사람이 악인이 되는 것은 오히려 잘못된 교육, 자신의 욕심이나 정념에 지는 것, 환경 등에 의해서이다.

자연적으로 갖추고 있는 좋은 소질을 찾아볼 수 없을 정도로 황폐한 인간은 아마 없을 것이다. 그러나 여기서 다루고자 하는 내용은, 사람이란 어떻게 악인이 되는가 하는 문제가 아니라 악인이 있을 때 그것을 어떻게 다루어야 하는가에 대해서이다.

이에 대해서는 적과의 교제, 잘못된 길로 들어선 사람, 타락한 사람에 대한 대처법에 대하여 말한 것을 참조하길 바란다. 여기서는 단지 다음과 같은 점들만을 덧붙여 두기로 한다.

평온과 도덕적인 완성을 원한다면 말할 필요도 없이 악인과의 교제는 가능한 한 피해야 한다. 그러나 안타깝게도 불가피한 사정으로 인해 때로는 악인과 함께 생활하고 함께 일을 해야만 하는 수가 있다. 그럴 때에는 만일을 위해 일정한 규칙에 주의를 기울여야 한다.

당신의 두뇌가 뛰어나고 선량한 마음을 가지고 있다고 해서 악인이 해악을 끼치지 않을 것이라고 생각하면 오산이다. 그들과 평화롭게 살 수 있으리라고 생각하는 것도 잘못이다.

악인과 어리석은 자 사이에는 고결하고 사려 깊은 모든 인간에 대하여 대항하는 영원한 동맹 관계가 성립된다. 이것은 매우 기묘한 동맹 관계이며, 대개는 여러 가지 사정으로 아무리 떨어져 있더라도 기꺼이 손을 잡게 된다.

악인 앞에서는 당신이 아무리 자제를 하고 주의를 해도 소용없는 일이다. 결백하고 정직해도 소용이 없다. 배려나 절도도 무익하다. 자신의 뛰어난 특성을 감추고 평범하게 보이려고 해도 소용없다.

악인이면서 다른 사람의 공적을 정당하게 평가할 수 있는 인간은 없다. 그러나 악인은 다른 사람의 장점이나 공적을 두려워하고 힘을 다해서 그에 대항하려고 한다. 악인과 어리석은 자는 대연합을 맺어서 끊임없이 당신의 험담을 하고 평판에 손상을 줄 것이다.

그러나 이 모든 것에 민감하게 반응해서는 안된다. 악인으로 인해 일시적으로는 고민을 하게 되어도 결국은 당신의 성실함과 시종 일관된 태도가 승리를 거둘 것이다. 기회가 닥치면 악인 스스로 자신의 무덤을 파게 된다. 게다가 악인이 단결해 있는 것도 어둠 속에서 싸울 수 있는 동안 뿐이다. 따라서 빛을 가져오면 그들을 즉시로 격퇴시킬 수 있다.

그러므로 자신의 길을 곧바로 가야 한다. 비뚤어진 책략을 허용해서는 안된다. 뒷공작에 대해 뒷공작으로 맞서서는 안된다. 책략을 타파하려는 목적으로 책략을 써서는 안된다. 악인에 대항하기 위해 악인과 손을 잡아서는 더더욱 안된다. 어디까지나 고결하게 행동해야 한다.

비열하게 행동하거나 극단적인 불신감을 보이면 아직 악인이 되지 않은 사람을 악인으로 몰아넣는 결과가 되고만다. 그러나 고결하게 행동한다면 아직 굳어지지 않은 악인이라면 보다 나아지게 할 수도 있다. 마음속으로 양심의 소리를 일깨워줄 수도 있다.

고결한 행동은 두려움이 아닌 관대함으로부터 나오는 것이다. 그것을 깨닫도록 해야 한다. 사태가 극단적이 되어 성실한 사람의 분노가 폭발한다면, 신분은 가장 낮지만 대담하고 공정한 사람이 신분이 높은 악한보다 얼마나 강력한가를 깨닫게 해야 한다. 악인이 우두머리가 된 용병보다도 고결한 마음과 덕, 사려, 용기를 갖고 있는 사람이 얼마나 강한가를 깨닫게 해야 한다.

---

●타인의 행위를 비방하지 말라. 남을 비방하는 것은 쓸데없이 자기 자신을 피로하게 하며, 큰 과오를 범하게 하는 것이다. 자기 자신을 성찰하라. 그때에 그대가 하는 일은 전혀 헛되지는 않을 것이다.

　　에머슨 — 미국의 사상가·시인.

### 087—매우 소극적이고 겁이 많은 사람은 어떻게 다루어야 할까

선량한데도 극단적으로 소극적이고 겁이 많은 사람이 있다. 이러한 인간은 격려를 해주어야 한다. 더욱 자신감을 가질 수 있도록 해주어야 한다.

뻔뻔스러움이나 오만함은 경멸해야 하지만 너무 약한 것도 바람직하지는 않다. 고결한 사람은 자신의 가치를 실감할 수 있어야 하고 다른 사람의 경우와 마찬가지로 자기 자신도 공정하게 평가할 수 있어야 한다.

그러나 소극적인 사람을 극단적으로 칭찬해주거나 과장해주면 모욕을 한 셈이 된다. 말보다도 진정한 호의가 자연스럽게 나타나도록 행동을 하면 그것을 보고 자신이 평가받고 있다는 것을 스스로 느끼게 될 것이다.

### 088—조심성이 없고 수다스러운 사람, 호기심이 왕성한 사람, 주의 산만한 사람, 건망증이 심한 사람

무엇이든 귀로 들으면 입을 다물지 못하는 사람이 있다. 그들이 불안한듯이 달려오면 뭔가 새로운 것을 알고 있다는 것을 느낄 수 있다. 누군가에게 그 정보를 다 털어놓기 전에는 안정을 얻지 못한다.

비밀을 지키고자 하는 선의는 있지만 태도나 눈, 그 밖의 모든 것에서 눈치 채지 못하게 하는 현명함, 입을 열지 않는 견고함이 결여되어 있는 인간도 있다.

그리고 상대방의 성실함이나 입의 무게를 너무 믿는 사람도 있다. 이렇게 조심성이 없고 수다스러운 인간에게는 절대로 비밀을 털어놓아서는 안된다.

수다스러운 인간에게는 다음과 같은 방도를 취하는 것이 좋다. 누구가 당신과 관련된 문제로 수다를 떨었다면, 그 말을 들은 최초의 순간에 강경하게 대해야 한다. 말하자면 호되게 추궁을 함으로써 두려움을 품게 하여 좋은 일이든 나쁜 일이든 뒤에서는 두번 다시 당신의 이름을 입에 담지 못하도록 하는 것이다.

호기심이 왕성한 사람은 사정에 따라 심각한 방법으로 다루든지 진담 반 농담 반으로 다루는 것도 좋다. 심각한 방법일 때에는 이렇게 해야 된다.

그들이 잠시라도 당신의 문제에 신경을 쓰고 계획이나 행동에 개입해왔다고 하자. 그것을 눈치 채면 곧 입, 문서, 또는 행동으로 태도를 분명히 나타내고 아무리 간접적이라고 해도 끼어들 생각이 나지 않을 정도로 잡아 떼는 것이다.

그러나 그들과 즐겨볼 생각이 있다면, 호기심을 있는 대로 자극해서 쓸데없는 일에 주의를 기울이게 함으로써 중요한 사항에는 신경을 쓸 겨를이 없도록 만들어 버린다.

주의 산만하고 건망증이 심한 사람은 정확함이 요구되는 일에는 어울리지 않는다. 젊을 때라면 이 결점으로부터 빠져 나와서 사고가 산만해지지 않도록 하는 것도 무리는 아니다. 기질이 활발해서 무엇이나 잘 잊어버리고 침착해야 할 때 그렇지 못한 인간이라도 나이를 먹으면서 냉정해지고 신중해지기 때문에 그 약점을 극복할 수 있게 되기도 한다.

멍청한 척하는 인간도 있다. 그 편이 신분이 높다든지 학식이 있어 보인다는 인상을 준다고 생각하고 있는 것이다. 이런 어리석은 자에 대해서는 자신이 매력적이라는 생각을 추호도 하지 못하도록 해야 한다. 이러한 인간은 주의를 끌려고 꾀병을 부리는 사람과 같다.

그러나 정말로 기억력이 없고 훈련에 의해 그것을 강화시킬 수 없는 인간도 있다. 그들에 대해서는 기억해야 하는 모든 것을 메모하게 하고, 매일 또는 한 주에 한번은 그것을 확인해야 한다.

### 089—변덕스럽고 까다로운 사람, 기인, 기분파인 사람

성격이 몹시 변덕스럽고 까다로운 인간도 있다. 그러나 그들의 대부분이 항상 고약한 것은 아니다. 언제나 싸움을 걸거나 기분을 상하게 하는 것도 아니다. 그럼에도 불구하고 이런류의 인간을 상대하는 것은 피곤하고 조심스럽다. 또한 잘하려고 하여도 완전히 만족시키기는 어려운 일이다.

예컨대 그들은 보통 사람이라면 그다지 주의하지 않는 자잘한 질서에 익숙해져 있기도 하다. 그들의 방은 그들의 취향과는 다른 식으로 의자를 놓는 일이 흔히 벌어진다. 오늘은 이랬다가 내일은 저랬다 한다. 또한 어떤류의 편견에 휩싸여 있는 경우도 있다.

이러한 인간에게 평가를 받으려면 그의 말대로 해야만 한다. 예를 들어 복장, 말하는 음성의 높낮이, 글씨의 크기 등등이다. 이성적인 인간이라면 이런 자잘한 일에 그리 신경을 쓰지 않을 것이다. 그러나 다른 것에 대해서는 매우 사

려 깊고 적절한 사고를 하는데도 이런 점에 대해서는 까다
로운 인간을 만나기도 한다.

 가장 중요한 것은 그들의 호의를 반드시 얻어야만 할 사
태가 일어난다는 것이다. 이런 경우에는 그리 중요하지도
않고 약간만 주의하면 간단히 따를 수 있는 일로 그들의 마
음에 들도록 하면 된다.

 그러나 당신과 그다지 관계가 없는 인간에 대해서는 그
이외의 것들이 정상적이라면 내버려 두는 편이 좋다. 우리
인간에게는 모두 약점이 있으며, 그것은 서로 어루만져 주
면서 견디어 나가는 수밖에 없기 때문이다. 이것을 잊어서
는 안된다.

 다른 사람들이 하지 않는 일을 함으로써 다른 사람과 차
이를 두고, 유난히 그런 것을 중요시 하는 사람이 있다. 이
런 부류의 사람을 우리는 흔히 기인(奇人)이라 한다. 그들
은 이상한 방식으로 인해 남의 주목을 끌게 되는 것을 즐
긴다.

---

◀ point 인간교제술 20 ▶

### 잘 듣는 사람이 되어라

 말을 잘하는 사람보다 잘 듣는 사람이 확실히 호감을
산다. 어떠한 칭찬에도 움직이지 않는 사람일지라도 자기의
이야기에 진심으로 정신을 빼앗겨 있는 사람에게는 움직이
게 되는 것이다. 어떠한 칭찬도 그만한 효과는 가지지 못
한다.

그들에 대한 대처법은 그 이상한 행동이 해가 없는 것인지, 그들이 신경을 써줄 만한 가치가 있는 사람인지 잘 생각해 보는 것이다. 그에 근거해서 이성과 인내심이 허락하는 범위 내에서 교제를 해나가도록 한다.

마지막으로 기분에 좌우되는 인간, 오늘은 손님으로 대환영했는가 하면 내일에는 귀찮은 짐짝을 대하듯이 하는 사람에 대해서이다. 만약 이렇게 변덕스러운 원인이 다른 사람이 모르는 고민에 있는 것(그럴 때에는 동정하지 않으면 안된다)이 아니라면, 밀물과 썰물을 바라보듯이 아무런 대처도 하지 말고 주의 깊고 꾸준하게 교제를 해나가는 것이 좋을 것이다.

## 090―어리석은 사람, 마음이 약한 사람, 극단적으로 선량한 사람, 어떤 도락을 갖고 있는 사람

어리석기는 하지만 마음이 착한 사람이 있다. 사려 깊은 인간의 지도에 잘 따르면서도 여간해서 악에는 물들지 않는 어리석은 사람도 있다.

이러한 사람을 경멸해서는 안된다. 모든 인간이 높은 정신의 활력을 갖고 있기는 어렵다. 만약 그렇게 된다면 오히려 이 세상은 잘 돌아가지 않을 것이다. 이 세상 사람 중에는 군림하는 재능이 있는 자보다 종속되는 사람이 훨씬 많아야만 되는 것이다. 그렇지 않으면 모든 사람은 영원히 투쟁하면서 살아가야 할 것이다.

확실히 용기, 견고함, 세심한 판단력 등을 필요로 하는 높은 덕성은 정신의 연약함과는 양립하지 않는다. 그러나 지금 문제가 되는 것은 그것이 아니다. 선량하며 어리석은 사

람이 이러한 선에 스스로 손을 뻗친다면 그것은 활력과 재
능에 넘치는 사람들보다도 유익한 역할을 하고 있는 것
이다.

이와 반대로 참을 수 없는 것은 자신을 하느님과 같이 생
각하고 있는 바보들, 허영심이 강하고 고집이 세서 다른 사
람을 믿으려고 하지 않는 어리석은 사람들, 나라를 통치하
는 위치에 있으면서도 모든 것을 제 생각대로만 하려고 하
는 고귀한 신분의 바보들이다.

이러한 무리들과 교제를 해야 할 상황에 처할 때가 있다.
그러나 이러한 사람들과의 교제법에 대해서는 이 책 여기저
기서 그때마다 말하기로 하겠다.

흔히 있는 일이지만 외견만을 보고 한 인간을 판단하는
것은 위험하다. 겉모습이 번지르르 하다고 해서 다 선량한
사람은 아니다. 화술이 뛰어나다고 해서 능력이 뛰어난 것
은 아니다. 그러므로 사실은 그렇지 않은 사람을 머리가 나
쁘다든지 어리석다든지 무지하다고 생각한다면 그 사람에
대해 매우 큰 실수를 저지른 셈이 된다.

자신의 생각이나 감정을 명료하게 표현하는 재능은 누구
에게나 있는 것이 아니다. 하물며 그것을 이쪽과 같은 방식
으로 할 수 있다고 생각해서는 안된다. 경우에 따라 그 사람
을 판단해야만 하는데, 그것도 그 인간이 처해 있는 상황이
나 자신을 돋보이게 해주는 찬스가 있었는지를 잘 생각해본
다음이어야 한다.

인간은 이 세상에서 나쁜 짓을 하지 않는다는 것만으로도
중요한 가치를 지니고 있다. 이 소극적인 선이 모여서 전체
의 복지에 공헌하는 것이다. 그 공헌의 정도는 위대한 목적

과. 끊임없이 격투를 벌이는 활동적인 인간의 길고 긴 경력보다 위대한 경우도 있다.

사람은 좋은데 마음이 약한 사람에 대해서는 그들을 위해 봉사해야 한다. 가능하다면 그들을 악용하지 않는 친구, 그들의 선한 마음에 걸맞는 행동으로 그들을 이끌어주는 고결한 친구를 주위에 모으도록 해야 한다.

무슨 일이나 적어도 입으로는 거절하지 못하는 사람도 있다. 이러한 사람은 부탁한 사람에게 상처를 주지 않으려고, 또는 성의가 없다는 생각을 주지 않으려는 마음 때문에 거절을 못하는 것이다. 때문에 그들은 자신이 할 수 있는 이상으로 약속을 하여 고통을 당하기도 한다.

또한 남을 잘 믿고 누구나 신뢰하며 몸을 바치고 희생하는 인간, 겉으로 고결하고 남을 사랑하는 자로 보이면 누구든지 성실한 친구라고 생각해 버리는 사람도 있다.

그리고 무엇이든 남에게 부탁하지 못하는 사람도 있다. 그들은 당연히 요구를 해야 하는 일에 대해서도 머뭇거린다.

이렇게 마음이 약한 사람들은 곧잘 악용당한다. 거절하지 못하는 사람, 남을 잘 믿는 사람의 선의에 얼마나 많은 나쁜 사람들이 덤벼드는가. 요구를 하지 못하는 인간이 쉽사리 손을 내미는 용기가 없다는 것을 알고 얼마나 뻔뻔스럽게 그 코 앞에서 모든 것을 빼앗아가 버리는가. 이러한 사례는 일일이 말할 필요도 없다.

어떠한 경우라도 인간의 약점을 악용해서는 안된다. 엄격한 정의의 규칙에 비추어 요구할 수 없는 것, 당혹감이나 무거운 짐을 주지 않고는 요구할 수 없는 것, 증여나 조력을 빼앗는 짓은 누구에게나 해서는 안된다. 다른 사람이 그런 짓을 하는 것도 말려야 한다.

마음이 약한 사람에게는 용기를 주어야 한다. 마음이 약하기 때문에 자신을 변호하지 못한다면 당신이 그를 위해 말해주어야 한다.

어떤 도락에 깊이 빠지고 마는 약점을 갖고 있는 사람도 있다. 이런 사람의 사고는 항상 그 도락 주위를 맴돌고 있다. 그들은 항상 자신의 마음에 드는 대상에 대해서만 말하려고 한다. 어떠한 얘기든 그쪽으로 끌고나간다.

그렇다고 그들이 상대방에게 그에 대해 해박한 지식으로 말하기를 바라는 것은 아니다. 그들에게 귀를 기울여줄 인내심을 갖고 그들이 보여주는 잡동사니들에 주목해주고 진품이라고 감탄하고 흥미가 있는 듯이 행동하면 되는 것이다.

다른 점에서는 성실하고 사려 깊은 사람인데도 이러한 사소한 즐거움을 허용해줄 수 없을 정도로 비정한 사람은 없다. 특히 우리가 은혜를 받아야 할 신분이 높은 사람의 도락 —— 당연히 죄가 되지 않는 도락에 한하지만 —— 에는 주의 깊이 대해야 한다.

자신의 도락이 공격당하면 그 타격은 자기 자신이 공격을 당한 것보다 더 쓰라리게 느껴지는 사람도 있기 때문이다.

---

●사람들에게는 제각기 다른 마음이 있다.

유럽의 속담

## 091-명랑한 사람, 비꼬인 사람과의 교제

유머를 알고 명랑하며 재기 있는 사람과는 가볍고 기분 좋게 사귈 수가 있다. 명랑함이란 마음으로부터 흘러나오는 것이어야 하고 무리해서 가장하는 것이어서는 안된다. 억지로 농담을 하려고 한다거나 다른 사람의 환심을 사려고 하는 명랑함은 안된다.

마음속으로부터 웃을 수 있는 인간, 생생한 기쁨의 부류에 몸을 맡길 수 있는 인간 중에는 악인은 없다. 악의는 사람을 주의 산만하고 어둡게 만든다. 생각에 잠겨 있기 쉽고 말이 없어 진다.

그렇다고 해서 어두워 보이는 사람은 누구든지 나쁜 일을 꾸미고 있다는 의미는 아니다. 마음의 상태는 기질, 건강함, 내적, 외적인 사정으로 정해지기 때문이다.

진실로 명랑한 성격은 다른 사람에게 전염된다. 이것은 매우 바람직한 현상이다. 모든 우울과 괴로움을 웃음으로 날려 버린다는 것은 매우 행복한 일이다. 때문에 스스로 노력해서 명랑해지도록 할 것, 적어도 한 주에 몇 시간만이라도 이러한 명랑함에 잠기려고 노력해보라고 권하고 싶다.

그러나 명랑한 기분 중에서 농담을 끝없이 주고받게 되면 비꼬는 말투로 변하기 쉽다. 가장 풍부한 웃음의 씨앗이 되는 건 헤아릴 수 없는 인간의 어리석음이 아닌가 !

사람을 웃게 만드는 어리석음은 그것을 지니고 있는 구체적인 인간을 이미지로 할 때 가장 생생하게 눈앞에 떠오르는 법이다. 그래서 어리석음에 대해 웃는다면 동시에 그 당사자인 어리석은 사람을 비웃는 셈이 된다. 그럴 경우 이 웃음은 매우 심각하고 이상한 결과가 되어 버린다. 게다가 우리들은 남을 비웃는 것이 받아들여졌을 경우 그 농담을 더욱 과장하고 싶다는 유혹에 빠지게 된다.

그리고 다른 사람도——그중에는 그런 것 이외에는 유쾌한 애깃거리가 없는 인간도 있을지 모르지만——그 악영향으로 옆에 있는 사람의 결점에 민감한 반응을 보이게 된다. 여기서 일어나게 되는 일은 뻔한 것이다. 그에 대해서는 앞에서도 약간 말한 바 있다.

이런 이유로 인해 나는 비꼬기 좋아하는 사람과의 교제에는 매우 주의해야 한다고 생각한다. 자신이 그들의 독설에 걸려들지 않도록 주의하라는 것이 아니다. 비뚤어진 인간의 영향을 받아서 함께 남의 흉을 봐서는 안된다는 것이다.

비뚤어진 농담으로 자신과 남에게 상처를 주어서는 안된다. 관용의 정신을 잃어서는 안된다는 것이다. 따라서 비뚤어진 인간에게 지나친 갈채를 보내서는 안된다. 다른 사람을 희생으로 해서 농담을 반복하는 그들의 습성을 강화시켜 주어서는 안된다. 그들이 험담을 하고 비꼬는 동안에 함께 웃어주어서는 안된다.

●분노로부터 자신을 억제하자면, 남이 화를 낼 때에 조용히 그것을 관찰해본다.
　　세네카 — 로마의 스토아파 철학자.

## 092-술주정뱅이, 색정, 그 밖에 나쁜 습관이 있는 사람과의 교제

당연한 말이지만 술주정뱅이, 색정, 그 밖에 나쁜 습관이 있는 사람과는 멀리하고 가능하다면 교제도 피하는 편이 좋다. 그것이 불가능하다면 그들의 영향으로 악습에 물들지 않도록 주의해야 한다. 그러나 그것만으로는 충분하지 않다.

그들이 방탕한 의상을 휘감고 있을 때, 당신이 그의 진정한 친구라면, 그것을 너그럽게 봐주어서는 안된다. 그에 대해 철저히 증오를 보일 것, 그들의 더러운 대화에 동감해서 끼어들지 않도록 억제하는 것이 당신의 의무이다.

세상에는 이런류의 방탕자들이 매우 화려한 역할을 하고 있는 것을 많이 볼 수 있다. 또 많은 남성들 사이에서는 외설스런 얘기가 성행하며 그에 의해 젊은이들의 상상력이 부추겨지고 음란한 이미지로 가득 차서 타락이 널리 퍼지게 된다.

이러한 전면적인 퇴폐에 성실한 인간이라면 손을 빌려 주어서는 안된다. 그것은 순결이나 냉정, 중용이나 수치심을 억압하고 경우에 따라서는 그것들을 수용하기에 이르게 된다. 때문에 결코 그런 것에 손을 빌려 주어서는 안된다. 오히려 상대가 누구든 그것에 대한 자신의 불쾌감을 가능한 한 확실히 보여주어야 한다.

그리고 악습에 빠져들어 가고 있는 사람에게 친절하게 경고를 해주며 선도해주어야 한다. 만약 그것이 불가능하더라도 당신은 청결과 덕성에 대한 감각을 잃어서는 안된다. 당

신 앞에서는 순결에 대한 배려를 해야 한다는 것을 보여주
어야 한다.

### 093-열광가, 몽상가

열광가, 몽상가—— 이러한 사람들에게는 새로운 가치가
있다. 물고기가 물속으로 잠기듯이 그들은 공상의 대기 안
에서 살고 있다. 그들은 고정 관념에 대하여 단호한 적대자
이다. 이런 사람들은 끊임없이 정상적이지 않은 것, 자연을
뛰어넘는 것을 추구한다. 멀리 있는 환상을 잡으려고 하며
가까이 있는 현실을 도외시한다. 아무래도 상관 없는 것에
대한 계획을 세우고 반드시 필요한 것이나 유익한 것을 뒤
흔든다. 행동하는 것이 의무일 때에는 손을 내밀지 않고
있다가 아무런 관계도 없는 일에는 개입한다.

세상을 개혁하려고 하면서도 집안일에는 관심도 없다. 가
장 중요한 것을 하찮은 것으로 여기고 바보 같은 것을 숭고
하다고 생각한다. 가장 명료한 것을 이해하지 못하고 이해
하기 힘든 것을 설교한다.

때문에 그들에게 무엇인가를 설득시키려고 하면 그 말투
는 열정이 담긴 격렬한 것이 되어야 한다. 그들이 자신의 망
상을 변호하려고 하는 것과 같은 열정을 갖고 건전한 이성
을 옹호하지 않으면 안된다.

그러나 본래 이런 사람들과는 잘 통하지 않는다. 그들이
몽상으로부터 회복하는 것을 기다리는 것이 최상의 방책
이다.

◀ point 인간교제술 20 ▶

**위선자로 되는 사람은 극소수이다**

　인간은 누구나 모순되는 감정을 가지고 있다. 그렇기 때문에 때로는 전혀 반대되는 것을 태연하게 말할 수 있다. 그러나 어느 쪽이나 다 진실이다. 상황에 따라서 다른 감정이 지배하기 때문이다.

*094*―경건한 척하는 사람, 위선자, 미신가에 대해서

　경건한 척하는 사람, 신심가인 척하는 사람, 위선자, 미신적인 사람에 대해서도 말하기로 하자.

　진실로 신에 대한 사랑이나 외경심을 가지고 있는 사람이라면, 그 사람은 존경할만한 사람이다. 만약 그 사람이 종교의 본질을 단순한 감정 안에서만 구하고 있다고 해도 성실한 인간이라고 생각할 수 있다.

　또한 그 종교적 감정 안에 너무 열뜬 공상이 섞여 있거나 일정한 의식이나 제사, 교조에 집착하고 있다 해도 마찬가지다.

　그러나 자신의 이익과 편의를 위하여 종교를 이용하는 자는 위선적인 악인으로서 경멸해야 할 존재이다.

　그들 위선자와 진실로 경건한 사람을 구별하는 것은 그리 어렵지 않다. 경건하고 고결한 사람은 정직하고 개방적이며 조용하고 쾌활하다. 그 행동은 극단적으로 정중하지도 않고 극단적으로 친절하지도 않다. 상냥하고 솔직하며 다른 사람을 신뢰한다. 사려 깊고 온화하며 인내심이 강하다. 친한 친

구 이외에는 그다지 종교적인 말을 하지 않는다.

이에 비해 위선자는 남에게 잘 대해주며 굽신거리고 추종한다. 훌륭한 사람의 노예, 지배적인 당파의 지지자, 성공한 사람의 친구는 되어도 버려진 사람의 변호자가 되려고는 하지 않는다.

그들은 성실함이나 종교에 대한 것을 끊임없이 입에 담는다. 다른 사람의 과오를 용서해주는 척하면서 그에 의해 자신이 천배나 더 훌륭하게 보이려고 한다.

이런 사람의 손아귀에 들어가지 않도록 주의해야 한다. 위선자들로부터 벗어나는 것이 좋지만 그들을 화나게 해서는 안된다. 정숙을 사랑한다면 그들을 모욕해서는 안된다.

황당 무계한 애기나 괴담에 집착하는 미신을 믿는 사람을 망상으로부터 깨어나게 하려고 해도 과학적인 근거를 들추어내거나 이론으로 환기시키는 것은 불가능하다. 그러므로 무턱대고 화를 내서는 안된다.

이럴 경우에는 오히려 그들이 진실을 엄밀 냉정하게 조사하고, 자신의 눈으로 근거가 없거나 속임수라는 것을 확신하게 한 다음에 반론을 제기하는 수밖에 없다.

---

● 참다운 신앙에는 그 어떤 외부적인 지지물(支持物)이나 권력 같은 것이 필요치 않다. 그것을 선전하기 위한 노력도 필요치 않다. 신은 무한한 시간을 소유한다. 신에게 있어서는 천년도 일년과 같다. 권력이나 폭압에 의하여 자기의 신앙을 가지게 하려는 자, 또한 선전하려는 자는 신앙이 두텁지 못하거나 또는 전혀 신앙을 갖지 못한 자이다.

  톨스토이 ─ 러시아의 작가·사상가.

## 095 - 이신론자, 무신론자, 종교를 우롱하는 사람에 대해서

위선자와 반대가 되는 사람, 즉 흔히 볼 수 있는 종류의 이신론자*나 무신론자는 위선자와 같이 다른 사람들에게 관대하지는 않다. 건전한 종교의 진리성, 신성성, 필요성에 대해서 확신을 갖고 있지 못한 인간은 동정할만하다. 이러한 인간에게는 행복, 생과 죽음에 대한 위로가 결여되어 있기 때문이다.

그러나 이런 사람이 인간으로서의 의무에 충실하고 다른 사람의 신앙에 폐를 끼치지 않는다면 동정 이상의 것, 사랑과 존경할만한 값어치가 있다.

그런데 악의에 의해 종교를 경멸하거나 다른 사람의 종교 활동을 방해한다면, 그는 경멸해야만 할 인간이다.

아무리 그가 의연하고 고결하다고 해도 마찬가지다. 그런 쓸데없는 얘기에 심각하게 근거를 들어 반론을 제기해봤자 소용이 없다는 생각이 들면 적어도 그 입을 가능한 한 다물도록 해주는 것이 좋다.

## 096 - 우울증인 사람, 광란하는 사람, 광폭한 사람에 대한 대처법

우울증인 사람, 광란하는 사람, 광폭한 사람에게는 어떻

---

*이신론자理神論者:초월적인 신은 인정하지만 창조 이후의 세계에 신이 개입한 것은 인정하지 않는 입장. 기적은 부정한다.

게 대처해야 할까. 이에 대해서는 과학적인 의사가 특별히 책 한 권을 쓰는 것이 좋을 것이다. 그러한 의사라면 이런 류의 인간을 병원 안팎에서 찾아내어 시시 각각으로 엄밀하게 관찰하고 그 조사 결과로부터 일대 체계를 정리할 수 있기 때문이다.

나에게는 많은 사례와 그에 관한 의학적 지식이 부족하다. 그러므로 이 테마에 대해서는 약간만 다루기로 하겠다.

이러한 병자에 대해서 초기에 가장 중요한 것은 재난의 가장 중요한 원천을 찾아내는 것이다. 그러한 원천이 정말로 있는지, 어떻게 생겨났는지, 몸의 기관이 어떻게 파괴되었기 때문인지, 마음의 상태, 격렬한 정념, 또는 불행한 일에 의해서인지 등등을 확인하는 것이다.

그러기 위해서는 광란, 혼란의 순간, 또는 그 이외의 그들의 공상이 무엇에 관한 것인가, 그들의 상상력은 무엇에 얽매여 있는가에 주의를 기울여야 한다. 그러면 치료하기 위해 단 한 가지 점에만 집중하면 되고 조심스러운 방법으로 그들안에 있는 지배적인 망상을 파괴시킬 수 있다. 또는 변형시키면 된다는 것이 분명해진다.

더욱이 치료하기에 적당한 시기를 이용하기 위해 그들의 병에 어떤 종류의 날씨나 계절 등이 영향을 미치는 것인가에 주의를 기울일 필요도 있다.

●작은 행동의 친절, 한마디 말의 사랑은 지상을 천국처럼 행복하게 만들어 준다.

마지막으로 감금이나 온갖 종류의 거친 처치는 대부분 병을 악화시키게 된다는 것을 말해 두고자 한다.

이 기회에 내가 알고 있는 프랑크프루트의 정신 병원에서 쓰고 있는 처치법에 대해 마음으로부터 칭찬을 담아 언급하고 싶다.

그 병원에서는 병자들의 광기가 그리 심하지 않은 계절에는 은밀한 감시하에서 건물과 마당 안에서 그들이 자유롭게 돌아다닐 수 있도록 한다. 감시인은 매우 애정 있고 온화한 태도로 그들을 접한다. 그로 인해 병자들의 대부분은 몇 년 후에는 완치되어 사회로 복귀한다. 또한 병자의 대부분은 다양한 수작업도 할 수가 있다.

그런데 이러한 병자들이 다른 병원에 가게 되었다면 감금과 가혹한 대우에 의해 극단적으로까지 광폭해져 버렸을지도 모른다.

성격이 약한 사람도 자신을 지배하는 격렬한 정념이 누군가에게 부추겨져서 자극을 받게 되고, 그것이 상처를 입게 된다면 점차 지성을 빼앗기게 될 우려가 있다.

이러한 비참한 인간을 나는 직접 만난 적이 있다.

그는 궁정에서 궁정도화사의 의상을 입고 있는 사람이었다. 청년기에 그는 활발한 두뇌의 소유자로 기지에 넘치는 사람이었다. 그는 학문을 할 생각이었는데 아무 것도 배우지 못하고 방탕한 생활에 몸을 던져 버렸다. 그 후 고향으로 돌아오자 사람들은 그를 무식하고 게으름뱅이 취급을 했으며 그 자신도 그렇게 느꼈다.

그러나 그에게는 자만심이 있었다. 게다가 적잖은 재산도 있었다. 그는 가족과 그와 같은 신분에 있는 동료들로부터

146

소외되어 지내다가 한 공작의 하급 신하와 돌아다니게 되었다. 그러던 중에 매우 명랑한 한 공작의 주의를 끌게 되었다.

그는 재미있고도 이상한 착상에 의해 그 귀족의 주의를 끌게 되었다. 드디어 그는 그 귀족과 궁정 사람들과 알게 되었고 그로 인해 처음에는 그의 허영심이 채워졌다.

그러나 당연한 일이지만, 그는 결국 악용당하고 말았다. 궁정이란 곳이 항상 그의 기지를 들어줄만큼 즐거운 곳은 아니었기 때문이다. 그래서 그는 온갖 종류의 모욕을 당하고 때로는 얻어맞기도 했다.

그러나 그는 궁정에서 나올 수는 없었다. 왜냐하면 마을에 있는 그의 가족과 친구들은 그를 극도로 경멸했고, 얼마간 있던 재산마저 모두 없어져 버렸기 때문이다.

이렇게 해서 그는 점점 타락하게 되었으며 완전히 궁정의 웃음거리가 되어 버렸다. 귀족은 그에게 우스꽝스러운 의상을 만들어 입혔다.

그는 절망한 나머지 술에 취해 나날을 보냈다. 술에서 깨어나면 자신의 두려운 현실에 대한 의식, 자신이 연기하고 있는 비열한 역할에 대한 감정, 이것이 한계가 되어 쫓겨나지 않으려고 새로운 농담을 만들어내야 하는 긴장, 마음속에 싹트기 시작하는 자존심 —— 이러한 것에 짓눌려 살았다.

그러는 동안 그의 몸은 시나브로 망가지게 되었다. 그는 정말 병자가 되었고 매우 광폭해졌으므로 반년간 사슬에 묶여 감시를 당해야 할 정도가 되었다.

내가 만났을 때 그는 늙어서 초라한 모습으로 돌아다니면서 미친 사람 취급을 당하고 있었다.

　이 이야기에 대한 주석은 일절 생략하기로 한다. 내가 아무 말도 하지 않아도 독자들은 스스로 판단할 수 있을 것이기 때문이다.

# 2

제1장

# 세대가 다른 인간과의 교제

인간 관계는 '거울의 원리'와도 같다. 내가 웃으면 거울 속의 사람도 웃고 찡그리면 거울 속의 사람도 찡그린다. 나는 찡그리면서 거울 속의 사람에게 아무리 웃으라고 하여도 결코 웃을 리는 만무하다.

좋은 인간 관계의 비결은 다름이 아니다. 거울을 향해 내가 먼저 웃는 것이 최상의 비결이다. 이 말은 남의 입장을 이해하고 자기의 입장과 동시에 남의 입장으로도 사물을 볼 수 있는 능력을 가져야 한다는 말이다.

이 장에서는 세대가 다른 인간과의 교제술을 말하고자 한다.

●어려서 겸손해지라. 젊어서 온화해지라. 장년에 공정해지라. 늙어서는 신중해지라.
　소크라테스—그리스의 철학자.

152

◀ point 인간교제술 20 ▶

**타인의 입장에 나를 둔다**

성공적인 인간 교제의 비결이라는 것이 있다고 한다면, 그것은 남의 입장을 이해하고 자기의 입장과 동시에 남의 입장으로도 사물을 볼 수 있는 능력을 가지는 일이다.

*097*─같은 세대끼리의 교제가 가장 재미있다. 그러나 같은 세대가 아니더라도 성격이나 교육 정도 등에 의해 세대간의 차이를 뛰어넘을 수 있다

같은 세대끼리의 교제는 당연히 편하고 쾌적하다. 사고 방식이 비슷하기 때문이다.

그러나 세대가 다르면 좋아하는 것이나 정열을 기울이는 대상이 달라진다. 나이에 따라서 인간의 기분은 변하고 유행에 좌우되는 일도 점점 줄어든다. 마음이 곧 달아오르는 일도 적어지고 새로운 사항에 대해 그리 간단히 흥미를 나타내지 않게 된다. 활기가 없어지고 공상력이 약해지며 '행복한 착각'이 모습을 감춘다. 과거에 고귀한 꽃으로 보였던 것이 이제는 빛을 바래 이목을 끌지 않게 된다. 행복했던 청년기의 친구들을 뿔뿔이 흩어지고 이미 천국으로 돌아간 사람도 있다.

나이가 많은 사람들은 보수(保守)에 회귀하고자 하는 성향을 가지게 된다. 앞으로 살아갈 날이 이미 살아온 날에 비하면 너무 짧기 때문에 옛날의 즐거웠던 일들을 회상하며

그 시절을 그리워한다.

이런 이유에서 나이 먹은 사람들의 이야기는 대개가 고리
타분하다. 곰팡내 나는 옛날 이야기에 귀를 기울여 주는 젊
은이가 있다고 하더라도 연장자에 대한 예의를 지키느라,
하품을 꾹 참고 들어주는 것뿐이다.

대화란 대화하고 있는 두 사람이 같은 체험을 한 편이 재
미있는 법이다. 한 사람은 전혀 관심 없는 일, 세대 차이가
나는 화제를 가지고 이야기를 한다면 대화의 씨앗은 마르게
된다.

지금 여기에 쓴 것은, 안타까운 일이긴 하지만, 부정할 수
없는 사실들이다. 그러나 세대 차이가 성격이나 교육 정도,
생활 양식, 경험의 차이에 의해 그 경계선이 어느 정도는 달
라질 수가 있다.

어떤 의미에서는 영원히 어린아이이고 싶은 사람이 있다.
그런가 하면 빨리 늙어 버리는 사람도 있다. 세속의 쾌락을
질릴 정도로 맛보고 심신이 다 함께 소모된 젊은이는 소박
한 기쁨에 대한 감수성을 아직 갖고 있는 시골의 순진한 젊
은이들 사이에 끼어도 아무런 재미를 느끼지 못할 것이다.

고향으로부터 5마일 이상 떨어진 곳에 가보지 못한 선량
한 시골 노인이 있다고 하자. 이 노인은 단맛 쓴맛을 다 본
재기 발랄한 도시인이 있는 곳에 간다면 아무리 같은 세대
라 해도 마음 편안히 앉아 있을 수 있는 장소를 찾을 수 없
을 것이다.

이것은 신진 학자의 모임에서 늙은 수도승이 느끼는 불편
함과도 같은 것이다. 물론 취미 등으로 인하여 노인이나 젊
은이를 마음속으로부터 맺게 해줄 수도 있다. 그러나 이러

한 것은 '세대가 같은 인간끼리의 교제가 더 편하다.'라는 일반적인 규칙의 예외일 뿐이다.

다소 예외가 있다고 해서 내가 지금부터 말하고자 하는 세대가 다른 사람끼리의 사교 법칙의 효과가 의심스러워지는 일은 없다.

젊은이란 제멋대로 놓아 두면 종종 정도에서 벗어난 분위기를 만들곤 한다. 한편 노인이란 자신과 말이 통하는 사람이 주위에 없을 때 젊은이들에게 좋은 영향을 주기는커녕 에고이즘으로 똘똘 뭉쳐 관용심을 잃고 잔소리 많은 노인이 되어 버린다. 노인들의 마음에 드는 얘기란 '옛날에는 좋았는데, 이제는 틀렸어.'라는 것뿐으로 현재의 시세에 대해서는 아무 것도 모른다.

098—노인은 젊은이들의 기쁨을 방해해서는 안된다.
오히려 가능한 한 자신의 젊은 시절을 되돌이켜
봐야 한다

인간은 나이를 먹으면 자기보다 젊은 사람들의 입장에 자기 자신을 놓고 생각해보는 일이 그다지 없어진다. 젊은 사람들의 즐거움을 방해하지 않고 이것을 오히려 촉진시켜 주려고도 하지 않는다. 자신도 젊은이들의 즐거움에 끼어들고 더욱 활기 있게 해주려고도 하지 않는다. 자신이 젊었을 때의 일을 전부 잊어버리는 것이다.

노인이 젊은이들에게 원하는 것이라곤 열에 들뜨지 않는 냉정한 사고이다. 또 유익하고 필요한 사항과 쓸데없는 것들을 분별하는 것도 노인들이 젊은이들에게 요구하는 것이다.

　그러나 이러한 냉정 침착함은 세월과 경험과 육체적인 쇠약이 노인에게 가져다 주는 것이다.

　젊은이들의 놀이가 노인에게는 무의미한 것으로 여겨지고 농담은 경박한 것으로 보인다. 실제로 20년 전이나 30년 전의 자신의 모습에 지금의 자신을 바꾸어놓고 생각할 수는 없는 것이다. 때문에 젊은이들을 교육할 때 노인은 선의를 보인다고 생각하고 있어도 결국은 부적절한 판단을 내리거나 성급하게 일을 처리하려는 경우를 종종 볼 수 있다.

　인생의 겨울에 이르러서 머리에는 흰 눈을 덮어쓰게 되고, 혈관을 흐르는 피의 흐름이 느슨해지고, 가슴속의 심장이 이미 뜨겁게 고동치는 일이 없어진 때야말로 가능한 한 젊음을 유지하려고 해야 한다. 옷을 많이 입고 난로 옆에서 휴식을 취하고 싶다는 생각이 들때야말로 인생의 황금기를 보내고 있는 젊은 친구들에게 공감을 갖고 지켜 주어야 한다. 몽상이라는 감미로운 기쁨에 젖어 있는 젊은이들의 기분을 멋없는 설교로 짓밟아 버리는 짓은 피해야 한다.

　노인들은 자신이 행복했던 시절을 생각해보라. 귀여운 아가씨——이제는 주름살 투성이의 할머니가 되었겠지만——가 단 한 번 사랑스런 눈길을 보내준 것만으로 하늘에라도 오를 것 같은 기분이 되었지 않았는가. 음악이나 명화의 감동이 그들의 전신경을 흔들고, 농담이나 위트에 넘치는 말이 흐려진 사고를 깨끗이 청소해주고, 감미로운 꿈이나 예감, 희망이 기쁨으로 넘치게 해주었을 것이다.

　이러한 행복한 시대가 당신의 자손들에게도 계속되도록 배려해주어야 하지 않겠는가. 감격하기 쉬운 젊은이들의 감정을 가능한 한 우리들도 공유해야 하지 않겠는가.

그러면 아이들이나 청년, 남자 아이나 여자 아이가 무한한 기쁨을 가르쳐 주는 노인 주위에 존경하는 마음을 갖고 모여들 것이다.

## 099 — 노인은 젊은 척해서 웃음거리가 되어서는 안된다

노인은 젊은 기분이 되어 사물을 생각한다는 것은 확실히 멋진 일이다. 그러나 노인이 위엄도 예의도 잊어버리고 젊은이들처럼 날뛴다면 오히려 추해지고 불쌍해진다. 40세를 지난 부인이 자신의 나이를 잊고 젊은 처녀와 같이 화려한 화장을 하고 섹시함을 풍기면서 젊은 여성과 남자 친구 쟁탈전을 벌인다면 그것은 매우 꼴불견이 될 것이다.

그런 광경을 목격할 때 나는 경멸하는 마음밖에 들지 않는다. 어느 정도의 연령에 달한 사람이라면 젊은이에게 경멸받을 짓을 해서는 안된다. 젊은이가 노인에게 존경하는 마음을 갖지 않게 되고, 또 당연히 해야 할 배려를 하지 않는다는 사태의 원인을 당사자인 노인 자신이 만들어서는 안된다.

---

● 나는 그 인품 속에 얼마간 노인적인 면을 가지고 있는 청년을 좋게 여긴다. 마찬가지로 청년적인 면을 얼마간 가지고 있는 노인을 좋게 여긴다. 이 규칙에 따르는 인간은 몸이 늙어도 마음이 늙는 일은 절대로 없다.

키케로 — 고대 로마의 정치가·웅변가.

## 100 – 연상의 사람과의 교제가 젊은이에게 도움이 되도록 해야 한다

젊은이들이 단순히 노인과의 교제를 싫지 않게 받아들이는 것만으로는 불충분하다. 연상의 사람과의 교제가 젊은이에게 유익한 것이 되어야만 한다.

연상의 사람들은 경험이 풍부하기 때문에 젊은이에게 바른길을 가르쳐 주고, 충고를 통해서 젊은이들의 도움이 되도록 해야 한다. 여기서 중요한 점은 그런 마음이 지나침이 없도록 하라는 것이다.

그런데 대개의 노인들은 충고와 교육이 너무 지나치기 때문에 오히려 역효과를 낳는다. 충고는 어디까지나 충고로 끝나야지 강요가 되어서는 안된다. 옛것이라면 무조건 칭찬하고 젊은이들의 즐거움은 모두 무시하고 항상 윗사람을 존경하도록 강요하여 젊은이에게 지루한 기분을 품게 해서는 안된다.

오히려 젊은이들이 스스로 나이든 사람을 찾게 되는 상황을 만들어야 한다. 이러한 상황을 이루는 것은 그리 어려운 일이 아니다. 왜냐하면 제대로 된 젊은이라면 친절하고 이해심 있는 노인과 교류를 가질 수 있다는 것을 일종의 명예로 생각할 것이기 때문이다. 그리고 견문과 체험이 풍부하고, 그것들을 잘 말해줄 수 있는 방법을 터득하고 있는 사람과 얘기를 한다는 것은 결코 지루한 일이 아니기 때문이다.

## *101*—현대의 젊은이는 아버지 세대보다 훨씬 냉정하다

나이 든 사람이 젊은 사람에게 어떠한 행동을 해야 하는가에 대해서는 이 정도로 해두기로 하자. 지금부터는 젊은이가 나이 든 사람들과 어떻게 교류를 가져야 하는가에 대해 말하기로 한다.

현대라는 시대는 선입관을 깨끗이 씻어 버린 시대다. 이러한 시대에 우리들이 선천적으로 갖고 있는 많은 감정들이 이지적인 것으로 바뀌어 버렸다. 연상의 사람에 대한 존경심도 이러한 변질된 감정 중의 하나다.

지금 젊은 사람들은 조숙하며 일찌기 분별력과 지식을 갖춘다. 땀을 흘려가며 경험을 쌓는 일은 적어졌다. 그런 것들은 열심히 책——여러 가지 내용을 포함하는 신문류——를 읽는 것으로 채워나가고 있다.

옛날 사람들은 몇 년에 걸쳐서 열심히 연구를 해도 조금밖에 이해하지 못하는 사항이 많이 있었다. 지금 젊은이들은 무엇이나 보고 듣고 읽기 때문에 이러한 사항에 직면해도 헤쳐 나갈 수 있을 정도로 총명해졌다.

그러나 이러한 태도 안에서 오만한 자존심이나 자기 중심 의식이라는 것이 생긴다. 경박한 무리들은 이것을 부끄럽게 느끼지 않는다. 그리고 자신이 가치 있는 인간이라고 확신한다. 이런 확신을 품고 있기 때문에 아직 수염도 나지 않은 청년이 노인을 깔보고 공격하기도 한다.

나이 든 사람이 할 수 있는 것이라곤 기껏해야 애정 어린 관대함을 보이며 성년에 달하지 않은 아이나 손자에게 바른

길을 가르쳐 주는 것 정도이며, 또는 현대라는 행복한 시대
(이 시대에 있어서는 아무런 고통이나 노력도 경험하지 않
고 하늘로부터 한꺼번에 받는 듯한 부모의 재산을 손에 넣
을 수가 있다. )에 태어나지 않은 사람들에게 동정하는 정도
인 것이다.

내가 이 시대에 태어난 것은 앞에서 말한 젊고 박식한 비
평가들이 아직 그 날카로운 이빨을 충분히 훈련하지 못했던
유년 시절에, 아니 그들이 아직 어머니의 태내에서 잠자고
있던 시절이다. 때문에 내가 꽤 시대에 뒤쳐진 인간 교제술
을 쓰고 있다 하더라도 용서해주길 바란다.

### 102—젊은이들이 나이 든 사람과 어떻게 교제해야 하는가에 대한 규칙

이 세상에는 경험을 쌓아야만 배울 수 있는 것들이 많이
있다. 오랜 기간에 걸친 연구 활동을 필요로 하는 학문 분
야, 또는 여러 가지 각도로부터 몇 번이나 관찰해야만 되는
분야, 또는 냉정한 정신을 필요로 하는 학문 분야들이다. 그
러므로 재기 발랄한 젊은 천재나 예리한 두뇌를 갖고 있는
사람도 경험과 연륜을 쌓은 연장자에게 의지하고 그 사람의
발언에 주목해야 하는 일이 매우 많다.

학문 이외의 경우도 마찬가지다. 오랜 세월 세상 경험을
축적한 사람들은 성공과 실패의 경험을 통해 세상이 그렇게
만만치 않다는 것을 안다. 때문에 관념적인 이론이나 예상
에서 벗어나고, 몽상이나 격정이나 과민한 신경에 의해 잘
못된 길을 걷는 일이 줄어들고, 자기 주위에 있는 사람이나

사물을 꽤 정확한 눈으로 바라볼 수가 있게 된다.

노인은 인생의 기쁨을 그리 오래 맛볼 수 없는 연령에 달한 사람이다. 그들에게 남겨진 인생의 시간은 걱정이나 고통이 많고 즐거움은 줄어들어갈 뿐이다.

이런 노인에게 남은 인생을 가능한 한 안락한 것으로 해줄 수 있다면 얼마나 멋진 일일까, 하는 생각이 든다. 그러한 상태가 되면 다음과 같은 말을 일부러 하지 않아도 될 것이다.

"백발인 사람들 앞에서는 기립하라. 노인을 존경하라. 냉정한 분별력을 갖고 있는 사람의 충고를 무시하지 말라. 경험을 쌓아 온 사람의 경고를 무시하지 말라. 언젠가는 당신의 머리도 백발이 될 것이다. 나이가 들었을 때 다른 사람들이 해주기를 바랄 것을 지금 당신이 노인들에게 해주어야 한다. 조잡하고 경박한 젊은이들이 노인을 경원시할 때야말로 당신은 노인들을 잊지 말고 돌봐주어야 한다."

물론 나이를 들어서도 경박한 사람은 있다. 반면에 다른 사람들은 지금부터 땅을 파려고 농구들을 다듬고 있을 때 이미 수확을 끝내 버린 조로한 젊은이들도 있다.

### 103—아이들과의 교제에 대해서

다음은 아이들과의 교제에 대해 잠깐 말하기로 한다. 그러나 아이들과의 교제에 대해 말하는 것은 교육론에 관한 책을 한 권 쓰는 것과 같은 일이므로 약간만 언급하기로 한다.

분별 있는 사람은 아이와 교류를 갖는 것을 매우 흥미로워 한다. 아이들 중에는 인간 본연의 모습이 더럽혀지지 않고 존재하고 있다. 아무런 티도 없는 진실의 원전(原典)을 가지고 있다.

그런데 성장해서 어른이 되면 이 원전은 주석이나 주해로 더럽혀지고 장식이 되서 원형을 찾아내는데 애를 먹게 된다. 인간의 성격의 원초적인 형태는 성장함에 따라서(안타깝게도) 잃게 된다. 또는 생활 양식이 세련되어 지면서 세상의 습관을 존중함으로써 원초적인 성격이 가면을 쓰게 되고 본래의 모습이 감춰져 버리게 된다.

그런데 어릴 적에는 인간 본연의 모습이 숨지 않고 드러난다. 아이들에게는 이것저것 비교해서 생각하는 것이나 사려 깊음, 또는 해박한 지식이란 것이 없다. 때문에 오히려 그들은 많은 것들에 대해 어른들보다 훨씬 정확한 판단을 내릴 줄 안다. 아이는 빨리 감명을 받고 선입관에 현혹되지 않는다——요컨대 인간이란 무엇인가 하는 문제를 연구하고 싶은 사람은 아이들 안으로 들어가야 한다.

물론 아이와 사귈 때에는 어른들의 생활 속에는 하지 않아도 될 배려가 필요하다. 어떠한 형태든 아이에게 무례해서는 안된다. 아이들은 새로운 것이 나타나면 무엇이든지 재미있게 귀를 기울이고 세심한 점까지 주목한다. 그러므로 어른은 아이에게 친절심이나 정의, 품위라는 온갖 미덕을 보여야만 한다——요컨대 아이의 인격 형성을 위한 것이라면 가능한 한 모든 것을 해주어야 한다. 이런 것은 아이에 대한 어른의 신성한 의무이다.

아이에게 무슨 말을 하든 또는 어떠한 태도를 보이든 거기에는 항상 성실함이 담겨 있어야 한다. 당신은 아이들이 아이들 나름대로 알 수 있도록 수단을 강구해서 말해야 한다(그렇다고 아이들이 바보같다고 생각하는 방법이어서는 안된다).

아이들을 놀려서는 안된다. 아이들을 재미로 항상 놀리는 사람이 있는데, 이러한 태도는 아이들의 성격에 악영향을 미치게 된다.

똑똑한 아이는 독자적인 감각을 갖고 있으므로 품위와 애정 어린 어른(만약 그 어른이 그다지 많은 것을 해주는 사람이 아니라도) 주위에 모인다. 덮어놓고 친절하게 대해주는 어른은 오히려 피한다.

어른과 아이의 관계를 보증하는 마법의 고리는 마음의 청순함과 소박함이다. 그리고 이러한 청순함이나 소박함은 인간 교제술을 연구한다고 해서 가능한 일은 아니다.

부모의 마음이 제 자식에게로 향하는 것은 매우 자연스러운 일이다. 따라서 당신이 다른 사람의 호의를 얻고 싶다면 그 사람의 사랑하는 자식에 대한 것도 잊지 말고 주목해주어야 한다. 이것이 처세의 지혜이다.

물론 버릇 없는 귀족의 자식에게까지 저자세로 환심을 사려고 하는 태도를 말하는 것은 아니다. 그렇게 되면 가뜩이나 잘못된 꼬마 녀석들을 한층 건방지고 고집스런 인간으로 만들어 버리게 된다. 또한 그들의 도덕적 퇴폐에 박차를 가하는 일이 되고 하늘이 명하는 그 기본 법칙을 짓밟아 버리는 것이 된다. 그 기본 원칙이 명하는 것은 '아이는 어른들을 따르는 것이다.'라는 것이다. 결코 어른이 아이들의 말대로 되어서는 안된다.

아이의 부모가 당신이 보고 있는 앞에서 아이를 야단칠

때, 당신은 야단맞고 있는 아이를 변호하지 않도록 주의해
야 한다. 그런 짓을 하면 아이의 잘못이 오히려 더 심해지고
부모의 교육 방침에 찬물을 끼얹는 결과가 된다.

---

●어린이에게는 비평보다 본보기가 더 필요하다.
쥐벨 — 프랑스의 모럴리스트.

164

●젊은 사람은 아름답다. 그렇지만 늙은 사람은 더욱 아름답다.

　　휘트먼—미국의 시인


●선배에게는 지식과 경험을, 후배에게는 감각을 배우라.

　　유럽의 속담


●소년은 부모가 생각하기보다는 3년 일찍 어른이 되어 있다.

　　허시—미국의 군인


●5년간은 왕자처럼, 10년간은 노예처럼, 그 뒤는 친구처럼 아들을 다루라.

　　인도의 속담

## 제2장

# 부모, 아이, 부부, 친구와의
# 교제에 대해서

인간 관계는 만사(萬事)를 좌우한다. 인생에서 맛보게 되는 행복과 불행, 기쁨과 슬픔, 성공과 실패 등이 모두 인간 관계에서 파생된다.

부부간에 불호하고, 형제간에 불목하고, 부모 자식간에 불화하고, 친구간에 불신하는 사람이 찾을 수 있는 행복은 이 세상에 존재하지 않는다.

이 장에서는 부모와 자녀간, 부부간, 친구와의 교제에 대해서 기술하고자 한다.

---

●먼저 생각하라. 그 다음에 말하라. 그리고 사람들이 싫증내기 전에 그 치라. 인간은 말을 함으로써 동물보다 훌륭한 것이다. 그러나 만약 그 말에 이익되는 점이 없다면 동물보다 못한 것이다.

페르시아 성전

*104*—자식에 대한 부모의 행동

여러 가지 바쁜 일들로 인해 자기 자식을 하루에 1시간도 만나지 못하는 부모가 있다. 자신의 즐거운 일만을 따라다니느라고 아들이나 딸의 교육은 가정 교사에게 맡겨 버리는 부모도 있다. 또한 성인이 된 자식에게 마치 남을 대하듯이 함부로 대하는 부모도 있다.

이러한 태도가 얼마나 부자연스럽고 무책임한 것인가는 설명할 필요도 없을 정도이다.

한편 '노예가 주인 앞에 엎드리듯이 자식은 부모 앞에서 엎드려야 한다.'고 생각하며 존경과 희생을 바치라고 요구하는 부모도 있다. 그 결과 자식은 거북함을 느끼고 부모와 자신이 전혀 남남인 것처럼 생각하게 된다. 부모에 대한 신뢰감이나 애정이 무너져 버리고 부모가 옆에 있다는 것만으로도 자식에게 고통이 된다.

또한 부모 중에는 '아이란 성장해서 어른이 된다.'는 사실을 잊고 있는 사람도 있다. 이러한 부모는 자신의 아들이나 딸이 어른이 되어도 변함없이 미성년 취급을 한다. 그래서 아이의 자발적인 의지를 인정하지 않으며 아이의 의견에 귀를 기울이려고도 하지 않는다.

이런 일이 있어서는 안된다. 아이와의 거리를 엄격히 두면 존경을 받을 수는 없다. 존경심이란 친근감 있는 신뢰 관계 안에서 태어나는 것이다. 올려다보는 것조차 허용되지 않는 상대를 사랑할 수는 없는 것이다. 게다가 이렇게 해라 저렇게 해라 설교만 하는 사람에 대해서는 친근한 감정을 가질 수 없다. 강제 안에서는 고귀한 귀의심이 자발적으로 생기지 않는다.

이에 비해 성장한 자식들에게 둘러싸인 상냥한 부모의 눈길은 얼마나 좋은 일인가. 그의 주위에 모여드는 아이들은 상냥하고 총명한 부모와의 교류를 마음으로부터 동경하여 자신이 생각한 것은 무엇이든지 감추지 않고 얘기한다.

아이에게 이러한 부모는 사려 깊은 사람이다. 더럽혀지지 않은 인간의 순수한 기쁨을 이해해주는 사람이다. 적어도 아이들의 기쁨을 방해하지는 않고 성실하게 충고를 하기 때문에 자기 자식을 가장 좋은 친구로 대해주는 사람이다.

이러한 부자간의 연결 고리 안에는 인간에게 가장 중요한 온갖 감정이 포함된다. 즉 자연의 목소리, 동일한 감각, 감사의 마음, 동일한 관심과 교제의 습관 등에 대한 감각이다.

그러나 아이에 대한 신뢰의 마음이 너무 느슨한 경우도 있다. 내가 아는 사람 중에는 자기 자식의 잘못된 행동에 가담하는 사람이 있다. 뿐만 아니라 아이가 부모보다 뛰어나 부모가 잘못을 감추지 못하게 됨으로써 자식으로부터 경멸당하는 사람도 있다.

## 105−부모에 대한 자식의 행동

자신의 부모를 경멸하고 버릇없이 대하는 자식을 자주 대할 수 있게 되었다. 인간 최초의 유대 관계가 점차 약해져 가고 있다는 증거이다. 이들은 자신의 부모를 몽매하고 얘기가 통하지 않는 사람이라고 생각한다. 자녀들은 늙은 어머니 옆에서 지루해 한다.

이러한 자녀들은 과거에 어머니가 요람 옆에서 자신을 돌봐주었다는 것을 잊고 있다. 위험한 병에 걸리지 않도록 어머니가 얼마나 신경을 써주었는가, 자식을 위해 얼마나 험한 일을 하고 얼마나 많은 시간을 들였는가, 귀염성 없는 자식을 돌봐주기 위해 인생의 멋진 시절들을 얼마나 희생해왔는가를 잊고 있는 것이다.

어머니가 돌봐주지 않았으면 살아갈 수조차 없었을 텐데, 자녀들은 그 점을 잊고 있다. 귀를 찢는 것 같은 아이들의 울음 소리 때문에 부모들은 얼마나 많은 시간을 허비해 버렸는가. 가족의 생활비를 만들기 위해 자신의 즐거움을 자제하고 악당에게 자존심을 양보해야만 했던 때도 있었다. 그렇게 아버지는 배려를 했는데도 아이들은 얼마나 자신으로 인해 아버지가 잠들지 못하는 밤을 보내왔는지를 잊고 있다.

물론 제대로 된 마음을 갖고 있는 자식이라면 부모에 대한 감사의 마음을 잊지 않고 있을 것이다. 그러므로 내가 주제 넘게 이것저것 경고할 필요는 없다. 단지 다음과 같은 말만은 해두고 싶다.

부모에게 인간적인 약점이나 잘못된 점이 있는 경우 자식들이 부끄럽게 여기는 경우가 있다. 만약 그럴 경우에도 자식들은 부모보다 현명하게 행동해야 한다. 즉 자식이란 부모의 결점을 가능한 한 감추어 주고 다른 사람이 있는 장소에서는 부모에 대한 존경심을 보여주어야 한다(왜냐하면 여러 가지 면에서 자식은 부모를 존경해야 하기 때문이다). 아들이나 딸이 자신의 부모를 지키며 부양하고 정중하게 대우한다면 언젠가는 하늘의 은총과 사람들의 경의를 받게 될 것이다.

부모의 사이가 나빠서 아버지와 어머니 중 어느쪽인가 한 쪽을 택해야 하기 때문에 당황하고 있는 아이의 상태는 비참하다. 분별 있는 부모라면 자기 자식이 이러한 불행에 휩쓸리지 않도록 마음을 써야 한다. 또한 지혜로운 자식이라면 이럴 경우 성실하고 현명한 태도를 발휘해서 신중하게 대응해야 한다.

●아, 나의 자식이여! 만약 네가 부모의 은혜를 느끼지 못한다면 너의 친구가 될 사람은 없을 것이다. 왜냐하면 부모의 은혜를 느끼지 못하는 사람에게 친절을 다한들 무익하다는 것을 알고 있기 때문이다.
소크라테스─그리스의 철학자.

## 106─결혼 생활의 행복을 약속해주는 가장 확실한 수단은 반려자의 선택에 있다

결혼에 의한 관계는 인생에서 가장 중요한 것이다. 총명하고 훌륭한 선택을 하라. 이것이야말로 부부 사이의 기쁨과 행복을 약속할 수 있는 가장 확실한 길이다.

그런데 서로의 생활을 감미롭고 재미있게 해주려고는 전혀 생각하지 않는 부부가 존재한다. 취미나 기호가 전혀 다르고 흥미나 관심도 각각인데도 불행하게 부부로 맺어져 마지못해 살고 있는 부부를 볼 수 있다.

이것은 매우 비참한 일로써 끝없는 희생 상태이다. 쇠사슬로 억지로 묶여서 한숨을 쉬게 되는 노예와 같은 처지로 관계를 영속하다가 죽음의 신이 종지부를 찍어주기를 바라는 수밖에 해결책이 없는 상태다.

이에 못지 않게 불행한 것은 부부 중 한쪽만이 불만을 품고 상대방을 싫어하는 경우다. 자신이 스스로 상대를 고른 것이 아니라 정치, 경제적인 배려가 작용을 했거나 강요나 절망감으로 인해, 사랑의 복수를 위해, 우연이나 변덕으로 인해, 단순히 육체적인 욕구를 충족시키고자 하는 이유로 마음에 없는 부부로 맺어져 있는 경우도 있다.

또한 어느 한쪽이 바라기만 하고 스스로는 절대로 베풀려고 하지 않는 부부 관계도 있다. 어떤 요구라도 상대가 채워주기를 바라면서 자기쪽에서는 상대를 위해 아무 것도 해주는 것이 없다.

이러한 부부 관계는 비참한 것이다. 장래의 가정 생활의 행복을 우연에 맡기고 싶지 않다면 당신은 인생의 반려자를 고를 때 충분히 주의를 해야만 한다.

## 107—그럼에도 불구하고 젊을 때 그다지 숙고하지 않고 결혼한 부부들이 왜 행복하게 사는 걸까

서로 사랑하기 때문에 평생의 반려자로 선택한 커플이 많다. 이러한 커플의 대부분은(나이나 상황으로 볼 때) 숙고와 이성으로 상대를 골랐다기보다는 정열과 소박한 충동으로 성급하게 상대를 택한 경우를 볼 수 있다.

그러나 놀랍게도 이러한 부부들은 대부분 행복하게 살고 있다. 미숙한 사랑의 감정으로 결혼한 커플에게는 결혼 생활에 장해가 될만한 여러 가지 요소들이 오히려 결혼 생활의 행복을 촉진하는 것으로 변해가는 것이다.

누구라도 젊을 때에는 현명한 선택이 가능할 정도로 영리하지 않은 법이다. 그러나 젊은 사람은 나이 든 사람보다 훨씬 유연한 적응력이 있으며 다른 사람의 지도나 교육을 쉽게 받을 수가 있다.

재료가 유연하다면 아무리 날카로운 각이 있어도 서로 부딪치면서 둥글게 되고 다른 것과 융화하기 쉽다. 또한 젊은 사람들은 사물을 그리 과장해서 받아들이지 않는다.

그러나 나이 든 사람은 다양한 경험을 쌓고 또 운명에 휩쓸렸던 까닭에 주의 깊고 까다로운 인간으로 변해 있다. 모든 일을 저울에 달아 보고 현실적인 판단을 중요시한다.

젊은 부부는 트러블을 자주 일으키지만 화해도 간단히 한다. 부부 사이에 의견 차이가 있거나 싸움을 해도 그리 오래 끌지 않는다. 두 사람의 마음이 통한다면 입으로는 아무리 심한 말이 오고가도 단 한번의 포옹으로 모든 일이 해결된다.

공동 생활을 해나감에 있어서 나름대로의 방식이 생기고 공통된 이해 관계가 생기게 된다. 가정 생활에는 이루 헤아릴 수 없을 정도로 많은 잡일이 생긴다. 아이가 태어나면 어떻게 교육을 해야 되는가, 어떻게 돌봐주어야 하는가 등에 관하여 생각을 하게 된다. 이런 모든 것은 결혼 생활의 부담을 증대시키기는커녕(젊음과 활력과 활기에 찬 나이의 두 사람이라면) 오히려 인생의 기쁨을 주는 것이 된다. 부부가 서로 나누어 가지면 그 기쁨은 두 배가 된다.

그러나 나이가 들면 이렇게 되지 않는다. 자기만을 내세우게 되고 획득하려고 하며 향유하려고 한다. 자신의 부담이 되는 일은 무엇 하나 받아들이려고 하지 않는다. 자신이 보살핌을 받는 쪽이 되려고 한다. 성격은 굳어져 버리고 유

172

연성을 잃고 만다.

그러므로 일정한 나이에 달한 인간이 반려자를 고를 때에는 신중히 행동해야 한다. 어느 정도의 나이에 달한 사람이라면 자연스럽게 신중한 태도를 취하게 되지만 때로는 초조해 하는 사람도 볼 수 있다. 그들은 나이 든 신사의 몸에 청년의 감정을 가지고 반려자를 구하고 있는 것인데, 청년기의 감상적인 속삭임에 의해 잘못된 길을 찾아들 수가 있다.

●아름다운 여자에게는 언젠가 싫증이 난다. 그러나 선량한 여자에게는 절대로 싫증내지 않는다.

몽테뉴―프랑스의 모럴리스트

## 108―행복한 결혼 생활을 위해 부부의 성격이나 사고 방식이 완전히 일치해야 할 필요가 있을까

멋진 가정 생활을 이루기 위해서는 반드시 부부의 성격이나 기호, 사고 방식, 능력, 취미 등이 일치할 필요는 없다. 오히려 성격이나 기호 등이 일치하지 않는 편이 행복한 결혼 생활을 보낼 수 있는 경우가 많다(물론 극단적으로 다르거나 기본적인 부분이 다른 경우, 또는 부부의 나이가 너무 차이가 나는 경우는 예외).

부부의 이해 관계가 공통되기 때문에 한편의 불행이 즉시 다른 쪽으로 전염되어 버리는 커플이 있다. 이런 부부는 극단적이 되어 또다시 불행한 결과가 되지 않도록 모든 면에 주의를 요한다.

예를 들면 남편이 남아 도는 에너지와 격렬한 정열을 갖고 있을 때 아내는 부드럽고 끈기 있는 성격을 갖고 있는 것이 바람직하다. 만약 부부의 성격이 같아서 둘 다 낭비가에다 사치를 좋아하고 도락에 빠져 무계획적으로 자선 사업이나 사교에 몰두한다면 가정 경제는 파산되고 말 것이다.

이런 이유에서 부부의 성격 및 사고 방식은 상호 보완적일 필요가 있다.

### 109—반려자에 대해 항상 신선하고 쾌적하며 가치 있는 사람이 되기 위해 지켜야 할 법칙

부부가 함께 생활하다 보면 몰랐던 상대의 결점이 드러나고, 상대의 좋지 않은 기분에 영향을 받아 이쪽 기분도 나빠지게 된다. 상대의 사소한 결점이나 약간의 기분 변화가 전염되어 자신까지 불행한 기분이 되어 버린다. 그런 때야말로 부부가 서로 배려를 해야 할 필요가 있다.

상대의 부담이 되지 않도록, 지루해 하지 않도록, 서로 냉담하게 행동하거나 상대에 대한 관심을 잃지 않도록 배려해야 한다. 상대에 대해 증오심이나 혐오감을 갖지 않도록 여러 가지 대책을 강구해야 한다. 즉 부부가 매일 얼굴을 마주하고 있을 경우에는 부부라는 교제 관계에 선견의 눈이 필요해진다.

어떠한 인간 관계일 경우에도 가면은 곧 벗겨져 버리는 것이다. 그러나 자기 자신의 언동에 주의하고 남에게 가능한 한 싫은 인상을 주지 않도록 노력해야 한다.

제대로 된 교육을 받은 사람이라면 애정 표현과 예의 바른 태도를 양립시킬 수 있는 방법을 터득하고 있을 것이다. 이 기술을 몸에 익혀야 한다. 예의 바르게 행동한다고 해서 서먹서먹하게 행동하라는 것은 아니다. 반려자에게 같은 얘기를 몇 번이나 반복해서 상대를 지루하게 해서는 안된다.

알고 있는 사람 중에 이런 남자가 있다. 그는 자신의 독특한 레퍼토리를 몇 가지 갖고 있었다. 그는 그 얘기들을 너무나 자주 아내에게 들려줬고, 또 아내가 있는 장소에서 다른 사람에게 들려줬다. 그러자 그가 또 그 화제를 꺼내기 시작하면 그의 아내가 지겨워하는 표정을 감추지 못하는 것을 주위 사람들이 알아차렸을 정도다.

새로운 화제가 전혀 없는, 귀에 박힌 대화는 상대를 지겹게 만든다. 또한 서로간에 대화가 없어서 죽을 정도로 지루한 부부는 함께 있는 사실이 고통스럽다. 지겹고 고통스런 관계 속에서 행복을 찾을 리는 만무하다.

남편이 직장을 갖고 있거나 매일 적어도 2, 3시간은 자신의 일이나 취미에 몰두하는 사람이 있다. 이것은 부부 생활에 있어서 오히려 잘된 일이다. 출장 등으로 남편의 모습이 얼마 동안 가정에서 보이지 않게 되면 남편의 존재가 새롭게 보이게 된다. 이것도 부부에게는 좋은 일이다.

남편이 부재 중인 동안 집안일을 처리해 온 현명한 아내는 남편의 귀가가 기다려진다. 그녀는 남편을 상냥하게 애정을 담아 맞이한다. 저녁에는 집안에 즐거운 웃음꽃이 피고 가정의 행복을 위한 여러 가지 의논 거리들이 나온다. 부부간에 대화가 끊이지 않는 것이다.

당신의 반려자가 당신을 신선한 기분으로 바라보게 하기 위해서는 한 가지 정교하고도 겸허한 방법이 있다. 다음에 제시한 방법을 쓴다면 반려자는 당신을 동경하는 기분을 잃지 않고 바라보게 될 것이다.

외견상 반려자가 싫은 느낌을 갖게 되는 것은 모두 멀리한다. 더러워진 옷을 반려자에게 보여서는 안된다. 집에서도 너무 예의 없는 태도는 보이지 않는다. 이것은 당연한 일이다. 특히 시골에서 생활하고 있을 경우 천박한 습관을 익히거나 대화 중에 저속한 표현을 쓰거나 아무렇게나 옷을 입고 있어서는 안된다.

당신의 반려자야말로 당신의 헝클어진 모습이나 무례한 행동을 볼 기회가 어느 누구보다 많은 사람이다. 사랑과 존경의 꽃은 그런 척박한 토양에서 피어나지 않는다는 사실을 명심하라.

다시 한번 말하기로 한다. 결혼 생활이 어느 한쪽에 희생을 강요하는 것이 되거나 부부간의 의무가 무겁고 부담스럽게 느껴지게 되면 진정으로 행복한 결혼 생활이라고는 할 수 없다.

●사랑의 컵에 사랑이 찰찰 넘치도록 결혼 생활을 유지하기 위해서는 당신이 잘못할 때마다 그것을 인정하고 옳을 때마다 입을 다물어야 한다.

## 110 — 의무를 충실히 수행하라

세상에서 일반적으로 행해지고 있는 예의를 결혼 생활에 있어서도 그대로 존중하는 것이 바람직하다. 누구에게보다도 반려자에게 약속을 잘 지키고 자신에게 부여된 의무를 다하지 않으면 안된다.

부부가 자신의 의무를 다하는 것이 중요하다. 남성은 자신이 얼마나 근면한 사람인지, 얼마나 가족을 위하여 애를 쓰고 있는지, 얼마나 세상으로부터 평판을 얻고 있는지를 떠들고 다닐 필요는 없다.

아이들을 돌보는 것과 가사를 소홀히하고 있는 여성은 자신이 얼마나 품행이 단정한 사람인지를 자랑스럽게 말할 자격이 없다. 이러한 여성이 아무리 품행이 바르다고 해도 그것은 아직 기회가 없었기 때문일지도 모르고, 또는 그녀의 마음이 너무 냉정하기 때문일지도 모른다.

"나를 존경하고 호의를 보여라. 그것이 당신의 의무이다."

반려자에게 이렇게 요구하는 사람이 있다. 만약 그러한 요구를 하고 싶다면 그 사람 본인이 그럴 만한 값어치가 있도록 해야 한다. 만약 자신의 아내가 다른 누구보다도 당신을 존경하고 사랑해야 한다고 생각한다면 결혼식 때의 사랑과 존경의 맹세만으로 만족해서는 안된다. 그것보다도 당신은 평소 자신의 전력을 다해서 당신의 아내가 당신을 가장 사랑하는 존재로 느낄 수 있도록 노력해야 한다.

무엇이 미덕이고 무엇이 악덕인가는 원인과 결과에 달려 있다. 원인과 결과를 도외시하면 미덕도 악덕도 마찬가지로 중대한 문제를 낳는다. 집안일에 관여하지 않는 가장은 부정한 아내와 마찬가지로 죄가 깊다.

인간이란 자신이 저지르지 않은 악덕을 다른 사람이 저지르고 있는 것을 보면 비난을 한다. 그런데 악덕에 손을 대는 것과 마찬가지로 미덕의 의무를 게을리하는 것도 범죄가 된다는 것은 아무도 깨닫지 못한다.

모든 면에서 자신의 의무를 충분히 다하는 것이 반려자로부터 평생 사랑을 받을 수 있는 가장 확실한 수단이다.

---

● 행복한 가정은 모두 서로서로 많이 닮았다. 그렇지만 불행한 가정은 각각의 방법에서 불행하다.

　　톨스토이 — 러시아의 작가 · 사상가.

## *111*— 반려자보다 매력적인 제삼자를 만났을 때에는 어떻게 처신해야 될까

결혼 생활을 하다 보면 매력적인 제삼자가 등장하는 수가 있다. 극히 평범한 결혼 생활을 하는 부부에게 반려자보다 제삼자가 더 매력적으로 보이는 것은 그리 이상한 일이 아니다.

부부란 최초의 타오르는 듯한 애정의 불길이 가라앉은 후에는 —— 이런 것은 곧 가라앉는 것이지만 —— 언제까지 흔들리지 않는 유대 관계로 맺어져 있다고만 할 수는 없다.

그러므로 반려자보다 다른 사람이 더 생기 있게 여겨지기도 한다. 이럴 때 그다지 교제를 해본 적이 없는 제삼자가 나타나서 자신이 갖고 있는 매력을 모두 내보인다. 부부 사이에서는 이미 들을 수 없게 된 찬사를 제삼자는 해준다. 이럴 경우에도 반려자가 계속해서 자신의 의무에 충실하고 천박한 질투심을 부리지 않는다면(질투심이란 것은 항상 나쁜 결과만을 가져오는 것이다) 제삼자의 매력은 곧 색이 바래고 만다.

178

불륜이란 것은 결코 오래가지 않는다. 바람을 피우고 있는 인간도 냉정한 이성을 되찾는 순간 다음과 같은 것을 깨닫게 될 것이다.

"내 불륜 상대는 매력은 있지만 내 반려자와 같이 중요한 사람은 아니다. 불륜 상대가 인생의 고난을 함께 나누어 주는 것은 아니다. 행복과 불행을 둘 다 어루만져 주지도 않을 것이다. 나에게 전심 전력을 다해서 몰두해 있는 것도 아니고 평생 변하지 않을 애정을 품고 있을 리는 없다. 하물며 사랑하는 아이들의 부모가 되어줄 리도 없다. 좋은 일뿐 아니라 나쁜 일까지도 나와 함께 나누어 가지지도 않을 것이다. 만약 지금의 반려자와 헤어졌다고 해도 저 불륜 상대는 그 대신 반려자가 될 수 있는 사람은 아니다."

빠르든 늦든 사람은 반려자 옆으로 돌아오게 되어 있다. 그때 기다리고 있는 측이 맛볼 승리의 잔은 한층 달콤하고 온갖 쓴맛을 잊게 해줄 것이다.

---

● 결혼은 새장 같은 것이다. 밖에 있는 새들은 함부로 들어오려고 하나, 안의 새들은 함부로 나가려고 몸부림친다.
　　몽테뉴 ― 프랑스의 사상가.

## 112 ― 불륜은 어떻게 방지해야 되는가

우리 주변에는 매혹적인 유인력을 갖고 있는 여성, 멋진 육체를 갖고 있는 여성, 격렬한 정열을 억누르지 못하는 여성, 연애의 기교가 뛰어난 여성, 매혹적인 아름다움이 넘치는 여성이 존재한다.

남성은 이런 여성의 매력에 끌리는 경우가 적지 않다. 그럴 경우 자연히 자신의 아내와 그 여성을 비교하게 된다. 젊음과 품위를 잃고, 눈에 띄는 것은 둔한 태도나 기분 나쁜 표정, 둔감, 허약함 뿐이다.

이럴 때 어떻게 불륜의 욕구를 방지해야 될까.

이 책은 체계적인 도덕 교과서는 아니다. 따라서 이 문제에 대해 더 자세히 논하는 것은 분별 있는 사람 손에 맡기기로 한다. 자신의 욕구를 어떻게 제어해야 될까, 수상한 기회나 유혹으로부터 어떻게 빠져나와야 하는가(특수한 상황하에서 이것은 그리 간단한 문제가 아니다)에 대하여 문제를 논하는 것은 다른 사람에게 맡기기로 한다. 이 책의 틀을 넘지 않는 범위 내에서, 너무 천박한 얘기가 되지 않는 범위 내에서, 나는 이 문제에 대해 말해보려고 한다.

관능이나 욕정, 감미로운 꿈, 색정에 식상하게 만들어서는 안된다. 그러기 위해서는 부부 사이의 애정 표현에 신중해야 한다. 항상 청결하고 매력적으로 행동해야 된다. 그렇지 않으면 상대를 질리게 하고 하찮은 인상을 주게 된다.

인간이란 손에 넣기가 곤란하면 곤란할수록, 신기하면 신

◀ point 인간교제술 20 ▶

**상대의 중요성을 인정하고 표현하라**

인간은 누구나 칭찬받기를 좋아한다. 상대방의 좋은 점을 아낌없이 칭찬하는 것은 최상의 인간 교제술에 해당한다. 만약 당신이 누군가를 진심으로 칭찬했다면 상대방은 그것을 평생 잊지 않고 가슴 깊이 간직한다.

기할수록 그것이 자극적이고 매력적인 것으로 보이는 법이다. 따라서 결혼 생활에서도 이러한 자극을 불어넣기 위해 노력해야 한다.

---

● 이 세상은 유혹이 있음으로해서 불행한 것이다. 유혹은 반드시 오는 것이다. 그러나 유혹을 오게 하는 사람에게는 슬픔이 있을 것이다. 만약 그대의 손이나 또는 발이 그대를 실족케 하거든 끊어 버려라. 불구나 절름발이로서 살아 있는 것이 사지가 멀쩡하여 영원히 불속에 던져지는 것보다는 나을 것이다. 만약 그대의 눈이 그대로 하여금 범죄케 하거든 빼 버려라. 한 눈으로 생명을 이어나가는 것이 두 눈이 다 있으면서 불의 '게헤나'속에 던져지는 것보다는 나을 것이다.
《성서》


## 113-낭비를 좋아하는 반려자는 어떻게 대처해야 하는가

행복한 결혼 생활을 보내기 위해서는 그 가정의 경제 상태가 좋아야 한다는 것이 필요 불가결한 조건이다. 따라서 독신 시절 다소나마 낭비의 징후가 있었다면 당신은 결혼과 동시에 그 악습을 멀리하고 절약하도록 노력해야 한다.

독신자는 가정을 갖고 있는 사람보다 궁핍, 굴욕, 냉대 등의 온갖 일을 쉽게 견딜 수 있다. 그러나 처자식이 있는 남자의 경우에는 어떤가. 가난의 늪에서 허덕이게 되어도 가족에 대한 부양과 양육, 교육, 위안을 주지 않으면 안된다.

가난의 늪에 빠진 가장은 내일의 식량을 어디서 구해야 할지 모른다. 누더기 옷을 걸치고 있는 딸에게 어떻게 하면

새옷을 사줄 수 있을지 모른다.

이럴 때 처자식이 있는 남자는 심신이 다 병들어 버린다. 절망감에 휩싸여서 방탕에 몸을 던지게 되기도 한다. 내면으로부터는 불안한 양심의 소리가 그의 마음을 괴롭히고 외부에서는 아내의 질책의 말이 들려온다. 아이들의 우는 소리를 들으면서 한밤중에 무서운 꿈으로부터 깨어난다.

가난으로 말미암아 용기와 위로는 소멸된다. 친구들은 자신의 곁을 떠나 버린다. 자신을 적대시하고 있는 사람들의 조소의 소리가 신경을 건드린다. 이러한 비참한 상태에 처한다면 가정 생활의 기쁨은 모두 사라져 버린다.

요컨대 부부 중 어느 한쪽이 낭비 경향이 있을 경우에는 최악의 사태에 빠지기 전에 수단을 강구해 두어야 한다.

지갑을 맡아도 되는 건 부부 중에서 경제 관념이 더 투철한 쪽이어야 한다. 단, 낭비벽이 있는 반려자가 검약과 절약을 너무 힘겹게 느끼지 않도록 오락을 위한 다소의 지출은 허용되는 범위 내에서 마련해주도록 한다.

## 114 — 남편과 아내, 어느 쪽이 총명한 편이 나은가

남편이 아내보다 총명할 필요가 있을까? —— 이것은 몹시 중대한 문제이다.

무엇이 '총명함'이고 무엇이 '분별력'인가는 그 유사어들과 마찬가지로 뚜렷하게 정해져 있지 않다.

남성의 총명함은 여성에게 요구되는 총명함과는 그 종류가 전혀 다르다. 만약 '총명함'이란 것을 인생 경험과 동일시한다면, 또는 '학식'이란 것과 동일시한다면, 그러한 것이 남성과 마찬가지로 여성에게도 갖추어져 있다고 생각하는 것은 어리석은 일이다.

부부 중 어느 쪽인가가 무능하고 세상을 살아갈만한 지식이 결여되어 있다고 한다면 남편이 무능한 편이 나은가, 아내가 무능한 편이 나은가.

이 문제에 대해 나는 이렇게 말하려고 한다.

나는 지금까지 여성이 결정적 지배권을 쥐고 있는 가정을 몇 군데 본 적이 있는데, 그중 행복한 가정, 관리가 잘되는 가정은 한군데도 본 적이 없다. 총명한 여성이 한 가정의 실권을 장악하고 있는 경우보다 평범한 남성이 관리하고 있는 가정이 대개의 경우 훨씬 잘 되어간다. 예외가 있을지도 모르지만 나는 그런 경우는 본 적이 없다.

물론 내가 여기서 말하고 있는 '지배' 운운하는 말속에는 정신면에서의 지배는 포함되어 있지 않다. 총명한 여성에게 정신적으로 의존하지 않는 남성이 어디에 있겠는가. 분별력 있는 남성은 뛰어난 여성으로부터 상냥한 정신적 지배를 받기를 오히려 원한다.

정신적인 지배 관계를 별도로 친다면 여성이 한 가정 안에서 절대적인 지배권을 쥐는 것은 자연의 섭리에 반하는 것이라고 여겨진다. 남성에 비하면 여성은 체력적으로 떨어지고 한 가지 기쁨을 철저히 추구하려는 경향도 적다. 또한 결정적 순간에 다양한 감정에 사로잡혀 분별력을 잃기 쉽다는 결점을 갖고 있다. 이러한 모든 이유들로 인해 여성들은 보호를 구하게 되고 남성들은 보호하는 의무를 지게 되는 것이다.

그런데 능력이 있는 총명한 인간이 힘이 없는 무능한 인간에게 보호를 구할 수밖에 없는 경우가 생긴다면 이것과 같이 우스운 일도 없을 것이다.

간혹 뛰어난 능력을 갖고 있는 여성이 무능한 남성과 결혼하고 싶어하는 경우가 있다. 지배욕 때문인데, 서로가 불쾌한 장래를 각오하지 않으면 안된다.

아내의 안색이나 지시에 의해 자신의 의사나 친구 관계, 사물을 바라보는 견해 등이 좌우되는 남자, 중요한 비밀 사항이 있으면 먼저 부엌의 지시를 받지 않으면 안되는 남자——아무도 이런 남자와 함께 일을 하고 싶다고 생각하지는 않을 것이다.

위엄을 잃지 않는다는 것은 아내에 대한 남편의 예의이다. 무엇인가를 결정하기 전에는 반드시 '아내에게 상담해보겠습니다'라고 하는 남자, 아내 뒤에서 그녀의 코트를 손을 들고 우왕좌왕하는 남자, 아내가 없으면 사교장에 가지도 못하는 남자는 여성들이 봐도 역시 웃음 거리일 뿐이다.

●더할 나위 없이 얌전한 남편은 더할 나위 없이 난폭한 아내를 만든다.
유럽의 속담

## 115─아내에게 자신의 불행을 토로해도 되는가

인생에는 짊어져야 할 고난이 많이 있다. 가장 행복하게 보이는 사람조차도 다른 사람의 눈에는 보이지 않는 여러 가지 고민을 갖고 있다. 그 고뇌 중에는 정말로 고통스러운 것도 있으며 너무 지나친 생각으로 인한 것도 있다. 본인에게 책임이 없는 고뇌도 있는가 하면 자업 자득인 고뇌도 있다.

인간은 누구나 고뇌에서 자유스러울 수가 없다. 세상에서 가장 행복하게 보이는 사람에게도 보통 사람과 마찬가지로 고뇌가 있으며, 더 많은 고뇌를 짊어지고 있는 경우도 있다는 것을 항상 염두에 새겨두어야 한다.

불행을 참고 견디는 여성이나 곤란 속에 있으면서도 적절한 조언을 다른 사람에게 해줄 수 있는 여성, 곤란을 피할 수 없다고 깨달으면 남편과 함께 고난을 짊어지려고 하는 여성은 드물다. 대개의 여성들은 불평을 늘어놓고 '그런 짓만 하지 않았으면 이렇게 되지 않았을 텐데.'라는 식으로 어리석은 말들을 늘어놓는다. 뿐만 아니라 때로는 전혀 타당성이 없는 비난을 퍼붓기도 하고, 그로 인해 가뜩이나 힘든 상황을 더욱 힘들게 한다.

따라서 매우 중대한 사건이 아니라면 가능한 한 아내에게 말하지 않는 편이 좋다. 당신을 사랑하고 있는 아내가 당신의 괴로움을 함께해 주었다고 해도 괴로운 상황이 변하지 않기 때문이다. 아내에게 털어놓아도 괴로움이 줄어들기는커녕 오히려 고통이 증가하는 경우가 많다. 그러므로 입을 굳게 다물고 혼자 풍파에 맞서는 편이 좋다.

다른 사람에게 말하지 않을 수 없는 커다란 사고나 재난에 처했을 때야말로 당신의 극기심을 발휘해야 한다. 정신을 집중해서 그 일에 맞서 당신의 생애의 반려자에게 고통이 가지 않도록 노력해야 한다.

영원히 계속되는 비참함이란 이 세상에 존재하지 않는다.

한순간도 잊을 수 없는 고통이라는 것도 존재하지 않는다. 불행과 싸울 때에는 어떤 류의 헤로이즘(heroism)을 갖도록 한다. 헤로이즘은 기쁨을 가져다 준다. 덕택에 사람은 최악의 불행조차도 망각할 수가 있다. 헤로이즘을 갖고 있는 사람은 다른 사람을 위로해주고 다른 사람에게 용기를 줄 수 있다. 때문에 그의 정신은 무서울 정도로 고양되고 맑게 개이는 것이다.

## 116−사고 방식에 큰 차이가 있을 경우의 행동

이미 말한 사항이므로 내 생각을 독자 여러분도 이해해주었을 테지만, 행복한 결혼 생활을 보내기 위해서는 남편과 아내의 사고 방식이나 성격이 완전히 일치할 필요는 없다. 그러나 부부간의 불일치가 너무 큰 경우는 비참하다. 남편에게 중요하고 재미있는 것이 아내에게는 전혀 흥미가 없는 경우도 있다.

사람의 마음을 감미로운 판타지로 유혹하는 재미있는 얘기를 들려주어도 반려자가 아무런 반응을 보이지 않음으로써 무의미한 얘기로 만들어 버리는 경우도 있다. 매우 비참한 경우이다.

만약 당신이 이런 비참한 상황에 빠져 있으면 어떻게 해야 할까. 무엇보다도 먼저 욥의 치료법*을 써보도록 한다. 상대의 태도가 변할 가능성이 없을 경우에는 설교를 해봤자 소용이 없다. 무슨 말을 해도 이해해주지 않는다면 오히려

---

\* 욥은 《구약》〈욥기〉의 주인공, 사탄에게 고통을 당하지만 신을 원망하지 않고 오로지 인내로 견딤.

입을 다무는 편이 낫다. 화를 내지 않도록, 또한 마음에 상처를 입지 않도록, 또는 아내의 어리석음으로 인해 당신이 손가락질을 받지 않도록 충분히 주의를 한다.

그렇게 하면 당신은 점점 행복해질 수가 있을 것이다.

## 117-도덕적으로 결함이 있는 사람과 맺어지게 된 경우에는 어떻게 해야 할까

운명의 장난이나 자기 자신의 변덕으로 인해 보통 사람이라면 도저히 사랑하거나 존경할 수 없는 여성과 결혼하게 되는 경우가 있다. 도덕적으로 결점이 있는 여성, 뿐만 아니라 악덕한 성질을 갖고 있는 여성과 영원히 맺어질 경우도 있다.

항상 반항적인 아내, 질투심이 강한 아내, 탐욕스럽고 분별력이 없는 아내, 탈선하는 아내라면 당신은 어떻게 처신하면 좋을까.

사악한 아모데우스*는 약혼 시절에 가장 아름다운 가면을 쓰고 있었다. 때문에 훌륭한 남성이 젊을 때 사랑의 힘에 휩쓸려 인생의 미로에 발을 들여놓게 된다.

아내의 마음속에 부도덕이나 악습의 싹이 감추어져 있을 경우 남편이 허약한 태도를 보임과 동시에 부도덕함이나 악습 등이 겉으로 드러나는 경우가 있다.

이 점에 관해 여기서는 더 이상 언급하지 않기로 한다. 또

---

* 아스모데우스는 《구약 성서》 외전에 나오는 악마의 이름. 여성에게 달라붙어 신혼 밤 남편들을 죽인다고 한다.

한 불행한 사례들을 일일이 들면서 어떻게 대처해야 할지를 말해주는 것도 여기서는 피하기로 한다. 그런 것들은 이 책의 틀을 넘기는 것이기 때문이다. 나는 다만 일반적인 경우에 대해서만 말하기로 한다.

앞에서 말한 사태에 빠진 경우 당신은 다음 세 가지 점에 주의해야 한다.

첫째, 자신의 마음의 평정을 되찾을 것.

둘째, 자녀에 대한 배려를 잊지 말 것.

셋째, 세상에 대한 배려를 잊지 말 것.

아내를 도덕적으로 개선시키는 것이 이미 불가능할 경우에는 불평이나 비난, 싸움을 하지 않는다. 분별심을 갖고 냉정하게 대처할 수 있는 수단을 생각해야 한다. 이혼을 숙고해보는 것이다.

이 단계에서 아무리 당신의 마음이 불안정해도 격정에 휩싸여서 난폭한 행동을 해서는 안된다.

아내가 악행을 일삼을 경우, 본래 반은 남편에게 책임이 있는 것이다. 아내가 자신의 의무를 소홀하면 할수록 당신은 한층 충실한 남편으로서의 의무를 다해야 한다. 그렇게 한다면 당신의 양심은 상처를 받지 않을 것이다. 양심을 갖고 행동한다면 어떠한 끔찍한 사태도 견뎌낼 수가 있다.

자녀들, 그리고 세상에 대한 배려를 위해 부부간의 불행한 사태가 세상의 소문거리가 되지 않도록 주의해야 한다. 부부간에 싸움이 벌어지면 자녀 교육에 나쁜 영향을 미친다. 부부 싸움을 자녀들의 눈에 띄지 않도록 할 수 없을 경우에는 자녀 교육을 믿을 수 있는 제삼자에게 맡겨야 한다. 부부간의 불화가 세상에 알려지면 책임이 있는 쪽뿐만 아니라 부부 모두가 세상의 존경을 잃게 된다. 가정 내의 불화는 다른 사람에게 털어놓아서는 안되는 것이다.

## 118―다른 사람이 당신의 집안일에 끼어들면 용서하지 말라

부부 싸움이 일어나면 참견하기를 좋아하는 친구나 친척이 끼어들고 싶어하는 법이다. 부탁하지도 않았는데 누군가가 당신의 가정 문제에 끼어들면 그가 누구든지 간에 용서해서는 안된다.

나서기 좋아하는 인간에게는 남자의 결의를 보여주면서 거절해야 한다. 부부가 정말로 이해하고 있다면 약간 언쟁이 생겨도 주위에 폐를 끼치기 전에 화해를 하게 된다. 반대로 부부가 근본적으로 이해하지 못하고 있다면 누군가가 중재를 해준다고 해서 화해가 되는 것은 아니다.

하여튼 당신은 주변 사람들의 소란스러운 참견으로부터 벗어날 수 있어야 한다.

---

● 부부나 연인끼리의 문제에는 절대로 말참견하는 것이 아니다. 거기에는 세상이 알지 못하는 두 사람밖에 알지 못하는 무엇인가가 있는 것이다.

　　도스토예프스키 ― 러시아의 작가.

## 119―바람과 이혼에 대해서

부부간의 행복을 무너뜨리는 최대의 원인은 바람기이다.

　남편의 바람기와 아내의 바람기는 둘 다 마찬가지로 부도
덕하고 무책임한 행위임에는 틀림없다.

　그러나 결말을 본다면 남편의 바람보다 아내의 바람이 더
죄가 깊어 진다. 아내에게 불륜이 있으면 가정의 유대 관계
가 엉망진창이 되고, 정실 자식에게 주어야 할 유산을 사생
아에게도 나누어 주게 된다. 재산에 대한 신성한 권리가 침
해당하고 천연 자연의 법칙에 거슬리게 된다.

　천연 자연의 법칙에 의하면 일부 다처제인 편이 일처 다
부제인 것보다 나은 것이다.

　어떠한 나라에도 일처 다부제를 나타내는 말은 없다. 남
성은 한 집안의 대들보이다. 아내의 불륜은 그 즉시 그 집안
의 가장인 남편의 수치가 된다.

　그런데 반려자가 바람을 피우고 있다는 것을 눈치 챈 사
람은 무분별한 분노로 인해 상대에게 변호의 여지를 주지
않는 경우가 있다. 내 생각에는 그것은 앞으로의 일을 생각
하지 않는 어리석은 행위다. 반려자의 마음이 문제인 것이
므로 가능한 한 온화한 애정을 잊지 말고 반려자의 마음이
다시 자신에게로 향해지도록 노력해야만 한다. 거친 태도를
취하면 오히려 반발심을 살 뿐이다.

　부부 사이에 고결한 사랑의 정신이 없다면 서로의 눈을
속이는 일은 아주 간단하다. 더욱이 이런 부부간에서는 바
람을 피워도 잃는 것은 아주 적다. 불륜이 탄로나지 않았을
때에는 부부 관계가 그대로 유지되므로 프랑스인이 말하는
"아내의 불륜을 발견하는 남편은 운이 좋다. 불륜을 발견하
지 못하는 남편은 더 운이 좋다."는 셈이 되는 것이다.

　만일 불륜으로 인하여 부부간의 행복이 사라지고 참을 수

없는 상태로까지 이르게 되면 법률상의 조정에 맡기든가 또
는 쌍방이 합의하여 이혼하는 수밖에 없다. 그러나 그 길을
택했다고 해서 수치가 사라지는 것은 아니다. 오랫동안 함
께 살아 온 부부가 이혼하게 되면 체면을 잃지 않기는 어
렵다. 자식이 있다면 교육상 좋지 않은 영향을 미치게 되어
자녀들도 불행해지게 된다. 따라서 다소라도 참을 수 있다
면 참고 견디면서 세상의 빈축을 사지 않도록 해야 한다.

●결혼 생활은 긴 대화이다.
니체 — 독일의 철학자.

# 여성과의 교제에 대해서

이성과 건전히 잘 결합한다는 것은 이성과 건전히 그리고 만족하게 사귈 수 있는 태도와 능력을 말한다.

이성에 대해 올바른 인식을 가지고 있는 사람은 이성을 인간으로서 받아들인다. 따라서 그러한 사람은 당황하거나 바보 노릇을 하거나 하지는 않는다.

이성과의 결함이란 증오, 노여움, 경멸, 적의, 착취와 기분을 간직하고 있는 상대자를 받아들이는 것이다.

이 장에서는 여성과의 교제에 대해서 기술하고자 한다.

---

●가장 완전한 사교술은 모든 여성에 대해, 그대가 그녀를 사랑하고 있는 것처럼 말을 시작하라. 그리고 모든 남성에 대해서는, 그가 그대에게 지겨워하고 있는 것처럼 말을 시작하라.

　　O·와일드 — 영국의 시인·작가.

## *120*—여성의 결점을 지적하지 않을 수 없는 필자의 변명

이 장을 시작하기 전에 우선 엄숙하게 해명해 두어야 할 것이 있다. 본래라면 이러한 해명은 불필요할 것이다. 왜냐 하면 건전한 지성을 갖고 있는 사람이라면 이제부터 내가 말하는 것들을 이미 알고 있을 것이기 때문이다.

이 책 어디에도 여성들에 대해 험담을 하고 있는 곳은 없다. 그러나 알아주지 못하는 사람을 위하여 불필요한 변명을 하려고 한다.

여성의 성격적인 결함을 들추어냄으로써 여성들을 칭찬하는 마음을 해치려고 하는 것은 아니다. 여기서 말하는 '칭찬하는 마음'이란 누군가 특정한 여성에 대해서 말하는 것은 아니다. 여성 전체에 대해 다양한 각도에서(즉 결점이란 면에서가 아니라) 본 칭찬의 마음을 말하는 것이다.

여성을 칭찬하는 나머지 굳이 그 결점에 눈을 감는 것은 그저 입발림에 지나지 않을 것이다. 나는 그런 사람이 아니며 그렇게 되고 싶은 생각도 없다.

여성에 대해 발언을 하는 문필가 중에는 여성의 결점을 폭로하는 것만이 천직이라고 생각하고 있는 사람들이 많다. 내 목적은 그런 것이 아니다.

인간 교제술에 대해 쓰는 이상 나는 인간의 결점에 대해서도 언급하지 않으면 안된다. 교제를 잘 이루어 가기 위해서는 결점에 눈을 감거나 관대하게 봐주어야 할 경우가 있다. 남자든 여자든, 어떠한 신분의 사람이든, 어떠한 연령의 사람이든 누구나 결점을 갖고 있다. 이러한 사항에 대해서 알고 있는 모든 것을 쓰는 것, 그것이 집필자인 나의 의무이다.

그리고 독자들도 눈치 챘겠지만 나는 주로 인간의 좋은 점에 대해 쓰고 있다. 인간에게는 이러한 좋은 점들이 있으므로 남성이나 여성, 노인이나 젊은이, 현자나 어리석은 자, 부자나 가난뱅이 등등과 교제를 하는 것은 멋진 일이 되는 것이다.

내가 얼만큼 한 그룹에 대해 칭찬을 한다고 해도 그것은 결코 다른 그룹에게 이득을 주기 위해서도 손해를 입히기 위해서도 아니다.

## 121 — 여성과의 교제, 청년의 인격 형성에 기여하는 점이 많으며 순수한 기쁨을 보증한다

청년의 건전한 인격 형성을 위해서는 뛰어난 미덕을 지니고 있는 교양 있는 여성과 교제를 하는 것이 가장 좋다. 교양 있는 여성과의 교제를 통해서 청년의 성격 중에 부드러운 면이 가해지며 거친 성격이 연마되고 세련되어 진다.

요컨대 뛰어난 여성과 교제한 적이 없는 남자는 순수한 기쁨이란 것을 모를 뿐 아니라 사교 생활에서도 우물 안 개구리가 된다. 그리고 내 경우 여성을 경멸하는 남성과 친구가 되고 싶다고는 생각하지 않는다.

나는 멋진 여성들 사이에서 멋진 시간을 보낸 경험을 갖고 있다. 나에게 좋은 점이 있다면, 아직 내 마음에서 친절심이나 애정이나 관용이 사라지지 않았다고 한다면, 그것은 아마 여성들과의 교류에 의해 내 성격에 새겨진 부드러운

194

영향 덕분일 것이다.

## 122─왜 많은 장점을 갖고 있는 남자가 반드시 여성과의 교제에서 성공한다고 볼 수는 없을까

여성은 독특한 감각을 갖고 있다. 그러므로 자신에게 호감을 보이고 있는 남성이나 협조해줄 수 있는 남성을 곧 찾아낼 수가 있다. 여성은 미남자에게만 끌린다고 비난하는 남성들을 볼 수 있는데 그것은 잘못이다. 그 정반대되는 경우를 종종 볼 수 있기 때문이다.

안토니누스 피우스*와 같은 미남자인데도 불구하고 여성들과의 교제에서 행복을 손에 넣지 못하는 청년을 나는 여러 명 알고 있다. 한편 잘생기지도 않았는데 여성들에게 인기가 있는 남성도 있다.

여성과 교제하기 위해서는 한 가지 양식이 필요한데, 그 양식은 여성으로부터만 배울 수 있다. 이 양식을 이해하지 못하는 남성은 아무리 내면이나 외면이 멋져도 여성들의 마음에 들지 못한다.

그 양식을 몇 가지 말하면 다음과 같다.

남성들에게는 갖추어지지 않은 어느 정도의 여성적인 부드러움, 사람들의 눈에 띄지 않을 정도의 호의, 섬세한 배려(단, 감사를 필요 이상으로 과장해서는 안된다. 그렇다고 배려하고 있다는 것을 전혀 눈치 채지 못하게 하는 것도 좋

---

*안토니누스 피우스(Antoninus Pius, Titus Aurelius);로마 황제(138-161) 황제 하드리아누스의 총애를 받았다. 그 아름다움으로 인해 하드리아누스는 그를 신으로 숭배하게 했다고 한다.

지 않다. ), 일종의 눈으로 하는 말(이것은 애정 표현의 눈빛과는 전혀 다른 것으로 감수성이 풍부한 부드러운 마음을 갖고 있는 사람에 의해 감득될 수 있는 것이다. 이것을 말로 표현할 수는 없다. ), 섬세한 감정을 입밖으로 내지 않고 전달하는 표정 연기, 변심하지 않는 자유로운 교제 (단, 이것은 결코 천박하게 친한 것으로 타락해서는 안된다. ), 상대에게 싫은 기분을 일으키지 않을 정도의 부드러운 우수의 그림자, 로맨스를 추구하는 마음의 고향 (단, 그 로맨스는 달콤하기만 한 것이어서는 안되고 황당 무계한 몽상이어서도 안된다. ), 소극적이 되지 않을 정도의 사려 깊음, 격렬함에 빠지지 않을 정도의 대담함, 기민하고 민첩한 몸가짐, 어느 정도의 재능——이러한 점들을 갖추고 있는 남성은 여성으로부터 호의를 얻을 수 있다.

◀ point 인간교제술 20 ▶

### 미소로써 남을 대하라

미소를 짓는 데는 밑천이 들지 않는다. 그러나 막대한 이득을 가져다 준다. 게다가 미소는 남에게 아무리 주고 또 주어도 줄어 드는 법이 없다.

### 123—여성이 허약한 남성을 좋아하지 않는 이유

자립 능력을 갖고 있는 여성조차도 태어나면서부터 다음과 같은 것을 확신하고 있다.

"여자는 남자의 보호를 필요로 하는 존재이다. 고로 남자는 여자를 보호해야 할 능력을 갖고 있어야 한다."

자립 능력과 의지를 갖고 있는 여성도 이런 관념을 가지고 있으며, 그렇지 않은 여성들은 허약한 남성에 대하여 일종의 증오감을 갖고 있다.

그녀들은 다친 사람이나 병자, 괴로움을 당하고 있는 사람들에게 마음으로부터 동정을 한다. 그러나 허약하고 무력한 남성들에게는 아무리 감정이 풍부한 여성이라도 관심을 접게 된다.

### 124—여성이 플레이보이에게 반했다 해도 그것을 비난해서는 안된다

자유 분방한 남성과 관계를 맺는 여성을 비난하는 목소리를 때때로 들을 수 있다. 만약 그런 일이 있더라도 나는 그렇게 비난받을 일이라고는 생각하지 않는다.

남성보다 여성이 인간의 약함에 대해 관대할지도 모른다. 만약 그렇다고 해도 그것은 여성에게 명예로운 일이다.

남성들은 자유 분방한 사랑을 하고 있는 남성을 보면 질투하고 험담한다. 그러면서도 자신은 소설이나 연극에서 러브레스*나 칼몰**과 같은 남자를 보면 부러운 생각을 갖고는 한다.

이렇듯 남성들에게는 어둡게 닫혀져 있는 감정이 있기 때문에 자유 분방한 사랑을 하고 있는 남성을 보면 질투심이 이는 것이다. 색정 안에는 일종의 위압, 활력, 권력이 들어 있다. 이것이 우리들의 관심을 끄는 원인이 되는 것인데, 어둡게 닫혀진 감정이 그것을 가르쳐 주고 있다.

다음과 같은 주장을 하는 사람도 있다는 것을 지적하고자 한다.

"여성들은 외모가 아름다운 남성과 외모가 추한 동성에게만 관대하다."

*125*—어떠한 복장이 여성들의 마음에 들 수 있을까.

한 가지 더 말해 두어야 할 것이 있다. 여성들의 인기를 끄는 남성은 결코 화려하지는 않지만 세련된 복장을 입고 있는 청결한 남성들이라는 점이다. 여성이란 사소한 복장의 흐트러짐이나 결점도 첫눈에 발견한다.

*126*—여러 명의 여성에게 동시에 같은 칭찬을 해서는 안된다

다수의 여성으로부터 호의와 도움을 받아야 할 필요가 있을 때가 있다. 그런 상황이더라도 같은 장소에서 같은 방법으로 다수의 여성들의 비위를 동시에 맞추려고 해서는 안

---

*러브레스:영국의 작가 리차드슨의 소설에 나오는 호색한.
**칼몰:독일 작가 실러의 소설 《군도》의 주인공.

되다.

여성이란 약간의 실수는 용서해준다. 처음에는 오히려 실수로 인해 여성들의 관심을 끌 수도 있다. 그러나 자신의 진정을 토로할 경우에는 진심으로 상대방 한 사람을 위해 정성을 다해 얘기하지 않으면 안된다. 만약 여성들이, 당신이 누구에게나 자신의 본심을 토로하는 사람이라고 생각하게 된다면 모든 것은 끝장이다.

여성이란 자신의 진정한 모습을 다른 사람들에게는 보여주지 않고 '이 사람에게만은'이라고 생각하는 상대에게만 보여주는 것이다.

---

●두 여자를 화합시키는 것보다도 전 유럽의 화합 쪽이 용이하다.
  루이 14세 ― 프랑스 왕.

## 127 ― 여성 앞에서 다른 여성의 칭찬을 해서는 안된다

미모와 두뇌, 그 밖에 무엇이라도 좋다. 두 사람의 여성이 같은 점을 자랑으로 여기고 있을 때 그녀들이 한 장소에서 사이좋게 해나간다는 것은 매우 어려운 일이다. 두 사람만의 경우라면 그래도 처음에는 그런대로 유지될 것이다. 그러나 거기에 제삼의 여성이 나타나면 매우 중대한 일이 벌어진다.

뭔가 한 가지에 자부심을 갖고 있는 여성 앞에서는 그것에 대해 다른 여성을 칭찬하지 않도록 주의해야 한다. 특히 그녀의 연적에 대한 화제를 꺼내지 않도록 주의해야 한다.

자신만이 칭찬을 듣고 싶다는 감정은 누구에게나 있다. 특히 여성은 그 감정이 강하다. 미인이다, 재능이 있다, 머리가 좋다는 점 등에서 무엇이든 여성은 자신만이 칭찬을 받고 싶어한다. 따라서 여성과 얘기를 할 때 그녀의 외모가 다른 사람과 비슷하다고 할지라도 결코 그런 말을 해서는 안된다.

여성의 마음은 변덕스럽다. '주위 사람들은 나를 이런 인간으로 보고 있을 것이다.' 또는 '나는 주위 사람들에게 이런 인간으로 보이고 싶다.'는 것에 대하여 무슨 생각을 갖고 있는지 남성들은 알기 어렵다.

소박하고 순수한 척 행동하는 여성도 있다. 한편 우아하고 품위 있게 행동하는 여성도 있다. 다른 사람들로부터 인정을 받고 싶다고 생각하는 여성도 있다. 한편 영리함, 결연한 태도, 재기와 위엄에 넘치는 태도를 보이고 싶다고 생각하는 여성도 있다.

후자와 같은 여성은 자신의 눈빛으로 남성을 땅에 엎드리게 하려고 생각한다. 그런데 이와는 달리 자신의 눈빛으로 모든 남성의 마음을 아이스크림과 같이 녹아 버리게 하고 싶다고 생각하는 여성도 있다.

건강하고 활기에 넘치는 모습을 사람들에게 보이고 싶다고 생각하는 여성이 있는가 하면 병약하고 고민하는 자신의 모습을 남에게 보여주고 싶어하는 여성도 있다.

이러한 것들은 우리 인간의 죄없는 약점들이다. 누구든지 이러한 약점으로부터 벗어나기는 힘들 것이다.

### 128—여성들의 마음에 들고 싶다면 사교적인 태도를 익히도록 노력해야 한다

대개의 여성들은 남성들이 끊임없이 즐겁게 해주기를 바란다. 여성은 사교에 능숙한 남성을 가치 있는 존재로 여긴다. 알맹이가 없는 말을 할 바에야 차라리 입을 다물고 있어야 한다고 생각하는 남성, 말의 사용이 엄밀하고 시종 일관된 남성, 그 입에서 나오는 말에는 지성이 넘치는 남성을 여성들은 별로 좋아하지 않는다. 자신을 추켜세워 주는 화제를 제공해주는 남성을 어느 남성보다도 좋아한다.

물론 너무 속이 들여다보이는 칭찬은 남성을 천박하게 만든다. 그러나 속이 들여다보이는 칭찬이라도 그리 기분 나쁘게 생각하지 않는 여성도 있다.

노부인 앞에서 하루에 한번은 그녀의 아름다움을 칭찬해준다. 어머니라고 할지라도 하루에 한번은 자신의 딸로 생각하고 칭찬을 해야 한다. 그렇게 하면 여성들이 마음이 상하는 일은 없을 것이다.

인간에게는 많든 적든 자신을 칭찬해주는 인간에게 매달리고 싶은 기분이 있는데, 여성들은 그 정도가 더욱 강하다. 물론 남성에게도 자기 도취라는 것이 있지만 그것은 여성의 그것에 비할 수가 없을 정도이다.

---

●사랑을 알기까지는 여자도 아직 여자가 아니고, 남자도 아직 남자가 아니다. 따라서 사랑은 남녀 모두가 성숙하기 위해 서로 필요한 것이다.
　　스마일즈 — 영국의 저술가.

## *129*—여성의 호기심에 대해서

여성의 성격 중에서 가장 큰 비중을 차지하는 것은 호기심이다. 여성과 교제할 때는 적절한 시기를 노려서 호기심을 부추겨주고 자극해주며, 또 그것을 충족시켜 주어야 한다.

이러한 기술을 습득하는 것이 중요하다. 이것저것 알고 싶어하는 호기심이 여성에게는 매우 중요한 것이다. 마음이 여리고 동정심을 가장 많이 갖고 있는 여성조차도 공포 장면이나 사형 집행 장면, 수술이나 부상 장면을 보고 싶어하며, 또 잔혹한 살인 사건 얘기를 듣고 싶은 충동을 누르지 못한다.

남자의 경우에는 잔혹하고 끔찍한 광경에 접했을 때에는 얼굴을 돌리게 되지만 여성은 그렇지 않다. 가슴이 두근거리는 얘기를 끝없이 계속하고, 얘기치 않았던 사건이 계속해서 일어나고, 잔혹한 장면에 잔혹한 장면이 겹치는 소설이나 영화에 강한 호기심을 가지고 있는 것이다.

때문에 여성 안에는——반드시 악의나 질투심, 다른 사람의 불행을 기뻐하는 기분 등이 있는 것이 아니더라도——모르는 사람의 비밀을 들여다보거나 옆사람의 행동을 몰래 훔쳐 보고 싶어하는 심리가 있다. 체스터필드*는 이렇게 말한다.

"만약 당신이 여성들의 환심을 사고 싶다면 비밀 얘기를 하나 고백하는 것만으로 충분하다."

---

*체스터필드(chesterfield):영국의 작가, 정치가. 신사의 도를 아들에게 가르쳐준 〈아들에게 주는 서간〉으로 유명하다.

## 130— 여성의 변덕에 어떻게 대처해야 하는가

아무리 품위 있는 여성이라도 남성들에 비하면 마음이 변하기 쉽다. 태연 자약하게 동일한 기분을 갖고 있기가 어려운 것이다. 그 이유는 신경면에서 매우 민감하고, 또 신체적으로도 여러 가지 불쾌한 감정에 영향을 받기 쉽기(이것은 우리 남성들에게는 전혀 상상도 할 수 없는 것이지만) 때문이다.

당신에게 호감을 갖고 있는 여성이 그날 그날에 따라 호의와 애정의 표현이 전혀 달라보이더라도 그것은 놀랄만한 일이 아니다.

변하기 쉬운 여성의 기분에 견딜 수 있어야 한다. 불쾌한 기분에 싸여 있는 여성과 접할 때에는 이것저것 돌봐주고 위로의 말을 해주어야 한다. 그리고 여성이(어떤 기분일 때라도) 듣고 싶어하는 화제는 무엇인가에 대하여 충분히 생각해 두어야 한다.

그리고 여성 스스로가 자신의 변덕스러운 태도를 후회할 때를 조용히 기다리는 것이 현명하다.

## 131—여성들은 비꼬는 말을 하면서 즐거워하는 경향이 있다

여성에게는 비꼬는 말을 하면서 즐거워하는 경향이 있다. 때때로 자신을 소중히 여기는 사람의 마음을 휘젓는 행위도 서슴지 않는다. 그 원인은 역시 그녀들의 변덕이다. 결코 나쁜 저의가 있는 것은 아니다.

이럴 때는 넓은 아량으로 인내심 강하게 참아야 한다. 난폭하게 대처해서는 안된다. 약간 사이가 멀어지더라도 큰 언쟁이 되지 않도록 주의해야 한다.

그러면 그녀들도 시간이 흐른 후에 그런 태도(그녀들은 사랑하는 마음이 남보다 더 강했기 때문에 그런 태도를 보이는 것이다)를 고치게 된다.

이 단계가 되면 이전보다도 더 그녀들의 호의를 기대할 수 있는 권리를 손에 넣게 된다.

## 132 — 여성에게 승리를 양보하라

여성과 언쟁이나 불화가 생겼을 경우에는 잠시 동안 그녀들에게 승리를 양보하지 않으면 안된다. 그러나 승리를 양보했다는 것을 눈치 채게 해서는 안된다. 이것이야말로 그녀들의 자존심을 다치게 하는 가장 확실한 일이기 때문이다.

---

◀ point 인간교제술 20 ▶

**논쟁을 피하라**

논쟁이란, 거의 예외없이, 자기의 주장이 옳다고 더욱더 확신을 시키게 만드는 것이다. 때문에 그것에 이기기란 애당초 불가능하며, 또 이겼다 해도 역시 결과는 진 것과 다름이 없다. 좁은 길에서 개를 만나면 권리를 주장하다가 물리기보다는, 개에게 길을 내주는 것이 현명하다.

## 133—여성의 복수

정도의 차이는 있지만 여성의 복수가 얼마나 무섭고 잔혹하며, 영겁으로 계속되고, 용서해주지 않는 것인가에 대해 자주 들을 수 있다.

이 점에 관해서는 내가 여기서 반복해서 말할 필요는 없을 것이다.

'내 마음에 상처를 준 것은 이 남자이다.'라고 생각한 여성들은 그리스 신화에 나오는 복수의 여신 프리어로 변한다. 그녀들이 어떤 수단을 써서 그 남자를 박해할 것인가, 얼마나 저속한 수단으로 복수할 것인가, 거의 믿어지지 않을 정도이다.

나도 이런 경험을 한 적이 있다. 젊을 때 부주의하게도 어떤 여성의 발을 밟은 적이 있다. 실은 먼저 그녀가 내 발을 밟았기 때문에 되받아친 것이었다. 이 일이 그녀의 명예심과 자존심을 다치게 했다. 그 결과 나는 누군가의 원조와 행복을 추구해야 할 사태에 직면할 때마다 그녀의 방해를 받고, 손을 쓸 수 없을 정도의 저항을 받았다. 순간의 실수가 온갖 방법을 써서 악의에 찬 소문을 내는 사람을 만들게 된 셈이다.

나의 입장을 위해서나 가족의 행복을 위해서 내가 무엇을 하고 계획을 해도 그녀는 방해 공작을 폈다. 아무리 조심스럽게 행동을 해도 소용이 없었다. 나에게 실수가 있었다는 것을 아무리 솔직히 인정해도 아무런 소용이 없었다.

그 여성은 많은 사람들을 행복하게 해줄 수 있는 힘을 갖고 있는 사람이었다. 그리고 그녀는 많은 장점을 갖고 있는 여성이었다.

약자의 복수는 강자의 복수보다도 항상 잔혹하다. 그 이유는 어쩌면 다음과 같은 것에서 유래하는 것일지도 모른다.

자신이 약자라고 생각하는 감정이 복수심을 더욱 강하게 한다. 그래서 실력을 행사할 수 있는 기회를 호시탐탐 노리고 있는 것이다.

### 134 — 깊은 정에 빠지지 않기 위해서는 어떤 주의를 해야 할까

〈사랑받는 능력이라는 것이 인간 안에 있는 것일까〉라는 제목의 그리스토프 마이너스 교수*의 철학 논문을 읽고 나는 한 가지 의문을 갖게 되었다.

본래 남성들은 여성과 교제를 하면서도 마음의 자유를 잃지 않기 위해 여러 수단을 써왔다.

확실히 사랑이라는 것은 우리들을 기습하는 달콤한 고통이다. 세상에는 뒤늦게 대책을 세우는 일이 존재하는데, 사랑의 고통이라는 것도 그러한 사항 중의 하나이다.

사랑이라는 것은 때때로 고통을 가져다 주고 온갖 평안과 평정을 뒤흔들곤 한다. 이루어질 수 없는 사랑은 가장 비참한 고통 중의 하나일 것이다. 아무리 고귀한 사랑이라도 얼마 동안은 여러 가지 사정으로 성취하기 힘든 경우가 있다.

자신의 감정과 정념을 지성으로 컨트롤할 것 ──── 그것이

---

*그리스토프 마이너스 교수:궤팅겐 대학의 철학 교수.

불가능하다면 만날 기회를 피할 것——이것은 노력할 만한 가치가 있는 행위다.

선천적으로 성격이 활발하고 공상력이 풍부한 남성은 특히 이것에 신경을 써야 한다. 누군가에게 사랑을 받고 있음에도 불구하고 그 사랑에 응할 수 없다는 것은 감정이 풍요로운 사람에게는 매우 힘든 일이다. 사랑하고 있는데 오히려 치욕을 당했다는 것은 두려워할 만한 고통이 된다. 이러한 것을 피할 수 있는 확실한 방법을 알고 있는 사람은 현자의 진리를 발견한 것과 마찬가지일 것이다.

내 약점을 고백하건데——나는 이렇게 되기 전에 도망을 가는 방법밖에 알지 못한다.

## 135 — 노는 여자와의 교제법

여기서 한마디, 남자와 사귀기를 좋아하는 여성과의 교제법에 대해 말해도 좋을 것이다. 단, 이에 대해서는 여러 가지 말을 해도 그 노력이 보답을 받지 못할지도 모른다. 남자가 주의해야만 될 유혹의 함정은 무수히 있다. 이런 류의 악녀로부터는 페스트로부터 도망을 가듯이 피하라고 권하고 싶다.

그러나 불행하게도 이런 함정에 걸려드는 남성은 그런 여자에게 빠져들기 전에 내 책을 읽는 냉정함을 갖고 있지 않은 사람일 것이다. 솔로몬 왕은 나보다도 훨씬 능숙하게 이것을 경고하고 있다——그러나 나도 이에 대해 몇 줄 말하기로 하겠다.

이런 류의 여자는 소유욕, 허영심, 육욕, 복수심, 그 밖의

정욕을 충족시키기 위해 자신의 진실을 숨기고 태연히 꾸민
감정을 드러낸다. 그 테크닉은 말로 표현하기 힘들 정도다.

그녀들이 정말로 당신을 사랑하고 있는지를 알아낸다는
것은 매우 곤란하다. 그녀들을 여러 가지 방법으로 시험해
보기로 하자. 당신이 시험한 결과, 즉 그녀들이 치밀한 계산
에 의하여 행동하는 것이 아니라는 결과가 나왔다고 하자.

확실히 그것은 하나의 결과이기는 하지만 당신이 잘못 판
단했을 경우가 있다. 그녀는 당신이 갖고 있는 재물에는 눈
길도 주지 않을지도 모른다. 그러나 그것은 황금과 함께 당
신을 보다 확실히 손아귀에 넣기 위해서이다. 또는 그녀가
황금보다도 정욕을 더 좋아하는 성격이기 때문일는지도 모
른다.

물론 그렇지 않은 경우도 있다. 남자 놀이를 좋아하는 여
성이 당신을 속일 수 있는 기회가 있었음에도 불구하고 당
신을 배반하지 않았다는 것을 알게 될 경우도 있다. 당신의
명예나 평판에 손상을 주지 않도록 그녀는 애정이 넘치는
배려를 해준 것이다.

당신이 그녀 이외의 사람과 관계를 가졌을 경우라도 그녀
는 크게 질투하지 않는다. 그녀는 참으로 헌신적으로 자신
의 젊음과 아름다움, 자신이 얻은 것, 명예와 자부심 등 모
든 것(본래 인간의 자질이나 성격은 실로 복잡하게 뒤섞여
있다)을 당신에게 바치게 될 것이다.

이 말의 뜻은 명쾌하다. 즉 어떠한 여성이라도 다른 면에
서 보면 선량하고 사랑할만한 성격을 갖고 있는 것이다. 그
러나 너무 믿어서는 안된다. 여성의 미덕 중에서 가장 중요
하고 신성한 것은 정조와 순종인데, 이러한 미덕이 결여된

여성이 도대체 어떻게 결혼 생활의 의무에 대한 경외심을 갖을 수 있겠는가.

물론 나는 남자로부터 유혹받아서 길을 잘못 들어선 여성을 악녀의 무리에 끼워넣으려는 것은 아니다. 진정한 애정이 있으면 길을 잘못 들어선 인간을 미덕의 세계로 끌고 나올 수는 있다. 종종 듣게 되는 말이지만 한번도 이성으로부터 유혹을 당해보지 않은 인간보다는 심한 경우를 당해본 사람이 유혹으로부터 자신을 지키기가 쉽다.

물론 한번 유혹을 받아 길을 잘못 들어선 사람이 지난 잘못을 반성하고 다시 제대로 된 길을 걸어나갈 경우라도 한 가지 괴로운 상태는 계속된다. 즉 과거가 남아 있는 것이다. 사랑하는 사람의 어두운 과거를 알게 된 순간, 이것과 같이 마음의 평정을 흔들고 무겁게 하는 상태가 또 있을까.

하여튼 타락으로부터 사람을 구제하는 최선의 방법은 사랑, 순수한 사랑이다. 품위 있는 여성과 교제하면 미덕과 순수한 것에 대한 젊은 사람의 감각은 더욱 섬세해질 것이다. 제대로 된 여성과 교제를 하면 세상을 너무 쉽게 생각하는 젊은이도 산전 수전을 다 겪은 악녀의 유혹으로부터 자신을 지킬 수 있다.

● 유혹에 넘어간 사람을 보고 가혹하게 대해서는 안된다. 그를 위로하도록 하라. 그대 자신이 남에게서 위로 받고 싶었을 때가 있었던 것처럼.

톨스토이 — 러시아의 작가 · 사상가.

## 136 — 여성이 본심을 감추는 것에 대해서

여성들은 남성들에 비하여 자신의 본심과 감정을 감추는 재능이 훨씬 뛰어나다. 그다지 지적이지 않은 여성조차도 자신의 진짜 모습을 감추는 기술에 있어서는 뛰어난 완성도를 보인다.

여성의 심리를 잘 파악하고 있는 남성은 유혹의 테크닉이 능수 능란하다. 만약 한 여성이 그의 유혹을 거절하더라도 마음속으로는 회심의 미소를 짓는다. 여성이 입으로는 싫다고 말하고 있지만 사실과 다르다는 것을 알고 있기 때문이다.

여성의 마음을 읽고 있는 남성은 승부에 강할 수밖에 없다. 여성으로부터 거절당했다고 해서 쉽게 포기하는 순진한 남성들과는 다른 면이 있는 것이다.

여성과 교제를 할 때에는 이 점에 주의해야만 한다. 한 남성에 대해 여성이 냉담한 태도를 취했다고 해서 그녀가 그에게 무관심하다고 할 수는 없다. 반면에 한 남성에 대해 여성이 분명한 태도로 신뢰감을 보였다고 해서 그녀가 그에게 관심을 갖고 있다고도 할 수 없다.

여성은 변덕이나 고집스러움으로 인해, 또는 그 남성을 놀리려고 그런 행동을 하는 것은 아니다. 자신의 본심을 감추기 위해 일부러 그런 행동을 할 뿐이다.

여성이 왜 이러한 행동을 하는가를 알기 위해서는 여성 심리에 대한 깊은 연구와 다년간에 걸친 여성과의 교제를 필요로 한다. 그러나 이것에 대해서는 이 책의 틀을 넘는 것이므로 논하지 않기로 한다.

*137*—연상의 노는 여자, 새침데기 여자, 남자를 싫어
     하는 여자, 신심이 너무 깊은 여자, 친척 아줌
     마들에 대하여


연상의 노는 여자와 교제를 할 때에는 어떤 것을 주의해
야 할까. 이 점에 대해서 나는 아무 말도 하지 않겠다. 그녀
들은 자신이 매력 있는 여자라는 자부심을 갖고 있다. 그녀
들은 주위 사람들로부터 칭찬을 듣는 것을 당연하다고 생각
한다. 그녀들은 이러한 자부심과 아름다움을 이미 오랜 세
월에 걸쳐서 소유해왔다. 그녀들은 이렇게 오랫동안 매력을
지녀왔으므로 내 매력은 흔들리지 않는다고 생각하고 있다.
  법률가가 말하는 '기득권'과 같은 것이다.
  이러한 여성에 대해서 나는 아무 말도 하지 않겠다.
  새침데기 여성, 결벽증이 있는 여성, 남자를 싫어하는 여
성, 신심이 너무 깊은 여성 ── 이러한 여성에 대해서는 제
삼자가 있을 때와 둘만이 있을 때와는 대하는 법이 전혀 달
라야 한다고 말하는 사람이 있다. 또는 경박한 남자들이 종
종 주장하는 것인데, 말이 없고 재미없는 남자들은 이런 여
성과 좋은 관계를 유지해 나갈 수 없다고 말하기도 한다. 이
러한 여성에 대해서도 나는 아무 말도 하지 않겠다.
  옆사람이나 아는 사람에 대한 소문 거리들을 폭로하는 것
을 기독교 신자의 의무라고 여기는 친척들이나 동네 아주머
니 ─ 이런 사람들의 기분을 해치면 큰일이다 ── 에 대해서
도 나는 아무 말도 하지 않기로 한다.
  나는 이러한 여성들을 중상하고 싶지는 않다. 따라서 나
는 선량한 여성들이 나에게 악의를 갖지 않도록 하기 위해

입을 다물려고 한다.

---

●세상에는 많은 사랑스러운 여성이 있다. 그러나 완전한 여성은 없다.
위고—프랑스의 작가.

## 138—지성과 우아함을 겸비한 여성과의 교제, 그런 교제에서 얻게 되는 기쁨에 대한 일반적인 견해

지성과 품위를 겸비한 여성과 교제하면 어느 정도 행복한 기쁨을 얻을 수 있을까. 이 점에 대해 약간 말하기로 한다.

이미 앞에서 말한 것이지만 나 자신도 지성과 품위를 겸비한 여성과의 교제를 통해서 내 인생의 최고의 순간들을 보낼 수가 있었다. 그녀들의 섬세한 감정은 실로 세상을 즐겁고 아름답게 만든다.

사태를 곧 파악하고 다른 사람의 생각을 이해해주며 상대의 안색이나 태도가 의미하는 것을 통찰할 수 있는 재능, 다른 사람의 약간의 친절을 민감하게 받아들일 수 있는 감수성, 매력적이며 소박한 위트, 완고한 학자들의 공식적인 견해와는 거리가 먼 정확한 판단, 기분이 고양되거나 또는 반대로 침울할 때조차도 매력적인 사랑스러운 변덕, 불행을 당했을 때 보여주는 인내력, 다른 사람을 위로하고 돌봐주며 용서해 줄 때의 세련된 태도, 전신에 흐르고 있는 온화함, 주위 사람들에게 생기를 주는 그녀들의 죄없는 잔잔한 수다——나는 이런 모든 것을 평가하고 존경한다.

나는 이 장에서 여성들 중 몇 명이 갖고 있는 결점에 대해 지적하지 않을 수 없었다. 그러나 이것을 두고 나를 비방하

거나 또는 내가 여성들에게 악의를 갖고 있다고 비난하는
사람은 아마 없을 것이다.

---

●고상한 남성은 여성의 충고에 따라 더욱 고상해진다.

괴테 ― 독일의 시인·작가.

## 제4장

# 친구끼리의 교제에 대해서

친구를 가려서 사귀라는 말은 깊이가 있는 말이다. 나쁜 사람과 사귄다고 해도 크게 영향력을 받지 않는다는 생각을 가진 사람은 어리석은 사람이다.

'지혜의 왕'이라고 일컫는 솔로몬 왕도 우상을 숭배하는 여자와 결혼한 결과 하느님을 버리고 우상을 숭배하게 된 것을 생각하라.

이 장에서는 친구끼리의 교제에 대해서 기술하고자 한다.

●물이 너무 맑으면 물고기가 없고, 사람이 너무 살피면 패거리가 없다.

《송명신 언행록 宋名臣 言行錄》

◀ point 인간교제술 20 ▶

**진실한 우정을 길러라**

인간 관계에서 위장한 '방어선'을 칠 필요가 없는 것은 얼마나 마음 가벼운 일인가! 진정한 친구란 자기 내면 생활에 가벼운 마음으로 불러들일 수가 있는 사람이며, 자기를 불러들이는 사람이다.


## 139—친구를 고르는 법, 청소년의 경우와 성숙한 사람의 경우

친구를 어떻게 대할 것인가는 누구를 친구로 택할 것인가에 달려 있다. 따라서 우선 이 점에 대한 생각을 약간 말하고자 한다.

소년기에 맺어진 친구 관계가 가장 오래 지속된다. 이 시기는 아직 의심도 없고 자잘한 일들에 까다롭지도 않다. 마음은 열려 있어서 친구가 되기 쉽다. 성격은 달라도 친해지기는 쉽다. 쌍방이 다가와서 같은 기분 속에 잠길 수 있다. 많은 것을 함께 경험하고 행복한 청소년기의 기억을 함께 공유해 나간다.

성인이 된 후에도 보조를 맞추어서 도야와 경험을 쌓아나간다. 거기에 습관과 필요가 더해지게 된다. 어떤 사람이 죽음에 의해 친한 친구를 빼앗기게 되어도 남겨진 친구는 그로 인해 한층 더 단단하게 맺어지게 된다.

그러나 나이가 들어 맺어진 관계는 전혀 다르다. 인간과 운명에 몇 번이나 환멸을 느끼고 마음이 닫혀진 상태에서는 그리 쉽게 사람들을 신용하지 못하게 된다. 마음에는 이성이라는 후견인이 붙어 있다. 다른 사람에게 마음을 고백하기 전에 이성이 보다 엄밀하게 숙고해서 스스로 자구책을 마련하려고 한다.

요구는 한층 높아지고 좋고 싫음도 분명해진다. 이미 새로운 친구에게 굶주리지도 않고 훌륭한 외모에 현혹되지도 않는다. 완성이란 무엇인가, 지속하는 사이란 무엇인가, 친해짐으로써 얻게 되는 손득——이러한 것에 대해 진상을 알게 되는 것이다.

성격은 훨씬 딱딱해진다. 생활 원칙은 체계적이 되고 친숙한 인간의 신념이나 이론이 그와 맞는 일은 드물다. 따라서 지속적인 조화를 이룬다는 것이 한층 곤란해진다. 게다가 많은 일속에 파묻히게 되므로 새로운 관계를 만들 시간도 거의 없고, 그러한 충동도 거의 일어나지 않는다.

이런 이유들로 인해 죽마 고우를 소홀히해서는 안된다.

만약 운명, 여행 그 밖의 사정으로 세상을 방랑하게 되고 어릴적 친구들로부터 멀어져도 그 오래된 유대 관계를 다시 이어가도록 노력하는 것이 좋다. 실패하는 일은 없을 것이다.

---

●인생의 행로를 제법 멀리까지 걸어가면, 이전에는 우연한 길동무에 지나지 않았다고 생각했던 많은 사람이 문득 성실한 친구였다는 것을 알게 된다.

H·카로사 — 독일의 작가·의사.

216

## 140-나이, 신분, 사고 방식, 능력의 일치는 우정을 위해 어느 정도까지 필요한가

친구 사이가 완전하기 위해서는 신분과 나이에 대등성이 필요하다——이것은 꽤 널리 받아들여지고 있는 원칙이다.

사람들은 흔히 사랑의 감정을 맹목적이라고 말한다. 과연 일리가 있는 말이라고 나는 생각한다. 사랑은 도저히 어울리지 않는다고 여겨지는 마음과 마음을 맺어준다. 진실한 사랑은 감정에 의해 이끌리는 것이지 이성에 의해 인도되는 것이 아니다. 그러므로 나이나 신분 등 외적 사정은 크게 문제되지 않는다.

그러나 우정에는 기본적인 사고 방식이나 취향의 합치가 필요하다. 각각의 신분, 나이, 교육이나 경험의 차이에 따라 각각 고유의 기분이 있다. 때문에 그것을 달리하는 사람 사이에는 우정이란 고리를 맺는 데 필요한 완전한 합치는 생기지 않는다——이것이 통념이다.

이 견해에는 많은 진실이 담겨 있다. 나이도 신분도 같지 않은 인간끼리의 섬세하고 지속적인 우정을 나는 본 적이 없다. 오래 지속되는 친밀한 우정에는 기본적인 사고 방식과 감각의 공통점이 필요하다. 능력이나 지식이 너무 다른 경우에는 친밀한 우정이 쉽게 생기지 않는다. 친구가 놓여 있는 상황에서 생각하는 것이 힘들고, 이쪽의 감정이 상대에게 전혀 생소한 것이라면 자연 관계는 멀어진다.

우리가 오로지 감탄할 수밖에 없는 인간, 항상 올려다보게 되는 인간이 있다. 우리들은 이런 인간을 존경한다. 그러나 사랑하지는 않는다.

우정에 있어서는 서로가 균등하게 주고받을 수 있어야 한다. 무엇이든지 한쪽이 우월하거나 균등함을 잃게 되면 우정의 방해가 된다.

## 141—신분이 높은 사람, 부유한 사람에게는 왜 우정에 대한 감각이 부족할까

신분이 매우 높은 사람, 부유한 사람은 왜 우정에 대한 진정한 마음이 없는 것일까. 그들은 풍족한 생활로 말미암아 영혼의 욕구를 느끼는 일이 상대적으로 적다. 정념을 만족시키는 소동스런 즐거움을 쫓아다니느라 바쁘다. 또한 그들은 항상 자신과 대등한 인간으로부터는 미움, 질투, 그 밖의 정념들에 시달린다. 자기보다 훌륭한 사람을 찾을 경우는 자신의 이기적 또는 야심적인 목적을 위해 필요할 때 뿐이다.

한편 그들은 자기보다 신분이 낮은 사람, 가난한 사람과는 매우 큰 거리를 두고 있다. 특권 의식 때문에 자신을 그들과 동등한 위치에 두는 것도 견디지 못한다.

신분이 높은 사람, 부유한 사람 중에서 가장 나은 부류의 사람들조차도 자신들은 태어나면서부터 가난한 사람, 신분이 낮은 사람보다 우월하다는 생각이 수시로 머리를 든다. 바로 그것이 우정을 파괴해 버리는 요인이다.

●우정은 성장이 느린 식물이다. 그것이 우정이라는 이름이라고 할 가치가 있기 전에, 몇 번의 곤란한 타격을 견디지 않으면 안된다.
　　G워싱톤—미국 초대 대통령.

## *142*—비열하고 어리석은 생각에 지배되는 인간과는 우정이 지속되기를 기대해서는 안된다

그러나 신분, 재산, 나이, 능력이 동등한 인간이라도 비열하고 어리석은 생각에 지배되는 인간과는 우정이 지속되지 않는다. 침착하지도 않고 소란스러운 즐거움이나 기분전환에 몰두하는 사람, 조악한 욕망이나 정욕, 음주, 도박에 모든 것을 거는 사람──이러한 사람들이 숭배하는 우상은 잘못된 영예, 돈, 또는 자신의 에고이다.

또한 기본적인 생각이나 의견이 상황과 환경에 따라 어떠한 형태로도 변형되는 성격을 갖고 있는 인간도 있다. 그들은 사귀기 쉬운 상대일지는 몰라도 지속적으로 신뢰할 만한 친구는 아니다. 당신이 불행에 처할 때면 못본 체할 것이다.

세상에는 다른 사람을 자신이 좋아하는 모습으로 그려내는 사람들이 있다. 나중에 그 믿음이 어긋났을 때는 무척 화를 내고 실망한다.

---

**◀ point 인간교제술 20 ▶**

### 인간은 논리적으로 행동하지 않는다

모든 인간은 성격적 이중 구조를 가지고 있다. 그래서 논리에 맞지 않는 행위를 하는 경우가 있다. 매우 평판이 좋은 사람이 사악한 행위를 하기도 하고, 악당이 간혹 선행을 하기도 한다. 이러한 인간적 약점을 이해하는 것이 교제술의 중요한 요소이다.

## 143—신뢰할 만한 친구의 조건은 무엇일까

친구를 얻기 위한 가장 확실한 방법은 친구를 원하지 않는 것이라고 한다. 그러나 누구든지 친구를 원하는 것이 인지상정이다.

그렇다면 신뢰할 수 있는 친구를 이 세상에서 만난다는 것이 정말로 어려운 일일까. 그 어려움은 사람들이 보통 생각하는 정도보다는 훨씬 가볍다고 할 수 있다.

감정에 지나치게 좌우되는 요즘 젊은이들은 우정에 대해서도 너무나 극단적으로 생각한다. 완전한 헌신, 무한한 희생, 맹목적인 동조를 친구에게 바라고 있다. 그러나 나의 요구를 전적으로 수용해줄 수 있는 친구는 천명에 한 명 정도도 없을 것이다.

따라서 사소한 차이는 제쳐두고 기본적인 생각이나 감정이 합치하는 사려 깊은 사람을 찾는 것이 어떨까. 우리들을 즐겁게 해주는 것에서 즐거움을 느끼는 사람, 우리들을 사랑하면서도 우리들에게 매입되지는 않는 사람, 우리들의 약점을 탓하지 않고 우리들의 좋은 점을 평가해줄 수 있는 사람, 불행할 때 우리들을 버리지 않는 사람, 공정하고 선한 일에는 충실하고 단호하게 편을 들어 주는 사람, 우리들이 가장 필요로 할 때 곁에 있어 주는 사람, 진실하게 결점을 지적해 주는 사람——이러한 사람이다.

그런 사람은 확실히 존재한다. 물론 많이 있지는 않다. 그러나 당신이 성실하다면 몇 사람은 찾아낼 수 있을 것이다.

그리고 이 세상에서 그 이상 많은 친구는 필요없을 것이다.

*144*—친구에 대해서는 어느 한도까지 충실해야 할까

신뢰할 만한 친구를 만나게 되면 그 관계를 소중히 해야 한다. 갑자기 운좋게 친구보다 지위가 올라갔다 해도, 친구가 각광을 받지 못하고 있더라도 결코 친구를 무시해서는 안된다.

친구가 가난하고 평가받지 못하고 있어도 결코 부끄러워해서는 안된다. 친구가 사람들의 사랑을 받고 있다 해도 부러워해서는 안된다. 어디까지나 친구를 제대로 붙들어 주는 것이 좋다. 그러나 친구의 무거운 짐이 되어서는 안된다.

자신이 할 수 없는 일을 친구에게 요구해서는 안된다. 아니, 친구가 여러 가지 점에서 당신과 같은 능력, 같은 정도의 감수성을 갖고 있지 않을 경우에는 자신과 동등한 요구를 해서는 안된다. 오히려 따뜻하게 친구의 수준을 맞추어 주는 것이 좋다.

그러나 공정함과 성실함을 희생해서는 안된다. 친구의 지레 짐작을 변호해서는 안된다. 친구의 정념을 덕성으로 평가해서는 안된다. 다른 인간과의 언쟁에 있어서 친구가 옳지 않다면 편을 들어서는 안된다.

그러나 친구가 중상 모략을 당했을 경우에는 마땅히 진실을 밝히기 위해 노력해야 한다. 만약 모두가 그를 버릴지라도 당신은 그래서는 안된다.

나쁜 인간이 친구의 등뒤에서 조소를 해도 동조해서는 안된다. 친구와 그 사회적 명예를 위협할 우려가 있는 일은 친구에게 조심스럽게 현명한 방법으로 전해주어야 한다. 단, 친구의 재난을 회피하고 그 부주의함을 보충하는 데 도움이

될 경우에만 그래야 한다. 그 얘기를 들음으로써 친구가 불안해질 뿐이라면 전해주지 않는 편이 낫다.

●인간은 꾸준히 우정을 수선해 나가지 않으면 안된다.
S·존슨─영국의 문인.

## 145─곤경에 처한 친구

심한 곤경에 처했을 때도 변치 않는 친구를 갖기란 매우 '드문' 일이다. 진실한 친구를 얻고자 생각한다면 당신이 먼저 그 '드문' 친구가 되어야 한다. 힘이 닿는 한도까지 도와주고 자신을 희생하도록 한다.

그러나 자기와 다른 사람에 대한 공정심과 사려에 비추어 무엇을 할 것인가를 생각하는 걸 잊어서는 안된다. 그리고 상대가 이쪽에 그와 같은 것을 해주지 않는다고 탄식하거나 화를 내서도 안된다.

나는 앞에서 정념에 지배되는 약한 인간은 불확실한 친구라고 말했다. 그러나 약간의 정념이나 저의가 전혀 없는 인간은 드물다. 그러므로 자신을 온통 희생하면서까지 당신을 구해줄 친구는 거의 없다고 해도 과언은 아닐 것이다.

그들은 뭔가 미심쩍은 것이 있으면 어느 정도 거리를 두게 된다. 세속적인 표현을 빌리자면, 몸을 빼게 된다. 또는 적어도 애정과 경의를 표하는 것을 그만두고 일종의 보호자 내지는 조언자의 역할로 입장을 바꾸게 된다.

그러나 이것도 공평하게 보지 않으면 안된다. 왜냐하면

그 책임은 대개 인간이 본질적인 약점에서 기인되는 것이기 때문이다.

내가 인생의 빛나는 시기를 보내고 있을 때 많은 사람들이 나에게로 몰려드는 것을 경험했다. 그들은 끊임없이 나를 추켜세우고 내가 어떠한 농담을 해도 과장해서 찬탄했다.

그러나 나는 인간의 속성을 충분히 알고 있었다. 때문에 이러한 것을 전혀 진실로 받아들이지 않았다. 언젠가 내가 나쁜 상황에 빠지고, 이미 내가 그들에게 필요가 없어진다면 그들이 전혀 다른 태도를 취할 것이라고 확신했다.

그것은 틀림없는 일이었다. 내가 곤경에 처했을 때 몇몇 사람은 매우 비열하게 나를 골탕먹이기도 했다. 탐색하는 눈으로 나를 관찰하고 내 결점을 발견했다. 이 결점을 가지고 냉담하고 무례하게 나를 비난했다.

그러나 나는 그들을 탓하지 않았다. 그들은 나에게 결점을 고칠 수 있는 기회를 준 것이다. 그렇다, 그들이야말로 끊임없이 내 허영심과 자기 만족을 높여주려고 했던 다른 많은 사람보다도 유익한 진정한 친구들이었던 것이다.

---

● 큰 어려움에 부딪쳐야 비로소 참된 벗을 알게 된다.
키케로 — 고대 로마의 정치가·웅변가.

## 146 — 친구에게 자신의 불행을 호소해야 되는가

나는 앞에서 성가신 일들을 남에게 털어놓아야 하는가 하는 점에 대해 말한 적이 있다. 그에 대한 대답으로 세상의 상식에 비추어 주의 깊게 판단해야 한다고 말했다.

여기에서 분명히 알아둘 사실이 하나 있다. 그것은 자기의 고뇌를 누군가에게 말함으로써 고뇌가 해소되는 것이 아니라는 사실이다.

그러나 친구와의 교제에 있어서는 섬세한 감정이 절대 필요하다. 가능하다면 공감할 수 있는 마음, 상냥한 배려를 갖고 있는 친구 앞에서는 자신의 불쾌한 사정을 감추는 것이 좋다. 특히 친구가 그 고통을 도저히 해소시켜 줄 수 없다면 더욱더 입을 다물어야 한다. 왜냐하면 당신과 마찬가지로 친구의 마음을 무겁게 할 것이기 때문이다.

당연한 말이지만 친구의 충고나 노력으로 자신이 구제받을 수 있는 경우는 별도이다. 이럴 때에도 입을 다물고 있는다면 우정이란 도대체 무엇이란 말인가.

### 147-친구가 곤경을 호소해 올 때는 어떻게 해야 하는가

친구가 곤경을 호소할 때는 부모와 같은 심정으로 귀를 기울여준다. 흔하디 흔한 교훈을 늘어놓거나 다른 식으로 처리할 수도 있었을텐데라든지, 피할 수도 있었을 거라는 평론을 해주어서는 안된다. 그런 말을 해봤자 아무런 해결책이 되지 않는다.

도울 수 있으면 도와 주고 위로해주는 것이 좋다. 고뇌를 덜어줄 수 있다면 당신의 노고를 아껴서는 안된다.

결코 여자같은 탄식을 해서 친구를 더욱 약해지게 해서는 안된다. 당당한 용기를 불러일으켜 주어 그 문제에 스스로 맞서게 해야 한다. 그러나 이럴 경우 잘못된 희망이나 황당한 우연에 기대를 걸게 해서는 안된다.

### *148*—친밀함의 한도

실제와 다른 척하는 것은 친구와의 교제에 있어서는 절대 금물이다. 잘못된 수치심은 무용지물이다. 일상 생활에서의 인습이나 극단적인 호의, 불신감 —— 이러한 것에 의한 강제는 일체 없어져야 한다.

친밀한 친구 사이에서는 신뢰와 솔직함이 기조가 되어야 한다. 그러나 고백을 해봤자 서로에게 아무런 도움도 되지 않는 비밀이나 그 비밀과 관련된 사람이 다칠 수 있는 사항에 대해서는 절대 입을 다물어야 한다.

우정에 필요한 모든 덕성이 갖추어져 있는 인간이라도 비밀을 확고히 지킬 수 있는 사람은 드물다. 그리고 다른 사람의 비밀은 자신의 소유물이 아니다.

털어놓아 버리면 반드시 손해나 위험, 불이익을 초래할 우려가 있음으로 경계해야 한다.

### *149*—친구로서의 호의, 은혜, 배려를 해줄 때의 주의 사항

친구와의 대등성을 무너뜨려 버리는 것은 무엇이든 우정을 해치게 된다. 은혜를 주는 자와 은혜를 받는 자 사이의 관계는 이 대등성이 가장 성립되기 힘든 관계이다. 게다가 친구 한쪽에 은혜가 편중되어 다른 한쪽이 종속적이 되어 버리는 것은 피하기 힘들다.

은혜를 베푸는 사람에게 대담하고 솔직하게 말할 수 있는 용기를 갖고 있는 사람은 드물다. 게다가 내가 친구에게 무엇인가를 해달라고 부탁을 하면——다른 사람이라면 단호히 거절했을 일에 대해서도——친구인 나에게는 거절하지 못할 수가 있다.

어떠한 경우라도 은혜를 받으면 은혜를 베풀어준 사람에 대해 중립적일 수는 없게 된다. 이것은 매수와 마찬가지의 성격을 지니게 되기 때문에 가능한 한 우정에서 배제하는 것이 바람직하다고 생각한다.

따라서 친구로부터 호의를 받든 그것을 요구하든 극도로 신경을 쓸 필요가 있다. 특히 금전 문제에 관해서는 오히려 친구 이외의 인간에게 도움을 청하는 편이 낫다.

그러나 망설이지 말고 친구에게 의지해야 할 경우도 있다. 부탁하는 것이 그리 성가시지 않고 친구가 무리하지 않고도 해줄 수 있는 경우, 친구가 거절을 해도 모욕적인 감정을 느끼지 않을 경우, 그에 대해 때로는 마찬가지의 호의를 보여줄 수 있는 경우, 다른 누구보다도 그 친구가 사정을 잘 알고 있고, 그 친구야말로 가장 확실하게 도움을 줄 수 있다고 확신하고 있을 경우, 또는 그 친구 이외에는 안심하고 부탁할 수 없는 경우, 다른 사람으로부터의 도움을 기대할 수 없는 경우, 게다가 그럴 때 친구가 위험에 처하지 않는다는 것을 확실히 알고 있을 경우——등이다.

이러한 모든 경우, 또는 그와 비슷한 경우에 친구에게 우리들이 곤경에 처했다는 것을 잠자코 있는다면 그의 신뢰에 등을 돌리는 셈이 된다.

## *150*—친구의 부담이 되지 않으려면 어떻게 해야 할까

부부 관계에 대해 말한 사항의 대부분은 친구에게도 해당된다. 즉 서로 싫증을 느끼게 되거나 도가 지나치게 친밀하게 교제를 한 나머지 싫은 인상을 갖게 되지 않도록 주의해야 한다.

그러기 위해서는 앞에서 부부에 관해 제안한 것과 같은 방식을 택하는 것이 좋을 것이다. 도가 넘게 빈번히 만나지 않는 편이 좋다. 그렇지 않으면 친구와 함께 있는 것이 즐거움이 아니라 뭔가 일상적인 것이 되어 버린다.

빈번한 만남은 친구의 사소한 결점을 너무 알게 한다. 그런 결점은 인간이라면 누구든지 다소는 갖고 있는 것이기 때문에 온종일 함께 있지 않는다면 알기 힘든 것들이다.

이러한 주의 사항은 부부에게보다도 오히려 친구 사이에 더 필요한 것들이다. 즉 친구 사이란 부부와 달리 평생 기쁨이나 슬픔을 나누어 갖고 심신이 하나로 맺어져야 할 필요가 없는 관계이기 때문이다.

우정에는 이와 같이 사랑의 고리가 부족하다. 따라서 우정이 지속될 수 있는가 아닌가는 세세한 마음 씀씀이에 달려 있다. 따라서 친구와의 교제에 있어서도 예의를 소홀히 한다거나 외모가 더러워서는 안된다. 또한 친구에게는 어떤 종류의 강요도 해서는 안된다. 우리들의 기분이나 취미에 맞추도록 요구하거나 반감을 품고 있는 사람과의 교제를 피하라고 요구해서는 안된다.

## 151―우정에 있어서의 질투에 대해서

연애와 마찬가지로 친구 관계에서도 질투하는 사람을 볼
수 있다. 우리들이 소중히 여기는 사람을 다른 사람도 소중
히 여긴다면 그것을 순수히 기뻐해주어야 한다.
친구가 다른 좋은 친구를 만나 마음을 털어놓고, 그 교제
에서 순수한 기쁨을 맛보고 있다면 기뻐해주어야 한다. 이
것으로 인해 친구가 다소 멀어지는 한이 있더라도 기뻐해주
는 것이 참된 우정이다.

## 152― 친구의 것은 무엇이든 침해해서는 안된다

친구에게 속하는 모든 것―재산, 사회적 성공, 연인, 건
강, 명성, 자존심, 취미 등―은 우리들에게 신성한 것이어
야 한다. 조심스럽고 소중하게 다루어야 한다. 만약 결렬한
정념에 사로잡혀 빗나간 욕망에 휩싸인다 해도 이 성역을
침범해서는 안된다.

●농담으로도 친구를 상처 입히지 말라.

### 153—겉으로 드러나는 따스함의 정도로 친구를 판단 해서는 안된다

감정을 겉으로 드러내는 방법, 재능, 소질은 사람에 따라 다르다. 내면의 감동이나 감정에 대해 끊임없이 떠들어대는 사람이 가장 정감이 풍부한 사람이라고 할 수는 없다. 가장 열렬하게 대해주는 사람이 가장 충실하고 변함 없는 친구라 고 할 수는 없다. 매우 열심히 우리를 돌봐주는 사람도 마찬 가지다.

지나친 것은 대개가 무익하며 오래 지속되는 것은 아 니다. 오히려 조용하고 침착한 것이 찬미나 열광 이상의 가 치가 있다. 우정의 외면적인 증거를 누구에게나 똑같이 바 래서는 안된다. 오히려 과장 없이 지속적으로 변하지 않는 행실로서 친구를 평가하는 것이 좋다.

그러나 안타깝게도 대부분의 경우 우리들의 허영심은 사 람들이 보여주는 우정의 정도에 의해 사람들의 가치를 분류 한다. 그리고 대개의 인간은 옆에 있음으로써 자신의 인상 이 더 좋아지는 친구, 자신의 말을 경청해주는 친구를 자기 주위에 모으고 싶어한다.

### 154—조급하게 친구를 구해서는 안된다

어떠한 경우라도 서둘러 친구를 구해서는 안된다. 약간의 호의를 보여줬다고 해서 누구든지 상관없이 쫓아다녀서는 위험하다. 친구는 성실하고 사려가 깊은 사람이어야 한다. 열린 선의의 마음을 가슴속에 담고 있는 사람은 쉽게 눈에

띄지는 않지만 당신 주위에 분명히 존재한다. 평생에 단 한
명이라도 좋으니까 그런 친구를 찾아야 한다.

## 155 — 친구가 없는 사람, 모든 사람이 친구인 사람

친구는 없고 아는 사람만 있는 사람이 있다. 우정이라는
욕구에 대한 감각이 부족하거나 인간을 신용하지 않기 때문
이다. 차가운 이성을 갖고 있는 사람, 협조성이 없거나 마음
을 열어놓지 못하는 사람, 허영심이 강하거나 싸움을 잘하
는 사람이 여기에 해당된다.

그런가 하면 세상의 모든 사람이 친구라고 하는 사람도
있다. 이러한 사람은 누구에게나 자신의 마음을 던진다. 그
로 인해 참다운 친구는 사귈 수 없게 된다.

---

●많은 친구를 가진 사람은 한 친구도 얻지 못한다.
　아리스토텔레스─그리스의 철학자.

## 156 — 친구 사이에 오해가 생겼을 경우

매우 친한 친구 사이에도 오해가 생길 수 있다. 이것을 방
치하거나 참견하기 좋아하는 사람의 간섭을 허용해 버리면
오해의 골은 더욱 깊어져 적의가 싹트게 된다. 사랑이 담긴
친밀한 관계일수록, 그리고 배반당하고 싶지 않다는 생각이
강하면 강할수록 이 적의는 심해지게 된다. 이럴 때 매우 고
결한 마음을 갖고 있는 사람인데도 분노하고 있는 경우를

보게 된다. 매우 슬픈 일이다.

따라서 친구의 행동 거지에 약간이라도 불만이 느껴지면 즉시로 제삼자의 개입 없이 직접 상대에게 설명을 구하도록 해야 한다. 그렇게 한다면 모든 것을 화해할 수 있다. 단, 상대에게 악의가 없다는 것이 전제 조건이 된다. 이것은 선량하고 호의를 갖고 있는 친구에 대한 당연한 전제이다.

### *157*—친구에게 배반당했다는 생각이 들면 어떻게 해야 할까

그러나 친구가 우리들을 기만하고 있다면 어떻게 해야 할까. 잘못된 판단으로 인하여 어울리지 않는 인간과 관계를 맺었다는 것을 깨닫게 되면 어떻게 해야 할까.

친밀하게 사귄 친구가 당초에 생각했던 것과는 다른 사람이라면 그 책임은 대부분 우리 자신에게 있다.

이것은 몇 번이나 강조해도 지나침이 없는 말이다. 상대를 천사와 같이 생각하다가 나중에 그 인간적 약점을 깨닫게 되면 전혀 모르는 사람에 대한 것 이상으로 너그럽지 못하게 된다. 자신의 면목을 잃게 되었다고 생각하기 때문이다.

친구에 대한 생각이나 기대를 지나치게 가지고 있어서는 안된다. 그렇지 않다면 그들이 순간적으로 일으키는 인간적인 잘못에 놀란다거나 화를 내지도 않게 될 것이다.

관대한 것이 좋다. 성급한 마음으로 돌을 던지고 재판을 하려고 해서는 안된다. 언제인가 우리들에게 그런 일이 생겼을 경우 재판을 받지 않기 위해서이다.

친구의 작은 결점은 이해해주어야 한다. 만약 작은 결점
도 없는 완벽한 인간을 찾으려고 한다면 세상을 떠나는 순
간까지 홀로 있게 될 것이다.

하지만 가장 주의해야 할 것은 사악한 인간이 친구의 명
예를 손상시키려고 비열한 소문을 들려주는 경우다. 오랜
우정을 맺어온 친구간이라도 비열한 사람이 중상 모략을 하
면 그 말을 믿어 버리는 수가 있다.

중상 모략을 하는 내용에 그럴 만한 타당성이 있다고 하
더라도, 이런 변덕스럽고 무가치한 인간은 그저 경멸할 수
밖에 없다.

---

●설령 당신의 친구가 당신을 배반하는 행위를 했다고 해도 당신은 친구
의 악함을 남에게 말하지 말라. 오랫 동안의 우정이 제로가 되기 때문
이다.

　　J·M·싱그 — 아일랜드의 극작가.

● 친구란 두 개의 육체에 깃든 하나의 혼이다.

아리스토텔레스 — 그리스의 철학자.

● 옷은 새로운 것 이상이 없고, 사람은 오랜 것 이상이 없다.

《안자 晏子》

● 친구가 필요없을 만큼 잘난 부자는 없다.

이탈리아의 속담

● 친해지면 바보가 되게 한다.

셰익스피어 — 영국의 작가.

# 옆집 사람, 한 지붕 밑에 사는
# 사람에 대한 처신에 대해서

누구나 오랜 기간 만나고 보면 사람이 성실한가 어떤가를 분별할 수 있게 된다. 당신이 상대방에게 친절한 것은 참으로 좋아서인가, 아니라면 무엇을 얻기 위해서인가? 사람들은 바로 분별할 수는 없으나, 오랜 시일이 지나면 분별되게 되어 있다.

이 장은 당신의 사생활을 가장 잘 알 수 있는 옆집 사람, 한 지붕 밑에 사는 사람에 대한 처신에 대해서 기술하고자 한다.

----

● 너의 이웃을 사랑하라. 그렇지만 울타리를 제거하지 말라.
　유럽의 속담

### 158—조언, 행동, 조력을 해주어야 할 상대는 가장 자연적인 관계에 있는 사람, 그 다음으로는 한 지붕 밑에 사는 남과 옆집 사람이다

도시에서든 시골에서든 옆집 사람과 마음을 터놓고 친밀한 교제를 하는 것은 매우 즐거운 일이다. 인생에 있어서는 약간의 도움이 매우 큰 은혜가 될 경우가 많다.

심각한 일을 마친 후나 걱정거리에 짓눌려 있을 때 일부러 멀리까지 가서 친척이나 친구를 찾지 않아도 눈앞에 멋진 인간이 있다면 얼마나 좋은 일인가. 나는 프랑크프루트에서 3년간 혼자 지낼 때 이런 교제의 은혜를 입은 적이 있다.

옆집에 살던 사랑스러운 이웃들, 그들과 보냈던 유쾌한 한 때는 내 생에 감사와 기쁨을 가져다 주었다. 그 고결한 사람들의 은혜 속에서 보낸 쾌활한 대화야말로 나에게 활력을 불어넣어 주었고, 다시 인간과 화해할 수 있게 해주었으며, 헤아릴 수 없는 고뇌를 잊게 해주었다.

대도시에서는 한 지붕 밑에 누가 함께 살고 있는지도 모른다. 이것은 매우 불행하고 재미없는 일이다. 오락이 필요하거나 지루할 때, 누군가와 얘기를 하고 싶을 때 집 가까이에 많은 사람들을 두고 그것을 반 마일이나 떨어진 곳으로 가서 찾으려고 하는 기분을 나는 이해할 수 없다. 옆사람이 친구로서 기꺼이 도움을 주는데도 일부러 그것을 거리로 나가 찾는 것도 마찬가지다. 옆집 사람보다 거리에 돌아다니는 사람들이 나를 더 잘 알고 있다면 나는 그것을 부끄러워해야 할 것이다.

### 159—그러나 교제를 강요해서는 안된다

그러나 한 지붕 밑에 살고 있는 다른 사람에게 교제를 강요하거나 귀찮은 존재가 되어서는 안된다. 그들의 거동을 감시하거나, 가정 내 일에 간섭하거나, 우리들과 아무 관계도 없는 그들의 동정을 탐색하지 않도록 배려해야 한다. 그들은 우리들로부터 도망갈 수가 없기 때문이다.

우리들이 알게 된 옆집 사람의 사소한 불쾌한 일들을 다른 사람에게 퍼뜨려서도 안된다. 본래 우리들에게는 이런 경향이 많이 있다. 게다가 그들도 그런 짓을 하지 못하도록 소문을 만들어 내는 분위기를 집안에서 추방해야 한다.

### 160—이웃 사람에 대한 약간의 배려

한 지붕 밑, 맞은 편, 또는 옆에 사는 사람에게 해야 할 약간의 배려가 있다. 그 자체는 대단한 일같이 보이지 않아도 그것을 소홀히 해서는 안된다. 평화를 유지하고 호의를 얻는 데 절대 필요한 요소이기 때문이다.

소란을 피우거나 소음을 일으키지 않는 것, 밤 늦게 문을 쾅쾅 닫지 않는 것, 다른 집 창을 들여다 보지 않는 것, 다른 집 마당 안에 물건을 버리지 않는 것 등에 항상 조심해야 한다.

---

●우리는 친구가 없어도 살아갈 수 있다. 그렇지만 이웃이 없이는 살아가지 못한다.

T·플러 — 영국의 성직자.

### 161—집주인에 대한 행동, 집을 빌린 사람에 대한 행동

빌린 집이나 정원은 소중히 다룰 필요가 없다고 생각하는 사람이 있다. 집세를 낸 이상 빌린 모든 것에 대한 계산을 끝낸 것이라고 생각하는 무례한 사람도 있다. 교양이 있는 사람이라면 자신의 소유가 아닌 것을 고의로 손상시켜 다른 사람을 슬프게 한다거나 미움을 받는 것을 기뻐하지는 않을 것이다.

지급 기일을 정확하게 지키는 사람, 정리 정돈을 좋아하며 청결한 사람이라면 다른 사람들에게도 곧 알려지게 된다. 그러면 무례하고 경박한 사람에 비하여 훨씬 환영을 받고 싼값에 집을 빌릴 수 있게 된다.

나나 우리 가족은 집주인이나 옆집 사람과 약간의 분쟁도 일으킨 적이 없다. 우리들과 헤어질 때 그들은 대부분 눈물을 글썽거렸다고 해도 과장이 아니다.

그러나 집주인도 마찬가지로 집을 빌린 사람들에게 호의적이어야 한다. 공평하게 대해야 한다. 자기 자신이 거기에 살아도 역시 일어날 만한 사소한 문제들에 일일이 잔소리를 해서는 안된다.

### 162—사소한 분쟁은 곧 해결하도록 한다

한 지붕 밑에 함께 사는 타인, 또는 매일매일 함께 생활해야 하는 사람 사이에 오해나 불화가 생겼을 경우에는 곧 그 분쟁을 해결하기 위하여 노력해야 한다. 반감을 품은 사람

들이 같은 지붕 밑에서 살고 있는 것과 같이 불쾌한 일은 없
기 때문이다.

---

● 만나서 직접 담판을 짓는 것이 좋지 못한 감정을 일소하는 데에 최상의
방법이다.

링컨 ― 미국의 제16대 대통령.

● 그대는 자기에게 알맞은 자리보다 조금쯤 낮은 곳을 택하라. 남으로부터 '내려가시오'라는 말을 듣느니 보다는 '올라오시오'라는 말을 듣는 편이 훨씬 나은 것이다.

〈탈무드〉

● 말을 쉽게 하는 것은 책임이 없기 때문이다.

〈맹자 孟子〉

● 총알에 맞은 상처는 고칠 수도 있으리라. 그러나 사람 입에 얻어 맞은 상처는 끝끝내 고칠 수 없을 것이다.

페르시아 속담

● 인간의 약함이 우리를 사교적이 되게 한다. 공통의 불행이 우리의 마음을 서로 결합시킨다.

J·J·루소 ─ 프랑스의 계몽 사상가.

# 은혜를 베푸는 자와 받는 자, 교사와 학생, 채권자와 채무자의 관계에 대해서

다른 사람과 사귀는 것이 어려운 이유 중의 하나 —— 이 것은 가장 커다란 이유이다 —— 는 자기가 다른 사람과 사 기기 어려운 인간이기 때문이다.

인간 교제술에 가장 중요한 것은 다른 사람을 움직이는 방법이나 책략이 아니라, 자기 자신을 바꾸는 일이다.

---

● 사람의 가지는 덕의 척도는 그 이상의 노력에 의해서가 아니라, 일상적 인 행위에 측정되어야 하는 것이다.

파스칼 — 프랑스의 사상가 · 과학자.

### 163-은혜에 대해서는 어떠한 경우라도 감사하는 마음을 잃어서는 안된다

감사는 가장 신성한 덕성 중의 하나이다. 은혜를 베푸는 자가 있으면 그것을 존경하도록 한다. 뜨거운 성의를 말로 표현해야 하며, 은혜를 갚을 기회가 오면 그 기회를 놓치지 않아야 한다.

그러나 그 기회가 찾아오지 않는다면 적어도 호의가 담긴 태도를 겉으로 드러내서 감사하는 마음을 전하는 것이 좋다. 그럴 때의 행동은 받은 은혜의 크기에 맞추어서 조절해서는 안된다. 오히려 상대가 보여준 선의의 정도에 맞추는 것이 좋다.

이미 그가 필요하지 않더라도, 또한 그가 불운한 사건에 의해 전락했더라도, 그에 대한 감사의 마음을 잊어서는 안된다.

### 164-비열한 아부로써 은혜에 보답하려고 해서는 안된다

그런데 비열한 아부와 부정한 일에 몸을 던져서는 안된다.

누군가의 도움이 꼭 필요할 때, 또 이미 은혜를 입었을 때 그것을 갚기 위해 악랄한 인간의 노예가 되어서는 안된다. 그것은 비열한 삶이다. 성실함과 상반되는 부정에 대해 입을 다물거나 진실의 소리에 침묵해서는 안된다.

진정한 친구로서의 의무를 다하려면, 때로는 은혜를 모르는 사람이라는 소리도 달게 감수해야 한다. 듣기가 좋은 무익한 말보다는 듣기는 싫더라도 유익한 말을 해주는 것이 은혜에 충분히 보답하는 길이 된다.

마찬가지로 당신을 항상 높이 평가해주고 칭찬해주는 것으로 은혜를 파는 사람이 있어도 그것을 허용해서는 안 된다. 만약 당신이 정말로 칭찬을 받을 만한 값어치가 있다면 그는 베풀어야 할 의무를 한 것 뿐이다.

만약 당신이 그럴 만한 값어치가 없는 사람이라면 그는 친구에 대해 진실을 말해야 한다는 의무를 저버린 셈이 된다.

## 165—악인에게는 어디까지 감사를 해야 될까

당신에게 여러 가지 은혜를 베풀어 준 사람에게 악랄한 면이 있다는 것을 나중에 알게 되는 것은 그리 유쾌한 일은 아니다. 가능한 한 은혜를 입지 말도록 해야 된다는 원칙——이미 앞에서 말한 바 있다——을 지킨다면 당연히 이런 일은 피할 수 있다.

그러나 언제나 그것이 가능한 것은 아니다. 따라서 만약 당신이 악랄한 인간에게 은혜를 입었다면 현명한 진리와 양립하는 한도에서 최대한의 배려를 해서 그 인간에 대해 침묵하는 것이 좋다. 단지 침묵이 범죄가 되지 않는 범위 내에서이다. 즉 그 범위를 넘었을 때에는 모든 배려가 쓸데없는 것이 된다.

은혜를 베푸는 사람과 마찬가지로 은혜 그 자체에도 여러 가지가 있다. 극악한 인간으로부터도 두려워하지 않고 받을 수 있는 호의도 있다. 그들이 그것을 실제 이상으로 값어치를 매겨도 그것은 그들의 책임이다.

그러나 그 이외로 가장 중대한 케이스, 특히 은혜를 갚을 수 있을지 알 수 없는 경우에는 오히려 받지 않는 편이 좋을 것이다.

### 166 — 은혜를 베푸는 법, 은혜를 베푼 상대와의 교제법

은혜를 베푸는 법은 은혜 그 자체보다도 중요하다. 이에 의해 어떠한 은혜라도 그 가치를 높일 수도 있고 반대로 모든 것을 무너뜨려 버릴 수도 있다.

이 기술을 알고 있는 사람은 드물다. 그러나 그것을 습득하는 것은 중요한 일이다. 고결한 방식으로 은혜를 베풀 것, 은혜를 받는 측의 미묘한 심리에 배려할 것, 은혜에 대해 부담을 느끼지 않도록 할 것, 베푼 은혜에 대해 —— 무례한 방법이라도 —— 상대를 비난하지 않을 것, 얼굴이 빨개지는 찬사로부터 몸을 감출 것, 감사를 강요하지 않을 것, 그러나 감사의 의무를 다할 수 있는 기회를 상대의 마음으로부터 빼앗지 않을 것, 이러한 점들이 중요하다.

어떠한 때라도 기꺼이 베풀 수 있는 은혜에는 두 배의 가치가 있다. 주는 것을 싫어해서는 안된다. 은혜를 베푸는 것, 다른 사람의 기쁨에 무엇인가를 기여할 수 있다는 것은 지상의 쾌락이며 그것 자체가 은혜인 것이다.

스스로 주려고 해야 한다. 그러나 은혜를 낭비해서는 안된다. 남을 돌봐주기를 좋아하고, 또 그것을 자발적으로 행하지 않으면 안되지만, 너무 간섭하는 것은 좋지 않다. 인정을 받을 수 있을지, 보상을 받을 수 있을지 주판질을 해서는 안된다.

은혜를 베푸는 상대와의 교제에는 두 배의 배려가 필요하다. 뼈가 휠 정도의 보수를 요구하려고 하는 것은 아닌지, 우월감을 느끼려고 하는 것은 아닌지, 감사하는 마음으로 인해 자유롭게 말하지 못할 것을 알고 자기 멋대로 휘두르려고 하는 것은 아닌지 —— 이러한 사항에 대하여 상대는 몹시 우려하고 있다.

원하는 자에게 문을 닫아서는 안된다. 누군가가 충고, 조력, 은혜를 구한다면 부모와 같은 심정으로 주의 깊게 귀를 기울여 주어야 한다. 충분히 말하게 하고 용건을 명확하게 제시하도록 하는 것이 좋다. 마음에 들지 않을 때에는 왜 안되는 것인지, 이유를 솔직하게 그러나 모욕적인 표현은 쓰지 않고 말해주는 것이 좋다. 공허한 위로는 삼가해야 한다.

●은혜를 입은 사람은 그 은혜를 마음에 간직해 두지 않으면 안된다. 그렇지만 은혜를 준 사람은 그것을 기억하고 있어서는 안된다.
　키케로 ― 고대 로마의 정치가 · 웅변가.

◀ point 인간교제술 20 ▶

**질이 좋지 못한 사람들을 대할 때는**

사기꾼, 위선자, 거짓말쟁이, 악당 따위의 인간을 만나면 마치 의사가 환자를 보는 태도로 보도록 노력하라. 그러면 그들에게 측은한 마음을 느끼게 되고, 나아가 그들을 구제할 마음도 생길 것이다.

244

## 167—교사와 학생의 관계, 교육에 몸을 바치는 사람 에게 취해야 할 태도

교육이나 교양에 버금가는 은혜는 없다. 우리들을 보다 현명하고, 보다 뛰어나고, 보다 행복한 사람으로 만들어 주는 것에 기여하는 사람들에게는 평생 열렬한 감사의 마음을 잊어서는 안된다.

훨씬 성숙하고 교양을 갖게 된 지금이라면 우리들은 더욱 높은 지적 수준을 추구할 것이다. 과거의 선생이나 가정 교사는 반드시 그 모든 것을 충족해준 것은 아니지만, 그들로부터 받은 은혜를 잊어서는 안된다.

교육이라는 중요한 직무에 성실하게 종사해주는 사람에 대해서는 특별히 존경해야 한다. 인간의 교육은 금전을 갖고 바꾸기도 힘든 곤란한 일이다. 자신의 의무를 충실하게 다하고 있는 시골 국민학교 교사는 한 나라의 재무장관 이상으로 국가에서 중요하고 유익한 역할을 하고 있는 것이다.

자녀들의 교육을 해주는 사람을 하인같이 대하는 사람은 부끄러워해야 한다. 이것이 젊은이들의 교육에 얼마나 악영향을 미치는가를 잘 생각해보도록 한다. 이러한 대우는 그 자체만으로도 비열한 행위가 된다.

물론 교사들 중에는 교단으로부터 한 발자국만 나가도 도저히 교제할 수 없는 불쌍한 사람들도 있기는 하다. 그렇다고 해서 이것이 교사에게 당연히 보여주어야 할 존경심을 무시해도 되는 것은 아니다.

자녀들의 교육을 맡아 줄 고결한 친구를 발견했을 때에는 감사의 마음을 갖고 대하는 것만으로는 부족하다. 그의 교육 계획에 이론을 제기하지 말고 그가 그것을 수행할 수 있도록 전권을 맡겨야 한다. 자녀를 그의 손에 넘긴 순간부터 부권의 가장 중요한 부분을 그에게 위탁한 것이다.

그러나 이런 모든 것에 대해 상세히 말하는 것은 이 책보다 교육에 관한 책에서 하는 편이 더 좋을 것이다.

●교육이란 배운 것을 잊고 난 후에도 남아 있는 것이다.
스키너 ― 미국의 심리학교수.

## 168 ― 채무자와 채권자에 대한 태도

채무자나 채권자와의 교제에 대해서는 그다지 말할 것이 없다. 채무자에 대해서는 인간적이고 공정하며 정중한 것이 좋다. 우리들에게 돈을 빌렸다고 해서 그가 온갖 종류의 굴욕을 감수해야 된다고 생각해서는 안된다. 이쪽이 말하는 것은 무엇이든지 들어야 한다고 생각해서도 안된다. 돈이 다른 사람의 머리 위에 군림하는 권리를 준다고 생각해서는 안되는 것이다.

채권자에 대해서는 기일대로 지급하고 약속을 충실히 이행하는 것이 좋다. 공정한 이자로 생활해나가야만 하는 성실한 인간들을 고리 대금업자와 혼동해서는 안된다. 이러한 점들에만 주의한다면 항상 신용을 얻을 수 있을 것이다. 궁지에 빠져도 공정한 인간이 나타나서 도와줄 것이다. 그들이 손해를 보는 일도 없을 것이다.

●어떤 사람도 측근자에게 있어서는 영웅이 아니다.

　　유럽의 속담

●지상至上의 처세술은 타협하지 않고 적응하는 것이다.

　　짐멜—독일의 사회학자.

●차가운 차와 차가운 밥은 그래도 참을 수 있지만 차가운 말과 차가운 이
야기는 견디지 못한다.

　　중국의 속담

# 제7장

# 특수한 관계에 있는 인간에 대한 태도

　양은 자기를 잡아먹으려고 하는 늑대를 속일 수가 있을는지 모르나, 늑대의 성격까지 바꿀 수는 없다.
　이 장에서는 특수한 관계에 있는 인간에 대한 태도를 잠깐 생각해보자.

---

●사람은 미소를 짓고, 또 미소지으면서도 게다가 악당이 될 수 있다.
　셰익스피어의 희곡 《햄릿》에서.

## *169*—적이나 모욕을 주는 자에 대한 태도

고의로 다른 사람에게 상처를 주어서는 안된다. 어떠한 행위에도 호의적으로 대하는 것이 좋다. 결코 속임수를 써서는 안된다. 굳이 타인의 불이익이 될 행동을 해서는 안된다. 어떠한 인간의 행복도 파괴해서는 안된다. 다른 사람을 중상해서는 안된다.

그런데 이와 같은 행동을 한다면 적이 완전히 없어지는 걸까? 그런 것은 아니다. 여전히 질투나 악의로 인해 고민하게 될 수도 있다. 다만 적의를 품을 만한 빌미를 제공하지 않았다는 안심감은 얻을 수 있다.

사람에게 사랑을 받을 수 있는지 아닌지는 반드시 우리들의 뜻대로 되지는 않는다. 그러나 경멸당하는가 아닌가는 우리들의 행동에 달려 있다. 모든 사람의 갈채나 칭찬 같은 것은 아무래도 상관없다.

불안감 없이 다른 사람과 교제하기 위해서는 모든 사람이 당신의 인격을 정당하게 평가해주지 않아도 동요해서는 안된다. 만약 당신이 다른 사람의 눈에 두드러지는 고결한 특성을 갖고 있다면 그럴수록 악랄한 인간들로부터의 수많은 질투에 견뎌야 할 각오가 필요하다.

그러나 적의 수를 늘리고 싶지 않다면 결코 적에 대해 다른 사람에게 불평을 하거나 그를 박대해서는 안된다.

세상에는 힘과 위엄을 갖춘 인간에게는 꼼짝 못하면서 힘 없고 나약한 사람에게는 즉시로 공격하는 비열한 겁쟁이들이 항상 존재한다. 그들은, 별 볼일 없는 사람으로 보여도, 나쁜 기교를 부려서 당신에게 마음 고생의 씨앗을 뿌릴 수 있다.

견고한 인간은 자기 자신을 지킬 수 있어야 한다. 비열한 겁쟁이들에게는 당신의 힘과 능력을 맘껏 밖으로 드러내는 것이 좋다. 그렇게 한다면 비열한 인간들을 막을 수가 있다.

적에 대해서는 결코 화를 내거나 포악해져서는 안된다. 그들로 인하여 악의나 나쁜 생각이 소용돌이치고 있다 해도 변명을 해서는 안된다. 악인들에게는 경멸이라는 벌을 주는 것이 최선이다. 소문에 반박하기 위해서는 전혀 무시해 버리는 것이 가장 지름길이다.

모든 악인들이 고결하고 관대한 태도나 변함없는 정직한 행동에 대해 둔감한 것은 아니다. 따라서 가능한 한 이 무기를 사용해서 적과 싸우도록 하라. 그들이 두려워하는 것은 반드시 복수만은 아니다. 오히려 그들은 누구든지 존경하는 인간을 박해함으로써 대중 사이에서 자기 자신의 평판이 실추되어 버리는 것을 두려워한다.

그러나 그들이 이쪽의 침묵에 편승해서 공격의 강도를 한층 높인다면 한번 쯤은 모든 힘을 다해 대항해볼 필요가 있다. 그러나 그럴 경우라도 모략을 써서는 안된다. 결코 다른 악인과 동맹을 맺어서도 안된다. 단독으로 대담하면서도 신속하게 정면에서 당당히 공격하는 것이 좋다.

고결한 정열과 양심을 갖고 있는 인간의 분노는 실로 무서운 것이다. 비열한 인간에 대해 얼마나 많은 것을 할 수 있는가는 당신 스스로도 믿어지지 않을 정도이다.

모욕을 당하는 것은 모욕을 준 상대의 성격을 알 수 있는 절호의 기회이기도 하다. 그가 부당하게 당신을 모욕했다면 그 후에 용서를 받기 위해 보상을 하려고 하는지 아닌지를 보는 것이 좋다.

과연 어떤 방식으로 하는가! 당장하는가 그렇지 않으면
훨씬 후에 하는가, 공공연히 하는가 은밀히 하는가, 그렇지
않으면 사죄를 하는 척도 하지 않는가, 가벼운 생각에 모욕
을 준 것인가, 그렇지 않으면 책략인가를 주의 깊게 살펴야
한다.

그리고 당신이 누군가를 모욕했을 경우에는 그 잘못을 가
능한 한 빨리 보상하는 것이 좋다. 비굴하지 않으면서 마음
이 담긴 방법이면 된다. 이 점에 대해 각각의 경우에 대한
처방을 여기서 소개하는 것은 곤란하다. 단, 약간이라도 머
리를 숙이면 기고 만장해져서 그것을 당신의 약점으로 이용
하려는 사람도 있다는 것에는 주의해야 한다.

이러한 성격의 사람을 모욕했더라도 그것이 그리 의미 있
는 것이 아니라면, 너무 지나치게 보상할 필요는 없다. 앞으
로 더욱 주의 깊게 행동하면서 그 경솔한 행위를 상대가 잊
어버릴 수 있도록 하는 것이 좋다.

그런데 적은 때때로 최대의 은혜를 베풀어 주는 사람이기
도 하다. 그들은 우리들의 허영심, 우리들 편이 되어 주는
친구들의 배려, 추종자들의 저열한 칭찬들로 인해 깨닫지
못하게 된 결점에 주의를 환기시켜 준다. 우리들이 주도 면
밀해지는 것도 적의 중상이 우리들의 마음을 부추겨 준 결
과이다.

적은 우리들의 일거수 일투족에 귀를 곤두세우고 있다.
그러나 그것도 빈틈을 보이지 않으려고 주의하게 되는 교훈
이 된다.

## *170*─서로간에 적인 사람들 틈에 당신이 있을 경우

A와 B는 앙숙이다. 서로 못 잡아먹어서 안달을 하는데, 당신이 그 틈에 있을 경우가 있다. 이런 경우 적지 않은 당혹감을 느끼게 된다. 한쪽과 잘되면 다른쪽이 싫어한다. 이럴 경우에는 다음과 같은 처방으로 대처하도록 한다.

싸우는 두 개의 당파와 동시에 교제를 하는 불쾌한 일은 되도록 피하는 것이 좋다. 그러나 피할 수 없다면──예를 들어 오래된 관계를 갑작스럽게 피할 수 없는 경우도 있을 것이다──당면한 분쟁에는 철저히 말려들어가지 않는 입장을 취한다. 단호히 분쟁에 관한 얘기를 꺼내지 말아달라고 부탁하는 것도 오히려 좋을 것이다.

이 규칙은 특히 이전에는 친구였던 사람들이 갑자기 서로 간에 적이 되었을 경우에도 해당된다. 한쪽이 상대방에 대해 호소를 해와도 적극적으로 반응을 보여서는 안된다. 지금은 격앙된 상태이므로 말을 지나치게 해도 나중에 적끼리 다시 화해를 할 수도 있기 때문이다.

---

● 우리의 결점을 지적해주는 사람에게 감사해야 한다. 물론 우리의 결점은 지적을 받았다고 해서 아주 없어지는 것은 아니다. 결점이 너무나 많기 때문이다.

그러나 지적을 받음으로써 자기의 결점을 알 수 있고, 우리의 마음은 불안해져서 양심상 가만히 있을 수가 없게 되며, 그리하여 결점을 바로 잡아 가지고 올바른 길로 옮겨가게 되는 것이다.

파스칼─프랑스의 사상가 과학자.

## 171—병자에 대한 태도

병으로 고통을 받고 있는 사람에게로 화제를 바꾸기로 하자. 조용하고 적당한 정성, 양질의 간호는 병으로 고통을 당하고 있을 때 얼마나 큰 위로가 되는지, 그것을 경험해본 사람이라면 여기서 이 주제에 대해 약간 말해도 쓸데없는 일이라고 여기지는 않을 것이다.

병에 따라서는 마음의 격려나 기분 전환, 유쾌한 대화가 회복에 큰힘이 되는 것도 있다. 반대로 조용한 간호가 병자의 회복을 위한 유일한 방법인 경우도 있다. 어떤 종류의 대처법이 좋은가는 잘 관찰해보아야 한다.

내 경우에는 고용한 간호인의 간호가 지나친 애정에 넘치는 친구들보다 더욱 쾌적하게 느껴졌다. 전문적인 간호인은 경험에 의하여 요령을 알고 있으며 끊임없는 끈기와 냉정함, 엄밀한 정확함으로 간호를 해준다. 우리들의 기분에 구애받지 않고 우리들이 고통스러워해도 마음 아파하지 않는다.

그러나 친구일 경우에는 너무 열심히 간병을 하는 바람에 그것이 오히려 병자에게 부담이 된다. 특히 병자의 신경이 예민할 때는 더욱 그렇다. 간호가 서툴기 때문에, 또한 끊임없이 수다를 떨기 때문에 병의 고통을 배증시킬 수도 있다. 더욱이 무슨 불만이 있어도 그들의 마음을 상하게 하는게 아닐까 하는 우려에서 불쾌한 압박만이 병자에게 가중된다.

따라서 자신이 친구를 간호하려고 생각하면 숙련된 간호인들이 하는 방법을 모방하려고 노력해야 한다. 병자를 가능한 한 진정시켜 주고 병자가 원하는 것을 기계적으로 해주는 것이 좋다. 때때로 병자가 화를 내거나 기분이 나쁘거나 싸움을 걸어와도 기분이 상해서는 안된다. 우리들은 병자가 느끼는 것과 같이 느낄 수는 없다. 병자의 무너진 몸의 기구가 그 정신에 어떠한 작용을 미치고 있는지 느낄 수는 없는 것이다.

특히 예민하거나 약한 성격을 갖고 있는 병자에게는 슬퍼하거나 불안한 기색을 보여서는 안된다. 병이 더욱 심해질 수 있기 때문이다.

회복했다고 해도 병자에게 불쾌한 사정이라든지 —— 복잡한 집안일, 죽음, 또는 그가 참가할 수 없는 즐거움 등에 대해서는 화제로 삼지 않는 것이 좋다.

병이라고 생각하고 있는 사람을 놀리거나 나쁜 곳이 한군데도 없다고 확신시키려고 해서는 안된다. 전혀 역효과가 날 뿐이다. 그렇다고 해서 그들의 망상을 부채질해서도 안된다. 조리 있게 얘기를 해주어도 생각이 바뀌지 않는다면 동정을 보이지 말고 무슨 호소를 해와도 입을 다물고 대답을 하지 않는 것이 좋다. 병의 원인이 마음에 있는 것이라면 기분 전환할 수 있는 것을 골라서 마음의 방향을 바꿀 수 있도록 해주면 된다.

병을 가장해서 다른 사람의 관심을 끌려고 하는 사람도 있다. 이것은 매우 어리석은 연약함이다. 정신이나 육체가 허약하다고 호소하는 것은 남자답지 못한 연약한 사람들에게는 어떠한 효과가 있을지도 모른다. 그러나 사려 깊은 인간에게는 전혀 쓸데없는 일이다. 능력이 부족하다고 탄식을 하거나 약해진 눈이라든지 복부의 팽만감, 손발의 쇠약함으로 자신을 한층 매력적으로 보이게 하려고 생각하는 것은

254

시대가 전체적으로 무기력해졌을 때 뿐이다. 이런 인간이 있다면 그 바보 같은 생각으로부터 끌어내주도록 노력해야 한다.

동정보다도 감탄을 불러일으키는 일이 훨씬 멋진 일이며, 심신이 다 건강한 사람이 힘차게 살아가는 모습과 같이 모든 사람의 공감을 불러일으키는 것도 없다는 확신을 시키는 것이 좋다.

마지막으로는 몸에 대한 정신의 영향이 너무 강해서 마음의 고민이 병을 배증시키고 회복을 방해하는 경우도 있다. 이런 병에 대해서는 병자의 마음에 쾌활함이나 기력, 위로나 희망이 돌아올 수 있도록 전력을 다하고 이쪽에 있는 모든 활력을 투입하는 것이 좋다.

## 172—가난한 사람, 고민하는 사람, 고독한 사람, 나쁜 길로 빠진 사람, 타락한 사람에 대해서

병자 이상으로 배려를 해주어야 할 사람이 무거운 운명을 짊어지고 있는 사람들이다. 즉 불행한 사람, 가난한 사람, 곤경에 처한 사람, 소외된 사람, 냉대받고 있는 사람, 잘못된 길로 빠진 사람, 타락한 사람이다. 이런 류의 인간에게 각각 초점을 맞추어서 약간의 조언을 하기로 한다.

당신에게 가난한 사람들을 구제해줄 수 있을 정도로 풍족한 재산이 있다면 그들을 돌봐주는 것이 좋을 것이다. 약간이라도 베풀 수 있는 여유가 있다면 가난한 자를 문전 박대해서는 안된다. 양보다도 정성껏 베푸는 것이 좋으며, 은혜를 베풀 때는 예의를 다해야 한다. 도움을 주려고 하는 상대

가 스스로의 책임으로 그러한 불행에 빠진 것인가를 따져보
아서는 안된다. 모든 것을 그렇게 엄밀히 따지려고 한다면
자신에게 닥친 불행에 전혀 책임이 없는 사람이 과연 이 세
상에 얼마나 존재할까.

그러나 아무 것도 베풀 수가 없는 사람이라면 공허한 변
명을 할 필요는 없다. 여러 가지 변명을 늘어놓는다든지 다
음 기회를 보자고 해서는 안된다.

가장 조심해야 될 것은 자신의 박정함을 정당화시키려고
부탁을 들어주지 않으려는 상대에게 난폭한 말을 퍼붓는다
든지 모욕적인 훈계를 하는 것이다. 그 보다는 자신이 직접
상대에게 왜 베풀어 줄 수 없는지에 대해 정성껏 말해주는
것이 좋다.

상대에게 꼭 베풀어 주어야 한다면 최초로 요구를 당했을
때 베풀어 주는 것이 좋다. 반복해서 요구당해 마음이 점차
거기로 기울도록 해서는 안된다.

그런데 베푸는 것이 낭비가 되어서도 안된다. 오히려 은
혜는 자신과 타인에 대한 공정함에 의해 통제되어야만
한다. 의지할 곳이 없는 노인, 장애자, 뜻밖의 재난으로 인
하여 불행해진 자에게 주어야 할 것을 부랑자나 거지, 게으
른 자에게 쓸데없이 베풀어서는 안된다.

가계가 넉넉치 않은 사람과는 극도로 신경을 써서 교제를
해야 한다. 그들은 매우 민감하기 때문이다. 경멸당하고 있
는 것은 아닐까, 가난하기 때문에 경시당하는 것은 아닐까
를 생각하고 있기 때문이다.

안타깝게도 금전이라는 것은 어떠한 신분에 있는 천박한
인간에게 너무나 큰 영향을 미치는 것이다. 결코 그런 무리

들 중의 한 사람이 되어서는 안된다. 가난해도 공적이 있는 사람은 공공연히 칭송을 받아야 한다. 그들이 처해 있는 경우를 개선시킬 수는 없다 하더라도, 적어도 순간의 기쁨을 느낄 수 있게 해주어야 한다.

본래 불행한 사람은 모두 불신감을 갖고 있다. 행복한 사람들 모두가 자신의 적이라고 생각한다. 이 망상을 그들로부터 빼앗을 수 있도록 노력하는 것이 좋다. 그들의 신뢰를 얻을 수 있도록 노력해야 한다. 비참한 광경으로부터 눈을 돌려서는 안된다.

불행한 사람들의 고뇌에 동감하기 위해서는 이 세상의 다양한 불행을 이해할 필요가 있다. 가난한 사람이 소극적인 인간이라면 은밀히 탄식할 뿐 아니라 굳이 도움을 구하지도 않는다. 불행한 사고에 의해 근면한 사람, 과거에는 더 좋은 환경에 있었던 사람이 영락할 경우도 있다. 많은 성실한 가정이 열심히 일을 해도 굶주림과 빈곤으로부터 몸을 지킬 수 있는 것을 손에 넣을 수 없는 경우도 있다. 온기라고는 느낄 수 없는 차가운 냉방에서 잠들지 못하는 밤을 보내면서 눈물을 훔쳐내는 사람들도 있다.

인간을 사랑한다면 이러한 사람들을 외면해서는 안된다. 이런 곳에야말로 당신의 도움이 절대 필요하다.

그러나 빈곤이나 가난보다 더 무겁고 괴로운 짐을 짊어지고 있는 사람들도 있다. 정신적인 고뇌이다. 이것이 인생의 싹을 짓밟아 버리는 것이다. 비탄에 잠겨 있는 사람은 위로해주어야 한다. 소중히 대해주어야 한다. 격려를 해주고, 위로해주고, 희망을 갖게 해주며, 마음의 상처가 아물도록 해주어야 한다. 고뇌를 경감시킬 수는 없어도 그것에 견디

낼 수 있는 힘을 빌려 주고 공감의 눈물을 흘려 주는 것이
좋다.

냉대받고 있는 사람, 박해당하고 있는 사람에게는 손을
뻗쳐 주어야만 한다. 사려가 허용하는 한, 또한 그것이 그들
에게 해를 가져다 주지 않는 한 그렇게 해야 한다.

성실한 인간을 적극적으로 일으켜 세워서 도와 주는 것이
문제일 경우에는 단순한 의무만으로는 안된다. 오히려 이것
을 자신에게 부과된 임무로 생각하는 것이 옳다.

모든 불행한 사람 중에서 가장 동정해야 할 만한 사람은
아마 잘못된 길에 빠진 사람, 타락한 사람일 것이다. 내가
말하고 싶은 것은 단지 한번 저지른 잘못으로 인해 일련의
범죄에 말려들어가고, 도덕적인 감정이 질식되고, 나쁜 일
을 행할 능력을 갖게 되었다고 여겨지는 사람에 대해서
이다. 그로 인해 신이나 인간에 대한 신뢰감을 잃고 선한 길
을 걸어나가려고 하는 용기를 상실해 버린 인간, 또는 적어
도 거기로 타락하기 직전에 있는 인간에 대해서이다.

다시 한 번 말한다. 그들이야말로 가장 동정해야 할 인간
이다. 그들은 괴로움의 절정에 있을 때조차도 자신을 유일
하게 위로해줄 수 있는 그 격려——운명을 불러들인 것은
자기 때문이 아니라는 의식을 갖지 못했기 때문이다.

그러나 이와 같이 불행한 사람은 단순히 동정만 해서는
안된다. 우애 넘치는 훈계, 배려, 그리고 가능하다면 원조
도 필요하다.

인간의 약한 마음은 얼마나 쉽게 길을 잘못 들어서게 하
는가. 격렬한 정열이 일어날 때, 피가 뜨거워질 때, 유혹적
인 기회에 직면할 때, 매력이 넘치는 모든 것들이 저항하기

어렵게 보일 것이다.

많은 악덕의 외관은 얼마나 유혹적이며 궤변적인 이유를 달고 있는가. 이러한 악덕은 때로는 철학이란 가면을 쓰고 있기도 하다. 궤변적인 이유에 의해 그보다 뛰어난 내면의 확신의 소리를 막아 버린다. 이렇게 되면 자신도 모르게 기만의 미궁에 빠지게 된다.

항상 현명하고 인내심 강하고 공평하려고 한다면 이러한 것들을 잘 생각해보지 않으면 안된다. 적대시하는 운명에의 불만이나 절망에 의해 좋은 소질을 갖고 있는 인간조차도 악인이나 범죄자가 되어 버리곤 한다. 공정함이 결여된 불신감을 들이대면 인간은 그 불신감대로의 존재가 되어 버린다.

그러므로 불행한 사람을 만나면 겸허하게 가슴에 손을 대고 생각에 잠기는 시간이 필요하다. 그들이 타락했다고 하지만 우리들도 그와 같은 내적, 외적 사정이 겹치게 되면 그렇게 될 것이라고 입장을 바꿔 생각할 필요가 있는 것이다. 그렇게 인정한다면 우리들은 그렇게 엄하게 다른 사람을 재판할 수는 없을 것이다. 기질이나 우연에 지나지 않을 수도 있는 우리들의 덕성을 자신감에 차서 자랑하지도 않게 될 것이다. 타락한 인간을 받아들이고 궁지에 빠진 인간에게 애정의 손길을 뻗쳐 주게 될 것이다.

그러나 애써 손을 뻗쳐 주어도 역효과를 낼 때가 있다. 그에 대한 본론은 다음과 같다.

냉담한 도덕적 설교와 같이 효과가 없는 것도 없을 것이다. 악인들도 자신들이 위반한 의무에 대해 명언을 늘어놓을 수는 있다. 잘못된 길로 빠지기 위해서는 이성의 소리보다 정념의 소리가 더 힘찬 웅변력을 갖고 있다.

따라서 정념에 대항하고 이성에 무게를 더해주려고 생각한다면 도덕적인 설교에 매력 있는 옷을 입히는 기술을 습득해야만 한다. 훈계를 주려고 하는 상대의 머리뿐 아니라 마음과 감각을 자신에게로 끌어당길 수 있어야 한다.

남성이든 여성이든 어떠한 추한 행위에 의해 체면을 잃게 되고 웃음 거리가 되었다고 하자. 그러면 한편에서는 그와 같은 일을 몰래 하거나 또는 사정이 허락하면 약간이라도 같은 짓을 할 수 있는 인간이 얼마든지 있는데, 그것만으로 그 인간을 영구히 동료들로부터 추방하고 치욕과 조소를 보내서는 안된다.

독자들이여, 만약 독자들이 그러한 행위를 하는 인간이라면 잘 생각해보기 바란다. 만약 이 추방된 사람들에게 절망감이 몰려들고 한걸음 한걸음 악으로 물들어간다고 하면, 그리고 좋은 인간의 집 대문이 닫혀져 있기 때문에 다른 교제 상대를 찾아 점점 더 비열해지고 결국은 구제받을 수 없도록 타락하고 파멸된다고 한다면 그 책임을 당신이 져야만 한다는 것이다.

---

● 가난한 자를 도우라. 그러나 그의 빈곤의 이유를 알고자 하지 말라. 그 이유를 명백히 함으로써 그대의 동정이 약해지는 일이 없도록.
   칼라일 — 영국의 평론가 · 사상가 · 역사가.

# 3

# 신분이 높은 사람과의
# 교제에 대하여

"매우 신분이 높은 사람이나 재산이 많은 사람들은 한 명의 예외도 없이 똑같은 결점을 가지고 있다. 그것을 한마디로 표현하면 선민(選民) 의식이라 할 수 있다. 이러한 결점 때문에 그들 대부분이 사교성이 모자라고 냉담하며, 진정한 우정을 맺을 능력이 부족하여 어울리거나 교제하기가 어렵다."

이러한 주장은 아마도 정당하지 않을 것이다.

그렇지만 '그들 가운데는 흔히 이러한 결점을 갖고 있는 사람을 많이 볼 수 있다.'라고 누군가가 말했다면, 그 사람이 부당한 말을 했다고는 할 수 없다.

일부 예외는 있겠지만, 신분이 높은 귀족이나 재산가의 자녀들은 엄한 교육을 받은 적이 거의 없고, 어린 시절부터 응석을 부리며 자라왔다. 그들은 어려운 경제 상태를 맛본 적이 없다. 역경에 빠져 허둥대는 일을 거의 경험하지 못했다.

세상의 힘겨운 일들을 자기 혼자서 떠맡는 일이 얼마나 괴로운 일인가, 자신을 이해해주는 상대가 있다는 것이 얼마나 멋있는 일인가, 타인을 위로하는 것이 얼마나 중요한 일인가(타인을 위로하면 언젠가는 자신이 위로받을 수 있다). —— 이러한 것을 신분이 높은 사람들은 알지 못한다. 왜냐하면 설령 그들이 타인에게 불유쾌한 인상을 주고 있다 하더라도 주위 사람들은, 권위나 위세를 두려워하고 있을 경우도 있고 무엇인가를 기대하고 있을 경우도 있기 때문에, 그 점을 애써 말하지 않기 때문이다.

그들은 묘한 특권 의식을 가지고 있다. 스스로를 타인을 지배하며 통치하도록 하늘로부터 권리를 부여 받은 인간이라고 생각하고 있다.

"신분이 낮은 사람들은 신분이 높은 사람의 이기심이나 허영심에 대한 존경심을 가져야 한다. 변덕스러운 짓을 해도 참고 견디고, 그 황당 무계한 착상(着想)에 대해서도 알랑거리는 말을 해야 한다."

신분이 높은 사람들은 대부분이 이렇게 생각하고 있거나 이러한 이미지를 떠올리게 하는 인간이다. 이러한 점을 간파한 다음에 그들과의 교제 방식을 결정해야 한다.

물론 그들 중에도 고상한 품위와 긍지, 섬세하고 관대한 정신 등을 지니고 있는 사람도 있다.

그러나 이러한 사람은 극소수이며 훌륭한 귀족이나 고관의 이야기는 들어 보기가 어렵다.

세상 사람들의 평판이나 신문 잡지의 거창한 보도를 너무 신용해서는 안된다. 나는 세상의 평판이 좋은 사람들과 가까이 사귈 기회가 많았다. 그런데 허울만 좋은 경우가 대부분이었고, 실망한 경우가 많다.

나의 경험으로 보아서 가장 훌륭한 인물은, 좋은 편에서나, 나쁜 편에서나 사람들이 화제에 오르는 일이 가장 적은 사람이라고 말해도 과히 틀린 말은 아닐 것이다.

*173* — 당신이 신분이 높은 사람이나 재산가에게 의존하고 있느냐(그들을 필요로 하고 있느냐)의 여부에 따라 교제 방식을 선택해야 한다

신분이 높은 사람이나 재산가와 교제할 경우, 당신이 그들과 어떠한 관계에 있는가에 따라서 교제 방식이 달라질 수밖에 없다. 예컨대 당신이 그들을 절대 필요로 하고, 또 당신 자신이 그들에게 의존하는 입장에 놓여 있을 경우와 그 반대의 경우가 있을 것이다.

신분이 높은 사람에게 의존하고 있을 경우, 당신은 자기의 본심대로 행동해서는 안된다. 웬만한 일에는 입을 다물고 상대의 마음에 들도록 행동해야 한다. 영리한 체하며 진실을 말해서는 안된다.

물론 당신이 확고한 신념을 가진 성실한 사람이라면, 이 정도의 유연성을 보였다고 해도, 그것이 천한 추종(追從)이 되어 버리는 일은 결코 없을 것이다.

다만 여기서 말한 것은, 약간의 상황 변화나 성격의 미세한 특질에 따라 미묘하게 변화해 가는 것이다. 그렇기 때문에 나는 신분이 높은 사람과 어떻게 교제할 것인가에 대한 모든 규칙을 지금부터 세세히 열거하려고 한다.

그때 그때의 상황에 따라 어떻게 대처할 것인가에 대해서는 전적으로 당신의 선택에 달렸다. 내가 열거한 규칙을 적절히 응용하면 보다 효과적인 교제를 할 수 있을 것이다.

### 174—신분이 높은 사람이나 재산가에게는 빈번히 접 근하지 말라

어떤 경우에나 해당되는 보편적인 규칙의 하나를 설명하겠다. 만일 당신이 업신여김을 당하고 싶지 않다면 신분이 높은 사람이나 재산가에게 스스로 접근해서는 안된다. 이런 저런 부탁을 하기 위해 그들을 뻔질나게 찾아다니는 일은 하지 않는 편이 좋다. 빈번하게 그들에게 접근한다면, '또 왔구나.' 하고 생각하여 당신의 모습을 보기만 해도 그들은 지겹게 생각할 것이다.

바람직한 방법은 그들 쪽에서 당신을 만나러 오도록 만들어야 한다. 그들 앞에 너무 추종하는 모습을 나타내어서는 안된다. 물론 당신이 의도하는 바가 무엇인가를 알아채게 해서는 안된다. 또한 당신이 의도적으로 모습을 감추고 있다고 생각하게 해서도 안된다.

### 175—신분이 높은 사람과 동등하다는 태도를 취하거 나 그들과 친밀한 사이인 쳐해서는 안된다

신분이 높은 사람과 같은 지위에 있는 듯한 태도를 취해서는 안된다. 그들과 매우 친밀한 관계인 것처럼 행동해서도 안된다. 그들과 친구 사이라든지, 편지를 주고받고 있는다든지, 그들의 신뢰를 얻고 있다든지, 그들보다 자신이 더 나은 점이 있다는 따위의 이야기를 제삼자에게 전해서는 안된다.

신분이 높은 사람과의 친밀한 교제를 행복한 일이라고 느끼는 사람이 있을지도 모른다. 그러나 이러한 행복은 실제로는 유쾌한 행복이 아닌 것이며(내가 위에서 말한 대원칙을 생각하기 바란다), 타인에게는 입을 다물고 있어야 하는 것이다.

세상에는 실제 이상으로 신분이 높은 사람으로 보여지고 싶어하고, 실제 이상으로 커다란 명성을 얻고 싶어하는 사람이 있다. 그들은 자신의 지갑을 몽땅 털어 귀족이나 재산가처럼 외양을 호화롭게 꾸미려고 한다. 혹은 귀족이나 재산가들이 모이는 사교장으로 달려간다.

그런데 사교장에서 그들이 연출하는 역할은 참으로 비참한 것이다. 신분이 높은 사람들은 사이비들을 경멸하기 때문에 필히 모멸감을 감수해야 한다. 또한 자기를 경멸하는 사람들의 온갖 비위를 맞추면서 그 뒤를 어슬렁어슬렁 따라다녀야 함으로써 아무런 즐거움도 맛볼 수 없다.

이러한 행위는 배울 점이 많은 진정한 교제를 멀어지게 하게 되어 좋은 친구나 현명한 사람들을 자신의 주위에서 몰아내는 결과를 빚는다.

신분이 높은 사람들과 유대를 돈독히 하기 위해서는, 아무리 인색한 사람이라도, 그 나름의 대가를 치르려고 하는 법이다. 재물과 정성을 아끼지 않는다. 그를 위해 목숨이라도 버리겠노라고 충성을 맹세한다. 그러면서 몇 개월이라도 기다린다.

그런데 신분이 높은 사람은 그들이 얼마나 큰 대가를 치렀는지조차도 모르는 경우가 많다. 왕처럼 섬기며 봉사해주어도 감사히 여기기는커녕 주위에 있는 사람들을 귀찮은 자들이라고 생각하는 수도 있다.

무슨 일을 해주어도 모두 말단의 인간들이 하는 일로 밖에는 생각하지 않는다. 그래서 그들은 쉽게 자신을 따르던 무리들의 이름을 잊어버린다.

그 밖에도 다음과 같은 인간이 있다. 귀족이 타락하고 쓸모없는 습관을 모방하고 있으면서 이것이야말로 자신에게 어울리는 행동이라고 생각하는 인간이다.

타인을 오만하게 내려다보는 태도, 어찌할 도리가 없을만큼 따분한 무위(無爲), 산만한 주의력, 거드름을 피우는 태도, 말뿐이고 내용이 없는 대화, 허풍을 떠는 일, 외국 풍습에 물드는 일, 국어(國語) 경시(輕視), 자신보다 신분이 낮은 사람들에 대한 거친 행동, 어리석은 변덕스러움, 그리고 이와 유사한 대단한 귀족적 특질 등——이러한 점을 충실히 모방하며 익히고자 하는 족속이 있는 법이다.

이러한 사람들에게 있어 자신의 행동의 훌륭함을 밝히는 최고의 증명은 스스로 다음과 같이 말할 수 있다는 점이다.

"신분이 높은 사람은 모두 이렇게 행동한다. 이 이외의 행동은 하지 않는다."

마치 귀족을 흉내내고 있기만 하면 아무리 어리석은 행위라도 신성한 것으로 화해 버린다고 말하고 있는 듯하다.

자립하여 행동해야 한다. 자신의 기본 방침이나 신분, 출생, 자신이 받은 교육 등을 부정하지 말라. 이렇게 하면 신분이 높은 사람이나 낮은 사람도 당신을 존경하게 되는 것이다.

176 — 신분이 높은 사람들의 친밀한 듯한 시선을 신용
      하지 말라. 그들과 무슨 일을 공동으로 하지 말
      라

 신분이 높은 사람이 친밀한 듯한 표정을 지어 보여도, 그
것을 너무 신용해서는 안된다. 그런 사람이 당신에게 미소
지으며 악수해주거나, 혹은 포옹하며 친밀한 마음을 나타내
주었을 때에도, 결코 자신이 행복의 절정에 있다고 믿어서
는 안된다.
 어쩌면 그 순간은 당신을 필요로 하고 있을지도 모른다.
그러나 그때가 지나가면 이내 그는 당신을 경멸하는 태도로
다루거나, 그렇게까지는 하지 않더라도, 냉담한 태도로 대
하게 되는 법이다.
 특권층의 사람이 우정 어린 태도를 보여주어도 마음속으
로는 당신에 대한 우정을 느끼고 있지 않을지도 모른다. 마
치 옷을 갈아 입듯이 그들은 태도를 바꾸는 것이다. 배부르
게 식사를 한 후 아무 일도 하고 싶지 않을 때에는 당신에
대한 친절심이 생겨나지만, 다른 때에는 마치 자신의 노예
라도 되는 것처럼 당신을 다루는 것이다.
 이러한 종류의 인간과 교제할 때 당신은 언제나 자신의
분수를 알고 있어야 한다. 그들과 무슨 일을 공동으로 해서
는 안된다. 상대의 신분에 맞는 당신의 태도가 확립되어 있
어야 한다. 설령 그들이 거리낌없이 대해주는 경우가 있더
라도 당신은 정중하고 공손한 태도를 나타내는 일을 소홀히

해서는 안된다. 왜냐하면 그들의 마음속에는 조만간 오만한
느낌이 생겨나기 때문이다. 혹은 자신의 주위에 열렬한 추
종자들이 나타나면, 그들은 이내 당신을 별 볼일 없는 인간
이라고 생각하게 되는 것이다.

그럴 경우 당신은 굴욕적인 치욕을 느끼게 될 것이다. 그
러나 충분히 주의한다면 그러한 불상사는 피할 수 있다.

---

● 인간은 남이 자신에게 호의를 보낸다고 너무 과대 평가하여 배신당하
기 쉽다.
　　마키아벨리 — 이탈리아 르네상스 시기의 정치가·사상가.


## 177 – 당신의 행복과 관련된 열쇠를 쥐고 있는 특권층
에게 호의를 나타낼 때의 한계

실제로 당신의 행복과 관련된 열쇠를 한 명의 특권층이
쥐고 있는 경우가 있을 것이다. 그러한 때에 호의를 나타낼
경우, 결코 자기의 명예의 한계를 넘어서는 안된다.

가난한 집에 태어난 젊은이나 명예심이 강한 젊은이들 중
에는 우유 부단한 특권층을 섬기며 영달의 길을 걷고자 하
는 사람이 있다. 우유 부단한 특권층 주위에는 추종자들이
많고, 그중에서도 핵심 측근이 있다. 젊은이는 이러한 핵심
측근에게 알랑거리며 아첨하는 편이 좋지 않을까 하는 유혹
을 느끼게 된다.

그러나 알랑거리며 아첨한다 해도 좋은 결과가 얻어지는
경우는 드물다. 특권층의 마음 변화에 따라 핵심 측근의 바

뛰는 것이 일반적인 현상이다.

그때는 그들 밑에 있던 인간도 함께 몰락해 버린다. 만일 그들 밑에 있던 인간이 함께 몰락하는 일을 모면했다고 하자. 그러한 경우에도 너무 값비싼 대가를 치른 셈이 된다. 왜냐하면 그는 추종자들에게 접근함으로써 총명하고 성실한 사람들에 대한 경의(敬意)를 저버린 셈이 되기 때문이다.

여기서 말한 것은 예나 지금이나 흔히 볼 수 있는 일이다.

올바른 길을 걸을 때는 휘황 찬란한 행복은 얻을 수 없어도, 반드시 오래 가는 행복을 손에 넣을 수 있는 것이다.


*178*-특권층을 맹목적으로 추종하지 말라. 바람직하지 않거나 위험한 사업, 의심스러운 일을 착수하지 말라


특권층의 지시에 따라 바람직하지 않은 사업에 손을 대는 것은 매우 좋지 않은 일이다. 그들의 일을 도울 때에는 심사 숙고한 후에 조심스럽게 행동해야 한다. 왜냐하면 이쪽에서 호의를 가지고 도와 주고 있는 것을 그들은 오히려 의무라고 생각하기 때문이다.

만일 당신이 불가피한 사정이 있어서 다음 기회에 '이번에는 도와 드릴 형편이 못됩니다.'하고 거절하면, 그들은 당신이 의무를 소홀히했다고 생각한다. 가령 그렇지 않더라도, 그들은 당신이 친절하게 해준 일을 언제나 간단히 잊어 버린다.

이전에 나는 이러한 일을 경험한 적이 있다. 특권층에 있는 한 사람이 —— 다른 점은 좋은 사람인데 —— 프랑스어와

독일어로 강연할 원고를 써달라고 부탁했다. 어느 정치적인 모임에 그 원고를 낭독하여, 거기에 모인 사람들의 환심을 사려는 것이다. 그때 그는 이렇게 말했었다.

"내게는 시간이 없어. 시간만 있으면 자네에게 귀찮은 일을 부탁할 필요도 없는데 말야. 그리고 자네는 문장력이 나보다 뛰어나기 때문에 이런 부탁을 하는 거야."

나는 여러 날에 걸쳐 열심히 원고를 썼다. 완성된 원고를 그에게 가져갔을 때 그는, 나를 껴안으며, 더할 나위 없이 정중하고 상냥한 태도로 고맙다는 인사를 하였다.

그리고 매우 감탄한 목소리로 이렇게 단언하였다.

"자네의 작품은 웅변이라는 것이 무엇인가를 보여주는 최고 걸작일세."

말하자면 그는 내가 매우 중요한 봉사를 해주었다고 여기는 듯한 태도를 내게 보여준 것이다.

그는 그러한 사실——내가 원고를 썼다는——을 남에게는 말하지 말아 달라고 부탁하였다. 그래서 나는 그것을 누구에게도 말하지 않았다.

그로부터 3년의 세월이 흐른 어느 날, 나는 그의 집을 찾아갔다. 그는 여러 가지 자랑을 내게 들려주었다. 나는 꾹 참고 그의 이야기를 듣고 있었다.

그는 의기 양양하여 자랑하는 이야기를 계속하였다.

"이렇게 사람들로부터 호평을 받게 된 것은 모두 나의 원고 덕분이야. 자만하는 것은 아니지만, 이 원고 덕분에 일이 잘 풀려나갔네. 자네도 읽어 보라구. 집으로 가져가도 좋으니까."

그가 건네준 것은, 비록 그의 필적으로 정서되어 있었지만, 틀림없는 내 자신의 작품이었다.

나는 그것을 집으로 가져온 후, 내가 3년 전에 쓴 원고의 초안을 첨부하여 그에게 되돌려 보냈다.

그는 부끄러운 모양이었다. 그 후 우리는 그 일을 가지고 서로 농담을 하곤 했다. 특권층 중에서 그래도 훌륭한 인간 이라고 평가하고 있는 사람조차 이 모양인 것이다.

무엇보다도 주의해야 할 것은, 신분이 높은 사람이 벌이 고 있는 위험한 상거래에 말려들지 않도록 하는 일이다. 그 들은 즐겨 위험한 상거래를 벌이고, 우리를 그 일에 말려들 게 한다. 사업이 실패했을 경우에 그들은 그 책임을 우리에 게 떠넘긴다. 일이 잘 진척되지 않고 궁지에 빠졌을 때도 그 들은 우리를 버려 두고 자신만 달아나 버린다.

뒷처리는 모두 우리가 해야 하는 것이다. 나 자신, 아직 아무 것도 알지 못하고 있던 청년 시대에 사후 처리를 강요 당하여 어려움을 겪었던 적이 있다. 그러나 이를 장황하게 설명하지는 않겠다. 특정한 인물을 나쁘게 말하는 식의 실 화(實話)를 소개하려는 것이 나의 본의는 아니기 때문이다.

간단히 말하겠다. 특권층의 비밀스런 이야기를 알고 있어 서는 안된다. 그들은 자신의 비밀을 알고 있는 인간을——— 그 인간을 필요로 할 동안은——소중하게 다룬다. 그러나 마음속으로 그 인간을 거북스럽게 여기고 있으며, 되도록이 면 그 인간과의 관계를 끊으려고 생각하고 있다.

'신뢰 관계를 깨뜨리거나 비밀은 누설하는 일은 절대 없 을 것입니다.' 하고 아무리 이쪽에서 진실을 말해도 그들은 우리를 피하려고 한다.

*179*—특권층에게 감사하는 마음을 전할 때 그들에게
　　물품을 갖다 바치거나 선물을 해서는 안된다.
　　돈을 빌리거나 빌려주어서는 안된다

　특권층이 우리에게 감사한 마음을 표시해주는 수가 있다.
그러나 그것은 그들이 우리에게 해주는 약속과 마찬가지로
믿을 수 없는 것이다.

　그들에게 무엇을 갖다 바쳐서는 안된다. 무엇인가를 갖다
바쳐도 그들은 대단치 않게 생각한다.

　"보호 받고 싶어하는 자나 평온 무사한 인생을 보내고자
하는 자, 어떤 보수를 기대하고 있는 자들은 물품을 갖다 바
치는 것이 당연하다."

　그들은 이렇게 믿고 있다. 이러한 인간에게 선물을 해서
는 안된다. 그들에게 선물을 하는 행위를 비유해서 말하자
면, 세숫대야에 담겨 있는 더러운 물속에 값비싼 향수 한 방
울을 떨구는 것이나 마찬가지이다.

　나는 이전에 값비싸고 오래 된 그림 한 점을 갖고 있었다.
감식안이 있는 화가에게 감정해 달라고 부탁했는데, 100피
스토르 이상의 값어치가 있다고 감정했다(이 금액은 당시의
미숙련 노동자가 매일 쉬지 않고 약 8년 동안 일하여 얻어지
는 수입과 거의 같은 액수이다). 만약 그림 값의 절반만 있
었으면 그 당시 나의 경제 상태는 훨씬 좋아졌을 것이다.

　그러나 나는 그 그림을 특권층인 어느 고관에게 증여하
였다. 고관은 기쁘게 그림을 받았다. 나는 직접적인 보수를
기대하고 있었던 것은 아니었다. 나의 호의를 표시하고 싶
었고, 또 그가 오래전에 내게 약속했던 일을 실행에 옮겨주

기를 바라고 있었기 때문에 선물을 하면 곧 그 약속을 지켜
줄 것이라고 생각했었다.

그러나 나의 기대는 여지없이 배반당했다.

내가 나중에 찾아갔을 때 그는 나를 꼭 껴안고, 내가 증여
한 그림이 가장 좋은 장소에 장식되어 있는 것을 보여 주었
었다. 그러나 나와의 약속을 실행하지 않았다.

그로부터 몇 해가 지난 어느 날 저녁, 나는 타국의 대사
(大使)와 함께 그의 미술품 수장실(收藏室)을 방문하게 되
었다. 그는 대사에게 미술품을 보여주면서 내가 증여한 그
그림에 관해, 내가 보고 있는 앞에서, 이렇게 말하였다.

"이것은 정말 훌륭한 작품입니다. 더구나 이것은 우연한
기회에 아주 싼값으로 마련했습니다."

그는 '싼값으로 마련하게 해준 사람'이 바로 나였다는 것
을 까맣게 잊고 있었던 것이다.

나는 물거품이 되어 버린 희망과 잃어버린 재산을 생각하
며 한숨을 쉬었다. 그 그림을 팔아 돈을 손에 넣었더라면 상
당한 기간 동안 풍족하게 생활할 수 있었을 것이다.

지금와서 생각해보면 내가 너무 어리숙했기 때문에 당한
일이다. 특권층에게 돈을 빌리거나 빌려주는 일을 나는 당
신에게 권하지 않는다. 돈을 빌려주었을 경우, 그들은 채권
자인 당신을 고리 대금업자인 것처럼 생각한다. 그들은 오
히려 특권층인 자신에게 재산을 제공하는 일이야말로 당신
에게는 명예로운 일이라고 생각하고 있다. 그뿐만이 아
니다. 흔히 경험하는 일이지만 그들은——수입 이상으로
낭비하고, 또 가계(家計) 관리가 제대로 되어 있지 않기 때
문에——빚을 갚는 일을 연기하려고 한다. 돈을 갚아 주도

록 여러 가지로 손을 쓰고, 이런저런 이유를 설명하지 않으
면 안될 처지에 빠지게 된다. 게다가 마치 적군(敵軍)을 맞
아 싸우기 위해 강력한 진영을 만드는 듯한 행동을 하지 않
으면 안되는 것이다.

반대의 경우, 즉 특권층으로부터 돈을 빌리는 경우가
있다면, 이러한 행위는 자기 자신을 노예의 신분으로 전락
시키는 행위와 같은 것이다.

### 180—특권층이나 그들의 자녀들에게 아부하여 타락시
키는 일이 없도록 해야 한다

특권층이나 그 자녀들을 타락시키거나 도덕적으로 퇴폐적
인 길로 나가게 만드는 일에 결코 가담해서는 안된다. 아첨
하는 말을 하지 말고 그들의 자존심이나 사치스런 생활, 허
영심, 쓸모없는 쾌락을 추구하는 경향 등을 증대시켜서는
안된다.

그들의 사고 방식은 타인보다 월등한 특권이 주어져 있다
고 처음부터 믿고 있다. 이러한 그들의 생각을 증대시켜서
는 안된다. 그러기 위해서는 무엇이든 시키는대로 하는 인
간인 것처럼 행동해서는 안된다. 진실——특히 남의 말이
자기의 약점을 찔러서 듣기 거북한——을 부정해서는 안
된다.

솔직한 기분을 갖는 것이 중요하다. 그러나 거칠어지거나
자기 자신을 깎아내리는 일이 없이 행동해야 한다. 억울하
게 오해받고 있는 사람이나, 명예를 비방당하고 있는 사람,
특권층으로부터 욕을 먹고 있는 사람——이러한 사람들의

처지에 당신은 오히려 유의하고 있어야 한다.

이럴 경우에는 각별한 주의가 필요하다. 즉 이러한 사람들을 적대시하고 있는 사람들을 자극하는 일이 없도록——그리고 자신이 놓여 있는 입장을 잘 판별하여——행동해야 하는 것이다.

특권층에게 청탁이 있음에도 불구하고 그것을 이루지 못하고 있는 사람이 있다. 너무 내성적이거나, 너무 가난하거나, 너무 신중하거나, 처음부터 단념하고 있거나, 세상 사람들의 인정을 받지 못하고 있거나, 신분이 너무 낮다는 등의 이유가 있기 때문이다.

이러한 사람들이 갖고 있는 희망이나 분명한 요구, 정당한 소망 등에 대해서는 당신이 이를 촉진하여 지지해주어야 한다. 주위 사람들로부터 높이 평가받고 있는 인간의 이야기는 특권층에게 영향을 미칠 수가 있다. 그 영향력이 매우 강한 것은, 좋은 의미에서나 나쁜 의미에서나, 거의 믿어지지 않을 정도이다.

◀ point 인간교제술 20 ▶

**무엇이 중요한가를 알라**

대개의 사람들은 '남에게 지지 않는다'라고 생각하는 분야를 가지고 있다. 만일 누군가와 잘 사귀어 보려고 생각한다면, 그 사람의 흥미를 잘 관찰할 일이다.

## *181*—특권층과 대화할 때는 특히 주의할 것

특권층에게 실행될지 어떨지 아직 확실치 않은 계획이나 기획의 내용을 이야기하지 않도록 주의해야 한다. 만일 그러한 이야기를 하면 그들은——특히 계획의 내용을 절반밖에 이해하지 못하면서도 제멋대로 혼자서 일에 착수하려 하는 경우가 많으므로——엉뚱한 방향으로 이야기를 전개시켜 나갈 가능성이 있다.

이러한 위험성을 피하기 위해, 또 기대에 못 미치는 결과를 가져왔을 경우의 책임을 억지로 떠맡게 되는 일이 없도록 하기 위해서도, 결정이 되지 않은 계획을 경솔하게 이야기해서는 안된다.

하나의 작은 예를 들어 보겠다.

오래전에 나는 사교 클럽에서 어느 특권층의 아들을 만났다. 이런저런 이야기를 하던 중에 단층 집의 납작한 지붕에 관한 화제가 나왔다. 그는 자신의 집 뜰에 있는 작은 건물에 납작한 지붕을 설치했는데, 지붕이 너무 무거워 건물에 무리가 생기기 때문에 제거하고 싶다고 말했었다.

그 말을 듣는 순간에 나는 프랑스의 건축 설계사에게 들었던 이야기가 생각났다. 청색 펄프재(材)를 사용한 이태리식 지붕에 관한 이야기였는데, 산뜻하면서도 가볍고 값도 저렴하다는 것이었다.

나는 이 이야기를 들은 적이 있다고 말했을 뿐이고, 또 이 방식의 지붕이 좋다고 말하지도 않았다.

그런데 그로부터 상당한 시일이 경과한 후에 나는 이상한 말을 들었다.

"크니게의 말을 들어서는 안된다. 큰 손해를 보게 된다."

그 특권층 아들은——어떤 방식으로 했는지는 전혀 알 수 없지만——이태리식 지붕을 만들려다가 실패하고는 노골적으로 나를 비난하고 다녔던 것이다.

특권층과 그의 가족들에게 이야기할 때는 아무리 주의해도 지나침이 없다. 그들 앞에서는 다른 누군가에 대한 비난을 하지 않도록 해야 한다.

그런데 그들은 이러한 종류의 비난에 대단한 흥미를 보인다. 그들의 흥미를 돋우기 위하여 남의 비난을 함부로 한다면 그 결말은 십중팔구 불행한 사태를 가져온다.

그들 앞에서 남을 비방하면 결국 당신이 자신과 타인 양쪽을 깎아내리는 결과가 된다. 그들은 남을 비방하는 당신의 말에, 적어도 겉으로는, 당신과 함께 웃는다. 그러나 마음속으로는 타인의 행동 거지 및 약점을 냉정하게 관찰하고 있는 당신을 밉살스럽게 생각하고 있는 것이다. 그들도 약점을 지니고 있기 때문이다.

평소에도 그들은 자신 이외의 인간을 얕잡아 보고 있기 때문에 타인의 결점 따위를 들으면 더욱 그 생각을 키우게 된다. 그들은 당신으로부터 남을 비방하는 말을 듣고는 이따금 당신의 이름을 들먹거리면서 나쁘게 말하고, 당신의 체면을 손상시키는 말을 한다. 그리고 당신이 아주 가벼운 기분으로 타인에 대해 비방한 것을 다른 사람들에게 전달하고, 그들과 함께 당신을 헐뜯는다.

특권층과의 이야기 도중에 악의없이 지껄인 한마디가 문제가 되어 나중에 매우 불행하고 비참한 결과를 가져올 수 있다. 그들에게는 뭔가 좋은 이야기를 하면 마음에 담아 두

280

지 않는다. 반대로 나쁜 말이라도 하게 되면 마음속 깊이 원한을 간직하고, 여간해서는 잊어주지 않는다.

굳이 나의 경험담을 소개하여 독자 여러분을 지루하게 만들지는 않겠다. 그렇지만 나 자신이 그런 경우로 인하여 무척 고통스러운 일을 경험한 적이 있다.

특권층의 이야기가 화제가 될 경우에는 특히 주의해야 한다. 스스로 지상의 신(神)들인 것처럼 느끼고 있는 그들은 다른 인간을 존경하는 마음이 부족하다. 그리고 좋은 말만을 듣기를 원하고 있다. 만약 나쁜 말을 퍼뜨리는 사람이 있다면 무섭게 복수하는 것이 그들의 특성이다.

그러나 특권층이나 재산가들도 유쾌하고 기분 좋은 회화(會話)를 싫어하는 것은 아니다. 쾌적한 분위기에 잠기고 싶어한다. 만일 당신이 특권층으로부터 인정을 받고 있다면 순수하게 그들과 쾌적한 회화를 즐길 수 있도록 유의해야 한다. 그러나 결코 자기 자신을 '고용되어 있는 어릿광대'의 처지가 되도록 만들어서는 안된다.

사교계의 어릿광대라는 것은 특권층이 눈짓할 때마다 재미있고 우스꽝스러운 이야기를 해야 하는 존재에 불과하다. 그러므로 누구도 어릿광대를 분별 있는 사람으로 취급해주지 않는다.

●남들이 누군가를 미워하거든, 편에 가담하기 전에, 주의 깊게 이유를 캐어볼 필요가 있다. 사람들이 누군가를 칭찬하거든, 그 편에 가담하기 전에, 역시 주의 깊게 그 이유를 캐어볼 필요가 있다.
공자

*182*—타인과 친밀하게 지낼 때는 특권층이 의심할 경
우가 있음으로 조심해야 한다

특권층의 마음속에는 대개 타인을 의심하는 기분이 깃들
어 있다. 그들은 '다른 인간은 모두 나에게 적대하기 위해
동맹을 맺고 있다.'는 생각에 사로잡혀 있다.

그러므로 그들은 자신의 부하나 자신의 지배 아래 있는
사람들 사이에 깊은 우정 관계가 맺어지는 것을 매우 싫어
하는 것이다.

특권층이 하는 일에 신경을 쓸 필요가 없는 사람은 이러
한 점을 걱정하지 않아도 된다. 자신의 마음이 내키는 대로
주위의 사람과 우정을 맺으면 된다.

특권층의 마음에 들고 싶다는 비천한 기분에 이끌려 진정
한 친구를 거칠게 다루는 짓은, 성실한 마음을 가진 인간이
라면 결코 하지 않을 것이다. 성실한 마음을 가진 인간은 고
상하고 좋은 친구와의 관계를 소중하게 여기는 법이다.

이에 반해 특권층과의 교류를 통하여 행복을 얻고자 하는
사람은 조심할 점이 많다. 누구와 교제하고, 누구에게 마음
을 주며, 어떤 파벌과 어울릴까 하는 점에 충분히 주의를 기
울여야 한다.

특권층의 세계에는 언제나 파벌과 음모가 존재한다. 때문
에 어수룩하고 교제하기 좋아하는 성격의 인간은 손쉽게 파
벌이나 음모 속에 말려드는 것이다. 그리고 파벌간에 분쟁
이 있은 후, 어떤 파벌이 다른 파벌에 이기면, 책임을 지지
않아도 되는 입장에 놓여 있던 사람조차도——단지 경위
(經緯)를 알고 있다는 이유만으로——분쟁의 사후 처리에

관여하지 않을 수 없게 되는 것이다.

나는 이전에 어느 궁정에서—— 이 궁정에서 나는 평소보다도 매우 주의 깊이 행동하고 있었지만——필설(筆舌)로는 다 설명할 수 없을 만큼 엄청난 손해를 입은 적이 있다. 어느 사건이 일어났는데, 그 사건의 관계자들은 대부분이 나와 교제가 있었다. 그래서 나는 '일련의 경위를 처음부터 알고 있었거나, 아니면 적어도 그러한 기미를 희미하게 알아채고 있었을 것'이라는 혐의를 받은 것이다.

나는 그 사건에 전혀 관여하고 있지 않았다. 뿐만 아니라 사건이 일어날 때까지는 아무 것도 알지 못했다. 그러한 까닭에 기도(企圖)를 중지하도록 충고하거나 설득할 방법이 없었다.

이러한 사정은 이내 밝혀질 수 있었음에도 불구하고 나는 사건과 관계가 있으리라는 혐의를 받게 되었다. 내가 그 사건에 대해 굳게 입을 다물었던 것은 어떻게 보아도 높이 살 만한 일이었다.

타인은 당신에 대하여 언제나 올바른 판단을 내려주는 것은 아니다. 그러므로 성급히 어느 파벌에 끼어드는 것은 경솔하다. 오히려 자신의 길을 곧바로 나가는 것이 여러모로 유리하다. 그리고 자신과 직접 관계가 없는 일에는 신경을 쓰지 말고 누구에게나 정중히 행동하는 것이 좋다. 그러나 진정으로 자신의 마음을 털어놓는 상대는 자신의 눈으로 분명히 확인한 인물이어야 한다.

---

●자신에게 명령하지 않는 사람은 언제나 하인으로 머문다.
　　괴테—독일의 시인·작가.

## 183—특권층에게는 당신의 가정 사정이나 고민거리를 늘어놓지 말라. 그들의 이야기는 신용하지 말라

신분이 높은 사람과 이야기할 때는 당신의 가정 이야기를 가급적이면 화제에 올리지 말아야 한다. 그들 앞에서 당신이 고생한 이야기를 하거나 당신 마음의 괴로움을 털어놓고 이야기해서는 안된다. 그들이 다정한 마음으로 들어주지도 않고, 이쪽의 기분이 되어 들어줄 리도 만무하다.

당신이 그러한 이야기를 하면 그들은 지루하게 생각할 뿐이다. 그들이 생각하기에 당신의 비밀 따위는 너무 사소하고 보잘것없는 것이다. 그래서 비밀을 지킬 필요도 없다.

'세상 사람들은 나에게 구걸하러 오고 싶어한다.'라고 그들은 언제나 생각하고 있다. 그리고 그들은 어떤 일로 고민하고 있는 불행한 인간을 내려다보면서 즐기는 성향이 있다. 철이 들었을 때부터 그들은 '세상 사람들은 나의 재물과 나의 자비(慈悲)에 기대를 걸고, 행동 계획을 세우고 있다.'고 생각하고 있는 것이다.

대체로 인간이라는 생물은 다른 인간이 무엇인가를 구하고 있는 듯한 태도를 보이거나 남의 도움을 필요로 하고 있다고 생각하는 순간부터 이전과는 다른 눈으로 보기 시작하는 것이다.

한 인간이 다른 인간으로부터 정당한 취급을 받을 수 있는 것은 어떤 경우일까. 남보다 빼어난 능력이나 지식, 선량한 마음, 재능의 번뜩임 등이 칭찬의 표적이 되는 것은 어떠한 경우일까.

그것은 다음과 같은 경우에 한정된다. 즉 당신이 자신의 재능을 보이면서도 진정으로 겸손한 태도를 취할 때와 타인의 마음에 들 수 있도록 행동하고 있을 때이다. 또한 독립된 하나의 인격으로서 남의 일을 방해하지 않고 누구에게도 폐를 끼치지 않을 경우에 한정되는 것이다.

일단 당신이 자신의 장점을 정치의 장(場)에서 발휘함으로써 두각을 나타내려고 하면 특권층들은 이내 당신을 인정사정없이 엄격하게, 그리고 불공정하게 관찰하게 된다. 어리석고 의심이 많은 특권층이나 그 추종자들은 현명하고 똑똑한 인물을 좋아하지 않는 법이다.

특권층으로부터 당신이 취급받고 있다면, 여러 가지 요소들 중에서 가장 나은 것은 다음과 같은 경우이다.

당신이 그들을 전혀 필요로 하고 있지 않다는 것을 그들 자신이 알고 있을 경우, 또 그것을 당신이 —— 큰소리로 말해서는 안되지만 —— 섬세하고 미묘한 전달 방법으로 그들에게 전하는 경우, 혹은 당신의 의견이나 조력(助力)이 그들에게 있어 필요 불가결한 경우, 더욱이 그때 당신이 그들에 대하며 깍듯한 경의(敬意)를 잃지 않고 있을 경우, 당신이 갖고 있는 예민한 센스나 지혜, 확고한 태도 (하지만 그 때문에 그들이 당신을 두려워할 정도는 아닐) 경우, 언제나 그들의 말을 받아들일 준비가 되어 있음을 나타내면서도 생색을 내지 않을 경우 —— 이러한 경우에 그들은 당신의 일을 깊이 명심하여 다루어주는 것이다.

---

●논쟁에는 귀기울이라. 하지만 절대로 논쟁에 끼어들지는 말라.
　고골리 — 러시아의 소설가 · 극작가.

## 184—특권층보다 당신이 더 우수할 경우, 그것을 상대가 알아채지 못하도록 주의해야 한다

자신에게는 지력(知力)이나 기지(機知), 미덕, 학식, 예술적인 센스 등이 갖추어져 있다고 자만하고 있는 특권층에게는 주의해야 한다. 당신이 그들보다 더 우수하기 때문에 그들의 능력을 마음속으로 무시하거나 경시하고 있었다 하더라도 결코 그것을 내색해서는 안된다. 또한 제삼자가 있는 앞에서 그러한 기색을 보여서는 안된다.

그들도 그러한 사실을 느끼고 있는 경우가 많고, 그들은 다른 사람들이 그것을 알까 두려워하고 있다. 그런데 당신 스스로가 그것을 자랑하거나 뽐낸다면 미움을 받는 것은 당연한 것이다.

내가 말한 주의 사항을 특별히 지켜야 할 때는 다음과 같은 경우이다.

특권층이 가장 자신 있어 하는 분야에서도 당신이 월등히 더 나은 경우—— 특권층은 당신의 재능을 시샘하여 음모를 꾸미게 된다. 마치 시험관이 구두 시험이라도 보는 것처럼 당신의 지식과 아이디어를 캐묻고, 그것을 약삭빠르게 자신의 것으로 만들어 버린다. 즉 당신의 지식이나 아이디어를 도둑질하여 세상에 공표해 버리는 것이다.

그러나 이러한 사실을 당신이 심하게 항의한다면 어떻게 되겠는가. 그들은 당신을 괘씸하게 생각하고 매우 냉혹한 태도를 취할 것이다. 온갖 수단과 방법을 동원하여 당신을 괴롭히게 될 것이다. 무리한 요구를 하고, 모멸감을 느끼게 만들어서 당신을 좌절시킬 것이다.

### 185—순수한 친절을 특권층에게 보여야 할 때

당신이 양심의 가책을 느끼는 일없이, 또 자연스런 기분으로 특권층에게 순수한 친절심을 보여야 할 경우가 있다. 또한 그들이 무엇인가를 요구했을 때도 무리하지 않고 응할 수 있는 것도 있다.

대부분의 특권층은 자기 중심적인 사고와 행동에 익숙한 사람이다. 자신의 변덕스런 착상(着想)에 주위 사람들이 공감하고, 자신이 좋아하거나 싫어하는 일에 대해서는 주위 사람들도 같아야 하며, 자신의 취미에 대해 세련된 것이라고 말해주고, 자신의 마음에 들지 않는 것(선입관이나 어린아이처럼 제멋대로 굴기 때문에 싫어하게 되었지만)은 사람들이 모두 제거해주어야 한다——그들은 이러한 감정을 가지고 있는 것이다.

특권층 중에서 온화한 인격을 갖추고 있는 사람이라 할지라도 자기 중심적인 생각에서 크게 벗어나지는 못한다. 다른 면에서는 나무랄 데 없는 인물이 이러한 사고 방식을 갖고 있다면, 이미 굳어져 버린 그 사고 방식을 존중해주는 친절심이 필요하다.

영웅은 스스로에게 맞도록 세상을 바꾸려고 노력한다. 그러나 세상을 바꿀 수 없는 사람이라면 세상에 나를 맞추는 것이 현명하다.

예를 들어 당신의 행복과 생계를 좌우하고 있는 특권층이 있다고 하자. 그는 문학에 취미를 가지고 있고, 스스로는 문학적 재능이 뛰어나다고 자부하고 있다.

그런데 당신은 문학 비평가의 날카로운 안목을 가지고

있다. 당신이 볼 때 특권층이 쓴 글은 매우 유치한 수준
이다.

"매우 유치하고 형편없는 글입니다. 문학적 재능은 없으
니 글쓰는 것은 그만 두시는 것이 좋겠습니다."

당신은 이렇게 말하겠는가? 만약 그렇다면 당신은 친절
심이 없는 사람이며, 특권층의 눈밖에 날 사람이다.

그들 스스로가 관심을 갖고 있는 분야에 대하여 얄팍한
지식을 자랑했을 경우, 당신이 맞장구를 쳤다 해도 그다지
잘못된 일은 아니다. 그들이 자신 있어 하는 분야에 대해 경
시(輕視)하거나 당신이 더 잘 알고 있다는 듯한 태도를 보이
는 일은 금물이다.

그러나 왕왕 우리는 그러한 짓을 하기 쉽다. 왜냐하면 그
들이 무엇인가에 열중하고 있는 경우 대부분이 아마추어 수
준을 벗어나지 못하기 때문이다.

남의 취미에 대한 평은 신중해야 한다. 나름대로 자부심
을 갖고 있는 분야를 굳이 깎아내릴 필요는 없다. 만일 비위
를 거슬리고 싶지 않다면, 그들의 의견이나 취미를 존중하
지 않을 수 없다.

그런데 그들의 의견에 장단을 맞춘다 해도, 거기에 한도
가 있음은 말할 나위도 없다. 장단을 맞추면 도리어 상대의
성격에 좋지 않은 영향이 미칠 경우, 당신은 그들의 태도나
의견에 장단을 맞추어서는 안된다.

---

●타인이 당신을 잘 생각해 주기를 원한다면 자화자찬하지 마시오.
파스칼—프랑스의 수학자·철학자.

## 186 — 특권층이 당신에게 충고를 해달라고 했을 때는 어떻게 행동할 것인가

특권층이 신분이 낮은 사람에게 조언(助言)을 구할 때가 있다. 자신이 지은 문장이나 계획, 의견 등에 대해 다른 사람들은 어떻게 판단하고 있는가를 알고 싶은 것이다.

이럴 경우에 충분히 신중해지도록 나는 여러분에게 권한다. 추기경의 집에서 일하는 가엾은 하인의 이야기를 그린 소설 《질브라스의 이야기》를 읽은 사람이라면 내 말을 잘 이해할 수 있을 것이다.

작품 속에 나오는 추기경은 하인에게 자신의 설교를 사람들이 어떻게 생각하고 있는지 꼭 알려 달라고 말하였다. 그러자 이 하인은 사실대로 말했다. 사람들이 좋아하지 않으며 뒤에서 수군거리고 있다고.

그러면서 사람들이 어떠한 설교를 원하고 있다는 진솔한 충고를 곁들였기 때문에 추기경의 노여움을 사게 되었다. 그 후 하인은 추기경으로부터 무자비하게 다루어지게 된 것이다.

대부분의 사람들이 그렇지만, 특권층에 있는 사람은 특히 자신을 칭찬해주기를 원하고 있다. 그렇기 때문에 타인에게 판단해 달라고 부탁하는 것이다. 즉 충고나 조언을 구하는 것이 아니라 칭찬을 구하고 있는 것이다. 또 어떻게 할지 이미 결심을 한 후에 타인에게 충고를 해 달라고 부탁하는 경우도 많다.

## 187—특권층 중에서도 유독히 '어리석은 사람'과 교제할 때

특권층 가운데는 어린 시절부터 응석을 부리며 성장해 오기는 했어도 다른 면에서는 인품이 좋고 선의로 충만하여 타인의 기분을 잘 이해하는 사람도 있다. 이러한 사람과 교제할 경우, 내가 지금까지 설명해 온 교제의 법칙을 깨뜨려도 큰 피해는 생겨나지 않을 것이다.

그러나 특권층 가운데에는 무지하고 어리석으며, 타인으로부터 영향을 받기 쉬운데다 시기심이 강하고, 냉담하며 집념이 강한 사람도 있다.

이러한 사람과 관계를 갖지 않을 수 없을 경우에는 내가 지금까지 말한 사교 법칙을 지키는 일이 다른 경우보다 갑절이나 중요해진다. 그리고 만일 횡포스런 특권층에게 의존하지 않을 수 없는 사람이 있다면, 나는 '참 딱하게 됐다.'고 말할 수밖에 없는 것이다.

## 188—특권층의 도움을 받아 살고 있을 경우 당신은 어떻게 행동할 것인가

특권층의 도움을 받아 살고 있다는 사실은 건전한 정신을 가진 인간으로서는 부끄러운 일이다. 나는 그것을 '찬란한 불행'이라고 표현하고 싶다. 만일 불행에 당신이 직면했을 경우, 이러한 환희(歡喜)가 오래 계속되지 않도록 당신은 부단히 노력해야 한다. 남에게 빌붙기를 좋아하는 다른 자들이 당신의 위치를 빼앗아 가도록 빌미를 제공하는 것도 좋은 방법이다.

특권층이 각별한 관심과 우정을 보여주고 있다고 해서 영원히 변치 않을 것이라고 확신해서는 안된다. 그들은 이용 가치가 있기 때문에 당신에게 우정을 보여주고 있는 것이다. 그들 주변에는 항상 추종자들이 들끓고 있으며 아첨이 난무하고 있다. 그런 환경 때문에 특권층의 신뢰와 우정은 갈대처럼 흔들리는 경향이 많다. 변덕스럽고 선(善)보다 악(惡)의 유혹에 매력을 느끼며, 가장 최근에 만난 사람이 하는 말을 옳다고 생각하는 것이다.

당신이 특권층의 후원을 받고 있다면 그들이 정의(正義)나 충성심, 진리, 인간애 등을 철저히 파악해 두면 좋은 경험이 될 것이다.

특권층과 각별한 우정을 나누고 있는 사람이나 그들을 보필하고 있는 사람에게는 막중한 책임이 있다. 그들의 그릇된 생각이나 잘못된 행동이 사회를 불행하게 만드는 것을 방관해서는 안된다는 것이다.

윗물에 사는 물고기가 물을 망쳐놓으면 아랫물에 사는 물고기는 자연 흙탕물 속에서 살아갈 수밖에 없다. 어리석은 특권층이 자신의 특권을 남용한다면 그들의 지배를 받는 대중은 고통 속에서 신음하다가 끝내는 분노를 폭발하게 된다.

세상에 영원히 계속되는 권력과 부는 없다. 특권층에게도 몰락의 시기는 있다. 그들이 특권을 행사하고 있을 때 악행을 일삼아 대중을 고통 속에서 신음하게 했다면, 특권을 상실함과 동시에 대중의 분노를 두려워하지 않을 수 없게 된다.

특권층에게 무장한 경호원이 지켜 주지 않는다면 안심하고 잠을 이룰 수 없는 미래를 만들게 해서는 안된다. 물론 여기서 말한 진실을 특권층에게 들려줄 때에는, 그들에게 고통스럽게 들리지 않도록 말할 필요가 있다.

특권층이 당신을 계속 돌보아주기를 바라고 있다면 다음 사항에 주의할 필요가 있다.

당신이 그 특권층을 조종하고 있다는 점을 그가 알아채지 못하도록 유의해야 한다. 당신은 또 '각하의 인격을 진정으로 존경하고 있기 때문에, 그리고 각하에게 도움이 되고자 하기 때문에 나는 이러한 행동을 하고 있는 것입니다. 결코 사리 사욕이나 어린애 같은 허영심 때문에 이러는 것이 아닙니다.'라는 점을 몸소 상대에게 보여줄 필요가 있다.

특권층으로부터 위탁받은 일은 정확히 시간을 지켜 출납(出納), 관리해야 한다. 그렇게 하면 당신을 중상하려고 하는 사람이 나타나더라도 명확한 증거를 제시하여 자신의 올바름을 증명할 수 있다.

만일 당신이 특권층의 신임을 받고 있다면, 당신을 시기하여 허점을 찾아내려고 하는 인간의 수가 매우 많을 것이다. 그러므로 당신은 평소보다 갑절이나 더 신중하게 자신의 주변을 깨끗이 해두어야 한다.

---

● 어리석은 자에게 대한 가장 좋은 태도는 침묵이다. 어리석은 자에게 말대꾸를 하면, 그 말은 곧 그대 자신에게로 돌아올 것이다. 비방에 대하여 비방으로써 앙갚음함은 타는 불속에 장작을 집어넣는 것과 같다. 그러나 비방하는 자를 대하기를 평화로운 태도로 함은, 그것만으로도 벌써 승리한 사람이다.

J·러스킨─영국의 평론가.

### 189—영락한 특권층에 대해서는 어떻게 행동할 것인가

특권층이 권세의 절정기에 있을 때 어떤 필요가 있어서, 또는 예의상, 혹은 선의(善意)에 의거하여——당신을 돌보며 보호해주는 수가 있다. 이러한 사람이 권세의 절정에서 굴러 떨어져 영락했을 때 당신은 결코 풍향계(風向計)처럼 마음이 변하는 사람들 쪽에 가담해서는 안된다. 풍향계처럼 마음이 변하는 자들은, 자신이 추종했던 특권층이 아무 쓸모도 없음을 깨달으면 이내 등을 돌려 버린다.

지위를 잃은 특권층이 진정으로 존경할 만한 인물이라면 당신은 풍향계처럼 마음이 변하는 자들과는 다른 입장에 서야 한다. 당신의 마음이 전혀 변하고 있지 않음을 이전보다 더 정열을 기울여 보여주어야 하는 것이다.

만일 지위나 재산을 잃은 그 특권층을 당신이 마음속으로 좋아하지 않았다 할지라도 당신은 그의 영락을 기뻐해서는 안된다. 적어도 당신은 모든 이들로부터 버림을 받고, 동정해주는 상대조차 없는 그를 측은하게 생각하며 위로해주어야 한다.

권세를 자랑하고 있던 시기에 당신을 압박하고 박해한 인물이 영락해 버렸을 경우에도, 위에서 말한 바와 같은 이유로, 결코 당신은 복수를 해서는 안된다. 오히려 박해당하는 것을 은혜로 갚고, 상대가 이전의 자신의 행위를 부끄럽게 여기며, 당신의 관대한 행동을 보고 스스로 개심(改心)하도록 해야 한다.

### *190*—특권층의 시혜(施惠)에 대하여

가난한 사람을 위한 각출금을 의뢰하기 위해 경솔히 특권
층이나 다른 신분이 높은 사람을 찾아가서는 안된다. 특권
층이 시혜를 하는 것은 대부분의 경우 남에게 돋보이도록
하기 위해서이다. 그리고 그들은 마치 당신 자신에게 시혜
를 하듯이 당신을 다루는 것이다——그러므로 가능한 범위
내의 일은 자신이 해야 한다. 타인의 도움을 기대해서는 안
된다.

특권층에게 '가난한 사람들에게 자선을 베풀어 주십시
오.'하고 의뢰했다가 거절당했다고 해도 곧 비난하는 것은
좋지 않은 일이다. 특권층들에게는 나름대로 돈을 지출할
곳이 많은 것이다(정말로 지출할 필요가 있는 경우도 있고,
불필요한데도 필요한 경비라고 생각하고 있는 경우도 있다.
어떻든 결국 마찬가지인 셈이다). 그리고 다른 여러 사람들
이 진정(陳情)을 하기 때문에 그들의 순번이나 서열을 생각
하지 않으면 안되는 것이다.

### *191*—특권층 모두가 결점을 갖고 있는 것은 아니다
그들 중에도 고귀하고 선량한 사람이 있다

신분이 높은 사람이나 재산가들의 결점에 대하여 지금까
지 많이 설명해 왔다. 그렇지만 나는 결코 그들이 모두 이러
한 결점을 갖고 있다고 말하고 있는 것은 아니다.

협량(挾量)한 문필가들은 특권층을 사실보다 나쁘게 매도
하는 일을 서슴지 않는다. 이러한 이들을 보면서 나는 항상

불유쾌하게 느껴왔다.

협량한 문필가의 대부분은 특권층과 사귄 적이 거의
없다. 그럼에도 불구하고 그들은 특권층의 사고 방식이나
관습에 대해 무례하게도 단정적인 판단을 내리고 있는 것
이다. 자신보다 행복한 생활을 하고 있는 사람들의 생활을
협량한 작가들은 다락방에서 시기하며 짓궂은 표정으로 올
려다본다.

사실 자신이 추위와 굶주림에 고통받고 있을 때 풍족하게
생활하고 있는 사람들을 본다는 것은 얼마나 사람의 마음을
비참하게 만드는 일인가. 풍족이 넘쳐 사치와 방탕스런 생
활로 소일하고 있는 사람들이 있는데도, 어째서 자신은 끼
니를 걱정하는 처지에 놓여 있는가를 생각하면 울화가 치
민다. 황금 장식품으로 치장한 마차를 타고 있는 사람을 보
면, 걸어가서는 도저히 따라잡을 수 없는 자신의 처지와 비
교하며 분하게 생각한다.

자신에게는 놀라운 문필의 재능이 있는데, 그것을 인정해
주지 않는 세상 사람들의 좁은 안목에 욕설을 퍼붓고 싶어
지고, 현세(現世)의 부(富)를 이토록 불공평하게 배분해 버
린 운명이 저주스럽게 여겨진다.

이러한 까닭에 협량한 문필가들은 특권층에 속한 사람을
깎아내린다. 그들의 묘사 방식은 참으로 신랄하다. 세상에
없는 파렴치한 인물들을 끝없이 창작해 내고 있는 것이다.

나의 마음속에는 그렇게 지독한 격정(激情)이 이는 일은
거의 없었다. 운 좋게도 내 자신이 여유가 있는 집안에서 태
어났기 때문에 미래에 대한 커다란 기대를 갖고 어린 시절
을 보낼 수 있었다. 그래서 일찍부터 특권층이기에 받을 수

있는 혜택, 즉 풍요로운 환경에서 얻을 수 있는 마음의 여유
를 비롯하여 교육의 장점이나 단점을 파악할 수 있었다.

장성하여서는 여러 궁정에 출입하게 됨으로써 여러 종류
의 사람과 교제하게 되었다. 귀족이나 재산가는 괴로운 경
험을 하지 않고 성장하는 것이 일반적인 현상이다. 또 한쪽
으로 치우치지 않는 진실한 이야기를 들을 기회가 매우 드
물다.

여러 가지 경험을 통해 배운 것이지만, 이러한 사람들에
게는 '당신에게 필요한 일에는 충분히 귀를 기울여야 합
니다.'라고 냉정히 충고해줄 필요가 있다.

재산가나 신분이 높은 사람들의 대부분은 호인(好人)들
이다. 그들 가운데 비교적 좋지 않은 사람들조차도 여러 가
지의 유익한 성격을 갖고 있음을 흔히 발견할 수 있다. 가난
하고 무력한 계층의 세상에 힘이 될 수 없는 정열보다도, 이
사람들의 성격 쪽이 세상에 유익한 작용을 하는 수가 많은
것이다.

신분이 높은 사람들이나 재산가는 어린 시절부터 정신의
수양을 쌓고, 세상이나 인간을 숙지(熟知)할 만큼의 여유가
있다. 선행을 하고, 또 자선의 기쁨을 맛볼 기회도 충분히
갖고 있다. 불행한 꼴을 당하거나 경제적으로 부자유해지는
일도 없다. 남에게 굽실거릴 필요가 없는 환경 탓에 그들의
성격은 일그러지거나 억압당하는 일이 없다.

그러나 주위 사람들이 알랑거리고 아첨하는 경우가 많으
므로 그들은 타락하기 쉽다. 이를 다른 각도에서 보면 해석
이 달라지게 된다. 즉 자신이 훌륭한 일을 하면 모든 이들로
부터 주목을 받게 되지만 어리석은 행동을 하면 뭇사람들의

입방아에 오르내려야 한다.

그러므로 그들의 마음속에서는 끊임없이 위대하고 훌륭한
인간이 되려는 생각을 하게 된다. 신분이 높은 사람들은 대
부분이 이처럼 자기 자신을 질타하며 격려하고 있는 것
이다.

---

● 남의 사소한 결점을 드러내어 그의 큰 미덕을 덮어 버린다면 온 천하에
성왕聖王이나 현명한 재상宰相이 한 사람도 없을 것이다.

《회남자淮南子》

제2장

# 가난한 사람들과의 교제

인간에게 있어서 세상은 참으로 불공평하다. 태어나면서
부터 각각 다른 환경에서 인생이라는 여행을 시작하게
된다. 부유한 집에서 태어난 인간은 별다른 노력없이 부모
의 부를 세습받아 여전히 풍요를 누리고, 가난한 집에서 태
어난 인간은 아무리 노력해도 그 혹독한 가난에서 탈피하지
못하는 경우가 있다.

운명의 조화에 의하여 타인에게 복종하고 타인의 생활을
위해 봉사하도록 되어 버린 사람들에 대해, 이들을 부리는
사람은 어떠한 의무를 다해야 하는가.

이 장에서는 신분이나 재산 등 모든 면에서 당신보다 못
한 사람들과 어떻게 교제할 것인가에 대한 '교제의 원칙'을
설명하려고 한다. 단어 선택에 다소 무리가 있지만, '신분
이 낮은 사람'으로 통일하는 것을 이해해주기를 바란다.

*192*—신분이 낮은 사람에게도 예의를 잃어서는 안 된다. 그들에게 훌륭한 점이 있을 때는 순수한 마음으로 그것을 인정하고 존중해야 한다

세속적인 가치 기준으로 보아서 자신보다 행복하지 못한 사람들과 교제할 경우에도 당신은 예의 바르게 —— 우정을 갖고 —— 행동해야 한다.

자신보다 신분이 낮은 사람이라도 진정으로 훌륭한 일을 하는 사람이나, 인격적으로 고결한 사람에 대해서는 존경의 마음을 잊어서는 안된다.

특권층이나 재산가들은 곧잘 사람을 이용해먹는다. 누군 가를 이용할 가치가 있으면 기꺼이 손을 내밀어 잡는다. 그 러다가 이용 가치가 없어지면 이내 상대를 모른 척하거나 오만하게 행동하곤 한다. 당신은 결코 이러한 짓을 해서는 안된다.

당신의 친구 중에 지위나 재산이나 칭호를 갖고 있지 않 은 사람이 있다고 하자. 그와 단 둘이 있을 때는 우정과 신 뢰의 기분을 갖고 대한다. 그런데 일단 거기에 신분이 높은 제삼자가 등장했다면 당신의 행동은 어떠할까?

이내 지위나 재산이나 칭호로 갖고 있지 않은 친구를 소 홀하게 다루는 경우가 많다 —— 당신은 이러한 짓을 해서는 안된다. 그가 존경받을 만한 인격의 소유자라면, 당신은 제 삼자 앞에서 부끄럽게 생각하지 말고 그를 칭찬하는 것이 좋다.

그러나 당신의 허영심이나 이기심의 충족을 위하여 신분 이 낮은 사람을 추어올리는 태도는 피해야 한다.

사람들 중에는 신분이 낮은 사람을 추어올림으로써 자신을 더욱 돋보이게 만들려는 사람이 있다. 그러한 행동은 일관되지 않는다면 곧 탄로가 나게 되어 당신의 인격에 오점을 남기게 된다.

그리고 존경받고 싶고 아첨의 말을 듣고 싶기 때문에 당신보다 낮은 수준의 사람들과 즐겨 교제하는 일이 있어서는 안된다. 하층의 사람들의 습관을 모방하면, 그것만으로 세상 사람들로부터 호평을 받을 수 있다고 생각해서는 안된다.

자신보다 신분이 높은 사람을 부끄럽게 만들기 위해 신분이 낮은 사람에게 친절히 행동하는 일이 있어서는 안된다. 어떠한 경우에도 순수한 마음으로 기품과 품위를 잃지 않고 교제해야 한다. 사회적인 지위나 인간 관계의 얽매임 등을 모두 도외시하고 상대가 인간으로서 갖고 있는 가치를 발견해야 한다.

## 193—예의 바름이 너무 지나쳐서도 안된다

신분이 낮은 사람과 교제할 때에도 당신은 예의 바른 태도를 잊어서는 안된다. 그렇지만 충분히 밸런스를 고려하여 도가 지나치지 않도록 해야 한다. 신분이 낮은 사람에게 경의를 표했을 때, 그 경의의 도가 지나치면 상대방이 오히려 곤혹스럽게 느끼는 수가 있다.

이러한 경우에 처하게 된 신분이 낮은 사람은 당신의 예의를 의심하게 된다. 심한 경우에는 그 예의 바름이 경멸 내지는 위선으로 해석되어 무서운 결과를 만들기도 한다.

어떠한 경우에도 예의 바르게 행동해야 하지만, 그것이 은연중에 건방진 행동으로 느껴지게 하는 것이어서는 안 된다. 이러한 태도는 상대의 마음에 정말로 상처를 입히는 것이다.

이 보다 더 나쁜 것이 있다. 그것은 신분이 낮은 사람과 이야기할 때 상대가 전혀 알 수 없는 말을 사용하는 태도 이다. 즉 지식 수준이 낮은 사람들 사이에서는 사용되지 않 는 말을 사용하거나 어떤 전문 용어나 외래어 등을 남발하 는 태도이다.

지식인들은 자칫하면 이러한 종류의 실수를 저지른다. 자 신들 세계에서만 통용되는 전문 용어가 어디서나 통용되는 유일한 말이라고 생각하고 있다.

이 책의 서두에서 언급했지만 사람과 교제할 때에는 그 곳의 분위기를 충분히 파악하고 계기를 발견한 다음, 그 분 위기에 융화되어 가도록 하는 일이 중요하다. 이것이야 말 로 사교상의 가장 중요한 기술인 것이다.

## *194*—교육을 받지 못한 사람을 무제한으로 신뢰하지 말 것

의심스러운 교육밖에 받고 있지 않은 사람들을 전적으로 신뢰하지 않도록 주의해야 한다. 그들은 우리가 보여주는 호의를 악용하기 쉽다. 그리고 점차 더 많은 것을 요구해 온다. 그러므로 당신이 타인에게 무엇인가를 해줄 때는 상 대가 받아들일 능력의 범위 내에서 해주어야 한다.

195—당신이 불행에 처했을 때 신분이 낮은 사람이
    당신을 무시하고 적대했다. 그 후 당신이 다시
    행복해지더라도 복수해서는 안된다

　운명은 얄궂다. 모든 인간을 상대로 장난을 즐긴다. 한때
는 행운을 한아름 안겨주다가도 다음 순간은 불행으로 인간
을 시험한다.

　당신이 행운의 여신으로부터 버림을 받고 있을 때라고 가
정해보자. 그러면 그때까지 당신에게 도움을 받고 있던 사
람들 중에서도 등을 돌리는 무리가 있을 것이다.

　한술 더 떠서 당신을 적대하는 편에 가담하여 당신을 멸
시하는 경우도 있을 것이다. 이때 당신은 배신감에 치를 떨
것이다. 배은 망덕한 사람에게 무서운 복수를 하고 싶을 것
이다.

　그 후 행운의 여신이 다시금 당신에게 미소 지었을 때 당
신은 그들에게 보복을 하려고 생각해서는 안된다.

　잘 생각해보기 바란다. 당신에게 의지하여 생계를 꾸려가
고 있는 사람들은, 흔히 어쩔 수 없이 당신에게 굽실거리지
않을 수 없는 것이다. 그들의 대부분은 섬세한 감정을 갖거
나 헌신적인 마음을 갖을 여유가 없다. 대체로 인간이라는
생물은, 정도의 차이는 있지만, 자기 중심적으로 행동하는
것이다. 자신의 마음속의 자기 중심주의를 억누르며 감추는
일은 훈련을 쌓은 사람이 자신의 본성을 억압해야만 비로소
가능해지는 것이다.

## 196―거짓 약속을 하거나 거짓으로 기대를 갖게 하여 신분이 낮은 사람을 기만해서는 안된다

신분이 낮은 사람이 당신에게 비호나 알선, 원조 등을 구하러 왔을 때에 거짓 기대나 거짓 약속을 하여 상대의 마음을 혼란시켜서는 안된다.

그런데 신분이 높은 인간들의 대부분이 곧잘 이러한 짓을 한다. 성격이 우유 부단하기 때문인 경우가 많지만, 의뢰하러 온 사람의 말을 차분히 듣는 일이 귀찮거나, 혹은 서민의 마음을 잘 헤아리는 사람이라는 평판을 얻으려는 계산에서 애매 모호한 표현을 하는 것이다.

아무튼 신분이 높은 사람은 괴로워하고 있는 사람들에게 달콤한 약속의 말을 남발한다. 그리고 의뢰인이 돌아갈 준비를 하기 위해 등을 돌린 순간 부탁 받은 일은 깨끗이 잊어버리는 경우가 많다.

그런데 가난한 사람은 희망을 안고 귀가한다. '내가 부탁한 일을 그분이 틀림없이 처리해줄 것이다.'라고 믿은 그는 다른 방책을 전혀 강구하지 않는다.

기대가 크면 실망도 큰 법이다. 나중에 자신이 기만당했음을 알아챘을 때는 남보다 갑절이나 더 불행을 느끼는 것이다.

## 197―거절하는 능력을 갖고 있어야 한다

정말로 원조를 필요로 하고 있는 사람만을 원조해야 한다. 원조나 자선, 보호 등을 구하여 당신을 찾아오는 사람이 있을 때는 그것이 사리에 맞는 요구일 경우에만 원조해 주어야 한다.

우유 부단한 성격의 사람은 스스로 고통을 부르는 경우가 많다. 타인으로부터 부탁받은 일을 어느 것이나 거절할 수 없다면 문제는 심각하다.

이럴 경우에는 곤란한 결과가 크게 두 가지 생긴다.

첫째, 불량한 마음을 가진 인간이 당신의 우유 부단함을 기화로 삼아 그 허점을 이용하려 든다.

이때 당신은 음모가 숨겨져 있는 여러 가지 의무나 일, 걱정 등을 짊어지게 된다. 이는 당신의 마음이나 능력, 재산 등에 있어서도 지나치게 큰 부담이 되는 것이다. 혹은 그 사람의 부탁으로 짊어지게 된 여러 의무를 다하기 위해, 당신은 그다지 강하게 의뢰하지 않은 제삼자로부터 부탁받은 일을 소홀히 하지 않을 수 없게 된다.

둘째, 약속을 너무 많이 하는 사람은 자신의 본의와는 달리 약속을 어기지 않을 수 없게 된다.

견실하고 틀림없는 인간은 해줄 수 없는 일을 부탁받을 때 분명히 거절한다. 여러모로 마음을 두루 쓰고, 상대의 마음에 상처를 입히지 않는 방식으로 말하며, 분명한 이유를 들어 거절한다면——그리고 평소에 '그는 누구에게나 공평하게 행동하며 남을 잘 도와주는 인물이다.'라는 평판을 얻고 있다면——거절했다고 해서 상대를 적(敵)으로 돌리는 결과가 되지는 않는 것이다.

당연한 일이지만, 어느 한 인간이 모든 사람을 다 만족시킬 수는 없는 것이다. 그러나 언제나 시종 일관 현명하게 행동하고 있으면, 적어도 온전한 인간으로부터 오해를 받는 일은 없다.

우유 부단한 것은 미덕이 아니다. 분별력을 작용시켜 생각한 다음 아무래도 응할 수 없는 일을 부탁받았을 때에는 거절해야 한다 —— 이는 냉혹함과는 관계 없는 일이다.

### 198—지나친 계몽은 지식과 교양이 낮은 사람 에게는 적합하지 않다

지적 수준이 낮은 사람들에게 너무 높은 문화 수준이나 계몽의 정신을 기대해서는 안된다.

그들의 지적 능력에 지나친 지식을 주입해주려고 생각해서는 안된다. 그러한 행위는 그들에게 있어서는 강요가 되기 때문에 귀찮을 뿐이다. 뿐만 아니라 그들은 자신의 신분이나 지위에 어울리는 나날의 일에 불만을 느끼게 될지도 모른다.

오늘날 '계몽'이라는 말은 매우 그릇된 방식으로 흔히 사용되고 있다. '정신을 품위가 있는 경지로 높이는 일'이라는 의미로 사용되고 있는 것이 아니라 '단순한 자의나 사변(思辨), 몽상, 등을 위한 놀이 도구(道具)'라는 의미로 사용되고 있는 것이다.

지성의 최고의 계몽이라는 것은 우리에게 '자신이 지금 놓여 있는 상황에 만족하는 일'을 가르쳐 주는 것이다. 즉 자기 자신을 지금의 상황 속에서 유용한 인간, 가치가 있는 인간, 목적을 달성할 수 있는 인간으로 만드는 일을 가르쳐 주는 것이다.

그 이외의 일은 모두 몽매한 것이고 타락의 길로 통하는 것들이다.

### *199*—아랫사람에 대한 행동 방식

아랫사람과 어울릴 때에는 다정하게 대해야 하지만 결코 위엄을 잃는 일이 없도록 해야 한다. '아랫사람의 도움이 없으면 윗사람은 도저히 일을 해나갈 수 없다.'는 상황이라면 이는 매우 좋지 않은 일이다.

이러한 사태에 빠지면 상사(上司)는 —— 자신은 일할 생각이 없거나 일할 능력이 없다는 따위의 이유로 —— 부하가 하라는 대로 하지 않을 수 없게 된다. 이렇게 되면 상사는 부하가 일할 의욕을 잃거나 비서가 제멋대로 행동했을 때에도, '자신이 할 일을 생각해내도록' 그들에게 충고하기 위한 위엄이나 용기도 가질 수 없다.

아랫사람의 안색을 살피며 모든 일을 아랫사람의 마음에 드는 대로 하도록 맡기지 않을 수 없게 되는 것이다.

● 인색한 사람은 타인의 소유물까지 자기 것으로 만들고자 한다. 자기만 부유하게 되면 그만인 것이다. 그래서 자기 이익을 위해서는 타인에게 피해를 주는 것도 사양치 않는다.

그는 타인에게 악을 행할 뿐만 아니라, 동시에 자기 자신에 대해서도 악을 행하게 되는 셈이다. 이야말로 도리어 자기 집과 몸, 정신까지도 멸망시키는 가장 무서운 행위라 하겠다.

　　소크라테스 — 그리스의 철학자.

● 부를 경멸하는 사람이 있다. 하지만 그것은 부자가 될 희망이 없기 때문이다.

　　F·베이컨 — 영국의 철학자.

● 가난이란 온갖 질병 중에서 가장 두렵고, 또한 가장 환자가 많은 것이다.

　　E·오일 — 미국의 극작가.

# 제3장

# 특권층 및 그들과 유사한
# 사람들과 교제 방식

특권층과 어떻게 교제하면 좋은가. 또 이른바 상류 사회에서 살아가며, 상류 사회의 방식을 익힌 사람들과 어떻게 교제하면 좋은가. 이 장에서 나는 이러한 점들에 대해 개괄적으로 설명하고자 한다.

그런데 유감스러운 일이 있다. 이미 앞에서 언급했던 바와 같이 일부의 특권층이나 재산가들은 쓸데없는 격식이나 방식을 익혀 그것을 주위에 퍼뜨려 가고 있다. 그리하여 올바르지 않는 격이나 방식이 대중화되어 버리는 것이다. 그들이 덮어놓고 흉내내고 있는 방식이란 다음과 같은 것이다.

자연을 멀리 하고 과학을 만능으로 생각하는 일, 인간이 최초로 만나는 가장 감미로운 인연에 대한 무관심, 소박함이나 순진 무구, 신성한 감정 등에 대한 경멸적인 태도, 싱싱한 개성이나 독창성을 단조로운 것으로 만들어 버리는 예의 범절, 진정으로 유용한 근본적 지식의 결여, 부끄러움을 부끄럽다고 느끼지 못하는 무지를 비롯하여 이루 헤아릴 수 없을 정도로 많다.

이러한 사교 방식을 우리 자신이나 우리의 아이들은 특권층 및 재산가로부터 배웠다. 이렇게 저속한 방식을 대중들은 한사코 익히려고 하는 것이다.

이러한 방식이 만연되고 있는 곳에서는 진정한 공적이 간과될 뿐만 아니라 때로는 짓밟히며 압살(壓殺)당한다. 경박한 인간에 의하여 압박당하고 무시되며 조롱당하는 것이다.

예컨대 매우 훌륭한 가치를 지니고 있는 사람이 있다고 하자. 비열한 인물마저도 마음속으로는 그 사람의 훌륭함을 인정하고 있다. 그러나 비열한 인물은 다른 한편으로 그 훌륭한 인물이 수모를 당하는 꼴을 보고 싶어한다. 그리하여 음모를 꾸미거나 실수할 때를 기다린다. 그런 기회가 잡혔을 때 비열한 인물은 최대의 승리를 맛보는 것이다.

훌륭한 인물이라고 해서 인간적인 약점이 전혀 없는 것이 아니다. 아주 사소한 예의를 알지 못하는 경우가 있고 고상하지 못한 습관 등이 있을 수도 있다. 비열한 사람들은 그런 점을 발견하며 훌륭한 인물을 깎아내리는 것이다.

외모가 아름답고 심성 면에서도 품위와 품격을 갖춘 훌륭한 부인이 있다고 하자. 사교의 장(場)에서 이러한 훌륭한 부인이 장소에 어울리지 않는 약간의 실수를 하면, 경박한 여자들은 그것을 재빨리 발견하고는 웃음거리로 삼는다. 그녀들에게 있어 이는 더할 나위 없이 커다란 승리인 셈이다.

특권층 및 재산가와 교제를 하다보면 이러한 일들을 모두 경험하게 된다. 그러나 이러한 일들에 직면하더라도 침착한 마음을 잃어서는 안된다.

대다수의 보통 사람들은 특권층 및 재산가들과 교제할 때 가만히 있어도 마음이 침착해지지 않는 법이다. 여러 가지 욕망, 특히 공명심과 허영심이 소용돌이치고 있으므로 안정될 틈도 없이 마음이 복잡하게 흔들린다.

그런데 이러한 까다로운 사태에 말려들지 않을 방법 세 가지가 있다.

첫째, 신분이 높은 사람들과는 교제하지 말 것.

둘째, 신분이 높은 사람들이 세계 속에서 자신의 길을 곧바로 나가고, 어리석고 우스운 풍습에 물들지 말 것.

셋째, 그들의 사고 방식을 잘 연구하고 —— 자신의 성격을 일그러뜨리지 않는 범위에서 —— 늑대(특권층 및 재산가)들과 함께 짖어댈 것.

## 200 — 되도록이면 신분이 높은 사람들의 세계는 멀리 할 것

신분이 높은 사람들의 세계 속에서 살아갈 필요가 없는 사람이 있다. 그러한 사람은 굳이 그 사회를 동경할 필요는 없다. 인간의 순수한 정신과 마음을 마비시키고 사치와 탐욕으로 빠져들게 하는 그 요사스러운 곳을 마땅히 멀리해야 한다.

높은 신분이나 풍족한 재물이 인간의 행복을 결정하는 것은 아니다. 어디까지나 행복은 마음의 상태와 비례한다. 그렇기 때문에 가난 속에서 행복을 느끼는 사람이 있고, 풍족함 속에서 불행을 느끼는 사람이 나타나게 된다.

가정을 평화롭게 이끌고, 쾌활하고 품위 있는 친구와 교제하며, 자신의 분수에 맞는 생활을 보내고, 무사히 의무를 다하며, 지적(知的)인 호기심과 순수한 즐거움으로써 시간을 보내는 생활을 하는 것이 행복의 첩경이다.

## 201—신분이 높은 사람들의 세계에서 존경받는 방법

신분이 높은 사람들의 세계에서 생활을 보내지 않을 수 없는 사람이 있고, 또 이러한 세계에서 생활을 보내고자 하는 사람도 있다. 그러한 사람으로서 이 세계의 생활 방식이 자신의 생리에 맞지 않는다면, 오히려 자신의 성격의 어울리는 생활 방식——자신이 받아온 교육에 걸맞은 생활 방식——대로 살아가는 것이 좋다.

어설프게 신분이 높은 사람들의 사교술을 흉내내는 인간만큼 멋이 없는 사람도 없다. 외국어가 서툰데도 기회가 있을 때마다 더듬거리며 외국어를 말하려는 사람, 분수에 맞지 않는 사치로 외양을 치장하는 사람——이들은 딱하기 이를 데 없는 사람들이다.

이러한 사람들은 자기 자신을 일부러 남의 구경거리로 만들고 있는 셈이다. 이에 반해 자연스러우며 분별이 있고 무리가 없는 태도나 행동을 한다면 상류 사회의 생활 방식으 모방하지 않아도 당신만의 독특한 개성을 연출할 수 있다.

사실 내면적인 것(지성이나 교양)에 자신이 없는 사람일수록 외양꾸미기에 병적인 집착을 보인다. 따라서 화려한 외양은 빈약한 내면을 드러내는 것과 같은 것이다.

참된 만족을 얻기 위해서는 외양보다 내면적인 것에 치중해야 한다. 복장이나 행동 거지가 순수할 때 인간의 진정한 멋이 은은하게 드러난다.

진지하고 겸허하며 정중하게 행동하고 마음을 평안하게 안정시켜야 한다. 많은 이야기를 할 필요는 없다. 자신이 알지 못하는 일에 대해서는 이야기하지 말라. 함께 이야기하고 있는 상대가 당신이 말하는 사투리를 이해해준다면 익숙하지 않은 표준어를 사용하려고 하지 말라. 조잡하고 거친 언동을 삼가고 품위와 성실성을 유지하도록 하라. 그러면 남들이 이러쿵저러쿵 말하지 않는다.

물론 타인으로부터 특별한 대우를 받는 일은 없을 것이다. 화제의 인물이 되지도 않을 것이다. 이 점에 대해서는 걱정할 필요가 없다.

사교의 무대에서 아무도 당신에게 이야기를 걸어오지 않을 때라도, 결코 기가 죽거나 초조해 하는 모습을 보여서는 안된다. 그때는 오히려 여러 가지의 즐거운 일을 생각해내고 주위를 관찰하며, 유용한 정보를 얻도록 하라.

그러면 사람들은 당신을 무시하기는커녕 당신을 두렵게 생각할지도 모른다. 이러한 체험을 해보는 것도 나쁘지 않다.

◀ point 인간교제술 20 ▶

**온화하게 얘기하라**

다음의 《이솝 우화》는 우리에게 시사하는 바가 크다. 태양은 모진 바람보다 빨리 외투를 벗길 수 있다. 친절, 우애, 감사는 이 세상의 모든 분노보다 쉽게 사람의 마음을 변하게 할 수 있다.

*202*—언제나 신분이 높은 사람들의 세계 속에서 지내
고 있는 사람은, 눈에 띄지 않도록 행동해야
한다

언제나 신분이 높은 사람들의 세계 속에서 지내고 있는
사람에 대해 서술하겠다. 이러한 사람들은 상류 사회의 사
교 방식의 가장 중요한 점을 잘 살펴보고 마음속으로는 어
떻든 간에 행동 면에서는 상류 사회의 방식을 익혀야 한다.
사교 방식의 가장 중요한 점을 살펴보기는 쉽다. 그러나
행동 방식을 익힐 때 자칫 잘못하면 자신의 본성을 손상시
키기 쉽다. 유행에 아주 뒤떨어진 의복을 입거나 특별한 행
동을 하여 다른 사람들의 눈에 띄는 일이 있어서는 안된다.
자신의 연령이나 신분, 재산 상태에 걸맞게 행동하는 것이
좋다.
그리고 경박한 자들의 경솔한 태도나 변하기 쉬운 유행을
모방하지 않도록 주의해야 한다. 일단 그들이 이야기하는
방식이나 행동 양식을 익히고 어떠한 교제법이 있는지 알아
두어야 한다. 그러나 마음속의 위엄이나 자기의 성격, 진리
등을 망각하는 일이 없도록 해야 한다.

*203*—상류 사회의 유행을 어느 정도나 모방해야
하는가

상류 사회의 유행을 어느 정도까지 모방하면 좋은가. 이
에 대한 일반적인 법칙을 말하기는 어렵다. 분별이 있고 견
실한 인간이라면 자신이 놓여 있는 상황이나 자신의 기질,

또는 양심에 비추어 보아 어느 정도까지 모방하면 좋을지 판단할 수 있을 것이다.

이른바 상류 사회라는 곳에는 순수하고 사소하며 어리석은 유행이 있다. 그러한 것을 모방할 생각이 없는 인간이 있다 해도, 그 사람이 반드시 이 어리석은 유행을 전적으로 무시할 자격을 갖고 있다고는 할 수 없다.

인간의 인품에 나쁜 영향을 미치지 않으면서 좋은 영향도 미치지 않는 유행, 그리고 습관이나 풍습은 어느 사회에나 존재하고 있다.

그 사회에 호흡하고 있는 사람이라면 우선 잠시 동안 이를 모방해도 좋고, 또 모방을 해야 할 필요가 있다. 만일 이를 잘 이용할 수 있는 길을 발견했다면 고상하지 못한 유행, 그리고 형식에 치우칠 습관이나 풍습도 반드시 나쁜 것뿐이라고는 할 수 없을 것이다.

학문이나 예술, 취미, 어떤 종류의 오락, 연극 등에는 유행이라는 것이 있다. 신분이 높은 계층의 사람들이 어떠한 여성 가수에게 갈채를 보내고, 어떠한 음악가나 문필가, 설교자, 화가, 미용사 등에게——그들이 실제로 얼마만큼의 실력을 갖추고 있는가는 따지지 않고——커다란 찬사를 보내느냐 하는 데에도 유행이 있다.

유행에 거역하려고 하는 것은 쓸데없는 노력이다. 가장 좋은 것은, 새로운 유행이 출현하여 낡은 유행이 구축(驅逐)되기를 조용히 기다리는 일이다.

적어도 지금 어떠한 것이 유행하고 있는가는 알아둘 필요가 있다. 그렇지 않으면 그것이 화제에 올랐을 때 말이 막혀 버리는 수가 있다.

314

지독하게 날카로운 목소리의 여배우가 신분이 높은 사람들의 세계에서는 여신(女神)의 목소리를 가진 여배우인양 극구 칭찬 받고 있는 수가 있다. 당신이 만일 자신이 느낀 대로 지독하게 날카로운 목소리라고 비방하면 빈축을 살 것이다. 당신이 형편없는 책이라고 생각하는 그 책의 저자가 어느 계층의 사람들에게는 천재적(天才的)인 작가로 여겨지고 있는 수도 있다. 당신이 그것을 무시하고 경멸한다면 유행을 따르는 사람들로부터 조소를 받게 된다.

유행에 의해 좌우되는 인간에게도 각기 할말이 있다는 것을 명심할 필요가 있다.

●유행이란 꾀임에 빠진 전염병이다.
쇼—영국의 극작가

## 204—상류 사회 젊은이들의 예의 범절에 대하여

여기에서 나는 사실대로 고백하는데 —— 그리고 이것은 여기서만 하는 이야기지만—— 지금 상류 사회 젊은이들의 마음을 사로잡고 있는 예의 범절은, 내가 보기에는 아니꼽고 천해서 듣기에 역겨운 것이다. 20여 년 전의 유행과 마찬가지로 지금의 유행은 보고 듣기에 역겨운 것들이다.

대부분의 젊은이들이 나의 눈에는 거칠고 난폭해보인다. 내게는 마치 그들이 겸허함이나 예절, 품위 따위를 일부러 망가뜨리고 싶어하는 것처럼 보인다.

그들은 부인이나 외국인에 대한 감각이 둔하고 예의를 모른다. 자신의 몸 관리마저 소홀히한다. 무도회에서는 우아

함이라곤 털끝 만큼도 찾아볼 수 없는 모양으로 춤을 추며
거칠게 돌아갈 뿐이다.

예술이나 학문을 근본부터 배우려고 하지 않는다. 아이들
에게 어떤 본보기를 보여주고, 예의나 겸손, 완전성 등을 가
르치면 좋은가에 대해서는 통 관심이 없다.

물론 이전에 널리 통용되고 있던 교제의 규칙 가운데에는
고리타분한 것이 많다. 시대에 뒤떨어지기 때문에 추방하는
편이 나은 것도 있다.

그러나 품위·있는 예절이 반드시 고리타분한 것이라고는
할 수 없다. 인간으로서 당연히 보여야 할 예의나 경의는 강
요되는 것과는 별개의 것이다. 우아함이 '강요'로 이어지지
는 않는다. 다른 뜻이 없는 붙임성이나 진정한 마음의 교류
가 유별난 사람의 취미는 아니다.

종이로 만든 인형과도 같은 오늘날의 젊은이들을 보라.
일찌감치 벗어진 그들의 이마에는 권태로움과 지루함의 상
(相)이 나타나 있다. 그들은 마음속 깊은 곳에서 기뻐하는
그러한 일을 할 수가 없다. 인생의 가장 아름다운 시대 속에
있으면서도 그들은 청춘의 무구(無垢)한 환희에 혐오감을 느
끼는 것이다.

그러나 나는 희망을 버리지 않고 있다. 머지 않아 상황은
변할 것이다. 지금도 여러 곳에서 훌륭한 교육을 받고 있는
사랑스러운 젊은이들이 존재하고 있는 것이다.

### .205 — 인습적인 가치를 모두 경멸해서는 안된다

만일 당신이 신분이 높은 사람들의 세계 속에서 불유쾌한 느낌을 맛보는 일없이 생활하고 싶다면, 매우 낡고 인습적인 전통을 경멸해서는 안된다. 칭호나 훈장, 또는 복식품(腹飾品) 따위를 처음부터 경멸해서는 안된다.

그러나 마음속으로 이러한 것들의 가치를 인정해도 안된다. 이를 얻고자 갈망해서는 안된다.

칭호나 훈장 자체는 무가치한 레테르에 지나지 않는다. 그러나 이러한 레테르는 실질적인 이익을 가져오지는 않아도, 당신이나 당신의 집안 사람들에게 나쁘지 않은 효과를 가져오는 수가 있다.

우스운 레테르에 대해서는 몰래 비웃어도 된다. 그러나 큰소리로 웃어서는 안된다.

한마디로 말하면, 교제하고 있는 사람들 사이에서는 결코 자신을 잘난 것처럼 두드러져 보이게 해서는 안된다. 이 법칙은 단지 처세의 지혜에 그치는 것이 아니다. 교제하는 상대의 풍습을 자신도 익힐 것, 상대가 하고 있는 일을 자신도 해볼 것——이는 하나의 의무이다. 물론 이때 자신의 성격의 근본까지 바꿔 버려서는 안된다.

아무튼 화려한 사교장에서는 주위의 사람들로부터 품위가 있고 총명하여 빈틈이 없는 인물이라는 평판을 얻기를 기대해서는 안된다. 호감이 가는 인간이라고 여겨지기만 하면 충분하다. 신분이 높은 사람들이 '과연 저 사람에게도 우리와 마찬가지로 에스프리가 있다.'고 말해주기만 하면 충분하다.

206—신분이 높은 사람들의 세계에서는 선량한 사람
의 명예마저 손상되는 수가 있다. 이때 어떻게
행동할 것인가


당신이 어떤 공적을 세워 특권층으로부터 그 공적에 걸맞
는 보상과 칭찬의 말을 듣고 싶다고 가정을 하자. 이때 상대
가 눈치 채서 안될 일이 있다. 그것은 권태로워 보이는 특권
층이나 재산가들보다 당신이 더 우월하다는 것을 결코 알아
채게 해서는 안된다는 점이다.

상류 사회에서는 자신들보다 더 현명하고 기품이 있는 인
간은 (설령 그가 이른바 '세련된 사교성'의 습관에 아무리
견실하게 적응하고 있었다 해도) 부러움을 사고 중상당하
며, 냉소나 가십거리가 되어 버리는 것이다.

머리가 텅 빈 인간들의 마음에 들기 위해서는 자신도 머
리가 텅 빈 것처럼 행동해야 한다. 이러한 사태에 직면했을
경우에는 결코 이에 거스르려고 하지 말고, 특히 불만이나
불쾌한 표정을 나타내지 말아야 한다. 그렇지 않으면 마음
의 평정을 유지할 수 없다.

어떠한 경우라도 자신의 길, 자신의 방식을 끝까지 밀고
나가야 한다. 어리석은 자들에게는 피로할 때까지 실컷 지
껄이도록 해두면 된다. 아무리 열심히 설명하고 변명을 해
도 모두 악의로 받아들여 버린다.

가령 당신이 중상에 대한 반론을 철저히 준비하고 있다
해도, 상대는 이미 다음 중상 거리를 갖고 만반의 준비를 하
고 당신을 기다리고 있는 것이다.

*207*—신분이 높은 사람들의 세계에서는 남의 일에 구
애되는 일없이 자신을 갖고 행동해야 한다

상류 사회에서는 위에서 말한 기본 방침을 경시하지 않는
것이 중요하다. 즉 자신의 분수에 맞게 어엿한 인물로 통용
되도록 행동하라는 말이다.

남의 일에 구애되는 일없이 자신을 갖고 행동해야 한다.
자신에 대해 '저 사람은 아무렇게나 다루어도 괜찮은 인간
이다.'라든지, '저 사람과 어울리는 건 부끄러운 일이다.'
라든지, '저 사람과 함께 있으면 싫증이 난다.'는 따위의 생
각을 남들이 하지 않도록 주의해야 한다.

상류 사회 인간들은 우리와 교제할 때 상대방을 얼마만큼
정중하게, 얼마 만큼 경의를 갖고 행동할 것인가를 계산하
는 법이다. 이때 그들은 우리가 그들이 속해 있는 상류 사회
에서 얼마 만큼 존중되고 있는가를 기준하여 행동 방식의
순위를 정한다.

그러므로 상류 사회에서 어엿한 인물로 통용되도록 노력
해야 한다. 어엿한 인물의 중요한 조건은 '여유'라고 할 수
있다. 여유는 훈련을 쌓으면 누구라도 가질 수 있는 인간의
특질이다. 뻔뻔스러운 태도나 강요하는 듯한 태도, 자만 따
위와는 전혀 별개의 것이다. 그것은 격정(激情)과는 거리가
멀다. 평온하고 품위가 있고 조용한 행동 거지에서 조용히
발산된다. 이 조용한 행동 거지 속에는 전혀 어떤 저의나 요
구가 포함되어 있지 않는 것처럼 보이는 것이다.

만일 우리가 허영심에 쫓겨 어디서나 명예를 구한다면,
그리고 만일 우리의 마음속 깊은 곳에 쓸모없는 인간들로부

터 박수 갈채를 받고 싶어하는 생각이 있다면, 이러한 여유 있는 행동 거지를 익힐 수 없는 것이다.

## 208 — 특권층에 대해서는 그들과 똑같은 방식으로 행동해야 한다

특권층에 대하여 당신은 어떻게 행동해야 하는가. 그들이 당신에게 행동하는 것과 똑같은 방식으로 행동해야 한다. 이쪽에서만 공손하게 나가서는 안된다. 어떤 종류의 인간들은 이쪽이 일보(一步)를 양보하면 백보(百步) 앞으로 나가려고 하는 것이다. 긍지에는 긍지로써, 냉담함에는 냉담함으로써, 우정에는 우정으로써 대응해야 한다.

그리고 자신이 대우받는 이상이나 그 이하로도 대우해주어서는 안된다. 이 사교 법칙을 지키면 상당히 유익한 점이 있다.

특권층이라 해도 신분이 높은 속인(俗人)이며, 마치 바람에 나부끼는 버드나무와도 같은 것이다. 대체로 그들은 내면적인 가치보다는 외면의 평판에 더 신경을 쓴다. 당신이 세상 사람들로부터 인정을 받고 있다고 생각되면 그들은 이내 당신에게 접근한다.

그런데 그들은 마치 시누이 같은 존재라는 것을 잊어서는 안된다. 만일 당신이 알랑거림과 아첨을 앞세워 그들 편에 서주지 않으면 이내 욕설과 매도로써 당신을 공격한다. 그런 경우에 처하지 않으려는 생각에서 성실한 태도로 그들을 대한다면, 그들은 점차 거리낌 없이 행동하게 된다. 경박한 무리들과의 교제를 하면 자연스레 시시하고 하찮은 가십이 사방에 퍼지게 된다. 하나하나의 풍문은 별게 아닌 것처럼 보일지도 모르지만, 결국 이러한 가십 때문에 여러 가지의 재난이 일어날 수 있는 것이다.

당신에게 냉담하게 행동하는 사람을 만났을 때에는 역시 똑같은 시선을 보내면 된다. 그러면 그는 깜짝 놀라며 자신에 대한 세평(世評)이 나빠진 것이 아닐까 하고 걱정한다.

또한 그는 당신이 그토록 확고한 자신감을 나타내는 것을 보고 당신에게는 비밀스런 후원자가 있을 것이라고 지레 짐작하게 된다. 그래서 당신에게 굽실거리게 되는 것이다.

이것은 틀림없는 말이다. 당신에게 까닭없이 냉담하게 굴면, 당신은 갑절이나 더 냉담한 태도로 나가도록 하라. 그가 다시 부드러운 태도로 당신에게 접근해 와도 귀를 기울이지 말아야 한다. 그러면 그도 마침내 기가 꺾이고 만다.

이렇게 말하는 나는 신분이 높은 사람들의 세계에서 칭찬을 받으려고 생각해본 적은 단 한번도 없다. 따라서 어떤 특별하고 일관된 교제의 법칙을 가지고 그들에게 대처하려 하고 있지는 않다. 오히려 그때그때의 분위기와 기분에 따라 적당히 대처하고 있다.

나는 겉치레뿐이 아닌 진정한 정애(情愛)라는 걸 알고 있다. 진실한 우정이나 애정은 애써 꾸미지 않아도 사람의 마음을 움직인다는 사실을 경험을 통하여 알고 있다.

나는 사랑받기보다는 존경받고 싶다고 생각한 적은 없었다. 그렇기 때문에 훌륭한 특질을 가진 인물이라고 내 스스로가 평가한 사람들로부터 냉대를 받으면 —— 고백해도 하나도 부끄러운 일이 아니라고 생각하지만 —— 마음이 불안정해지고 기분이 이상해진다. 훌륭한 인물에게 냉대를 받는 것이 마음을 우울하게 만드는 것이다.

---

● 개라도 직권으로 짖으면 사람은 복종한다.
　셰익스피어 — 영국의 극작가.

## 209 — 신뢰와 진정의 토로에 대한 규칙

　신분이 높은 사람들의 세계에서는 결코 마음속 깊은 곳에 있는 진정을 토로해서는 안된다. 그 세계에서 진정을 토로하는 말은 마치 외국어와도 같은 것이다. 순수하고 감미로운 기쁨이나 자신의 가정에서 전개되고 있는 소박한 기쁨 따위를 화제로 삼아서는 안된다. 이러한 기쁨은 그들에게 있어서는 일종의 미스터리인 것이다.

　상대에게 당신의 심중을 캐치당하는 일이 없도록 자신의 표정을 스스로 컨트롤하라. 당신이 놀라고 있는지, 기뻐하고 있는지, 싫어하고 있는지, 언짢은 기분인지를 주위의 사람들이 알아채지 못하도록 해야 한다.

　상류 사회 사람들은 타인의 안색을 읽는 것에 능숙하다. 타인의 표정을 읽는 것이 그들의 사교 감각에 매우 중요한 부분인 것이다.

　사사로운 일은 누구에게도 털어놓고 이야기하지 말며, 대화 중에는 항상 주의 깊은 자세로 있어야 한다. 그렇지 않으면 당신에 대한 악평을 하는 데도 알아듣지 못하는 수가 있다.

*210*—신분이 높은 사람들의 세계에서 생활하면서 그
들에게 영향을 미치려고 생각하는 사람에게 있
어, 지켜야 할 규칙

신분이 높은 사람들의 세계에서 지켜야 할 교제의 법칙들
을 앞에서 언급했다. 그들과의 교제에는 임기 응변이 절대
필요하다. 사람에 따라 놓여진 상황이 다르므로 여러 가지
로 행동 방식을 바꿔가야 하는 것이다. 쉽게 말하면 어떤 사
람에게 있어 지켜야 할 중요한 교제 법칙이 다른 사람에게
있어서는 전혀 중요하지 않은 경우도 있는 것이다.

신분이 높은 사람들의 세계에서 생활하면서 그들에게 영
향을 미치려면, 당연한 일이지만 사물을 매우 세밀히 연구
해야 한다.

이때 특히 주의해야 할 사항이 있다. 그것은 어느 특정한
파벌에 가담해서는 안된다는 점이다. 그렇게 하면 불필요한
적을 만드는 일이 적고, 또 여러 방면의 사람과 교제를 할
수 있다.

또한 그 세계의 전통적으로 이어진 정치 역학(力學)이 우
리에게 가르쳐주는 것을 간과해서는 안된다. 친구가 박해당
하는 것을 목격해도 성급하게 그 사건에 개입해서는 안
된다. 도와줌으로써 확실하게 편의가 얻어진다는 보장이 없
을 경우, 아무래도 자신의 힘으로는 손을 쓸 길이 없고 오히
려 불이익을 당할지도 모를 경우에는 그 친구로 하여금 혼
자 투쟁하도록 내버려 둔다. 그러면서 공식적으로는 그와
아무런 관계도 없는 것처럼 행동해야 한다.

결코 두드러져 보이는 일이 없도록 하고, 계획을 방해당

하는 일이 없도록 하며, 오히려 중요한 인간이 아니라고 여겨지도록 해야 한다(중요하지 않은 인간에게는, 빼어난 인간에 비해, 자기 편이 되어 주는 사람들의 수가 더 많은 법이다). 그렇기 때문에 처음에는 겸손하게 저자세로 나갈 필요가 있다.

신분이 높은 사람들의 세계 속에서는 지켜야 할 일들이 많다. 그 가운데 가장 중요한 것은 냉정함을 유지하는 일이다. 냉정함이란 결코 초조해 하지 않는 일이며, 감정이나 기분이나 몽상(夢想)에 잠겨 분별을 희생시키지 않는 일이다.

보통의 재능밖에 없는 인간이 냉정함(그리고 이에 부수되는 여러 가지 특질)을 갖고 있는 덕분에, 재능은 있지만 격렬해지기 쉬운 인간을 지배하고 있는 사례를 흔히 볼 수 있다.

---

●성실은 어디에서나 통용되는 유일한 화폐이다.
　중국의 속담

● 자신의 되를 가지고 남의 곡물을 재지 말라.
　　영국의 속담

● 좋은 충고를 해줄 만큼 분별이 있는 사람은 남에게 충고를 받지 않을 정
도로 분별력이 있는 사람이다.
　　E·필포츠 — 영국의 작가.

● 제왕은 자신의 약점을 폭로한 순간, 자신을 본 사람을 용서하지 않는
법이다.
　　S·츠바이크 — 오스트리아의 작가.

● 사람들은 비평을 요청하지만 칭찬의 회답만을 원한다.
　　모옴 — 영국의 소설가·극작가.

## 제4장

# 성직자 및 여러 계층,
# 여러 직업을 가진 사람들과의
# 교제에 대하여

*211*—성실한 성직자의 이미지, 그리고 이와 대조적인
저열한 성직자

대체로 성직자와의 교제는 유익하고 얻는 바가 많다. 성직자는 신성한 사명을 수행하는 데 심신의 온 역량을 기울이고 있다. 종교의 감화를 받아 그들의 지성과 의지는 아주 맑게 트여 있다. 열의와 정열로써 그들은 진리와 미덕을 추구하며, 언어가 갖는 힘을 스스로의 실례(實例)로써 증명한다.

종교를 믿는 사람들에게 있어서 성직자는 형제이고 친구이며, 자선가이고 충고자이다. 그들의 설교는 알기 쉽고 따스함이 있으며 마음에 감명을 준다. 그들의 태도는 조심스럽고 검소하게 생활하며, 중용을 터득하고 있으며, 자기 중심적으로 되는 일이 없다.

  그렇기 때문에 그들은 영광스러운 사도(使徒)의 후계자로
자임하고 있는 것이다. 다른 종파의 사람들에게는 너그럽게
행동하고, 정신적으로 방황하고 있는 사람들을 아버지처럼
돌보아주며, 순수한 향락을 적대시하지 않고, 가정 안에서
는 총명하고 온화하고 선량한 아버지의 역할을 한다.

  그렇지만 모든 성직자들이 위에서 말한 바와 같은 성직자
상(像)과 일치되는 것은 아니다.

  건전한 이성이 결여되고 지식이 형편없이 빈약한 성직자
도 존재한다. 그들은 오직 자신의 사리 사욕을 위하여 성직
자의 신성한 간판을 이용한다. 성직자를 수입이 좋은 직업
으로 생각하여 온갖 저열한 행위를 서슴지 않는다.

  인색하고 소유욕이 강하며 쾌락을 구하고, 걸신 들린 사
람처럼 굴고, 신분이 높은 사람들이나 부자에게는 굽실거리
고, 신분이 낮은 사람에게는 오만하게 행동하며, 자신과 동
등한 인간에게는 시기가 가득찬 시선을 보낸다.

  종교의 신성함이 오늘날 사람들로부터 경멸당하고 있다
면, 그 책임의 대부분이 그들에게 있다. 그들은 종교를 메마
른 학문인 것처럼 다루고 성직자의 직무를 돈벌이가 잘되는
장사로 간주하고 있다.

  악마가 인간의 영혼을 갖고 싶어하듯이 그들은 선물이나
유산을 탐낸다. 명예욕은 한이 없고 오만한 정신이나 전횡
적인 태도는 실로 가관이다.

  자신의 정욕(情慾)을 은폐하기 위해 종교적 정열을 갖고
있는 것처럼 위장한다. 유순하고 선량한 시민이 그들에게
알랑거리지 않거나 기부금을 내지 않으면, 그들은 이 사람
을 죽을 때까지 계속 박해하려고 한다.

그들의 복수는 두려운 것이며 그칠 줄을 모른다. 저열한 성직자의 권위에 복종하지 않는 인간이나 그의 나쁜 계략을 잠자코 간과하며 모르는 체하지 않는 인간을 —— 나는 경험에 의거하여 말하고 있다 —— 그들은 적(敵)으로 간주하며 절대로 용서하지 않는다.

그들의 허영심은 실로 여성의 허영심을 능가할 정도이다. 이것저것 알고 싶어하고, 어른답지 못한 호기심에 못이겨 남의 가정이나 가족들 속으로 서슴없이 들어온다. 자신과는 관계가 없는 남의 가정 내의 문제에 참견하고, 일을 꾸며 소란스레 만들며, 어부지리를 얻으려고 한다.

그들의 설교나 대화, 그리고 태도가 말해주는 것은, 다른 종파의 사람들이나 신앙심을 갖고 있지 않은 사람들에 대한 파문(破門) 통고이고, 겁벌(劫罰)의 선고이며 공갈이다.

그런데 그들은 진정한 신앙심은 갖고 있지 않다. 오직 수입이 되기 때문에 신앙을 역설하고 있는 셈이다.

성직자들 중에는 이러한 괴물이 있는 것이다. 수도원이나 예수회의 성직자들 뿐만이 아니다. 다양한 종교의 성직자들 역시 브레이크가 걸리는 일이 없으면 언제까지나 악행을 계속할 것이다.

## 212—성직자와 교제할 때 지켜야 할 법칙

그런데 이토록 지독하지 않은 성직자들 중에서도 —— 성실한 성직자들 —— 위에서 말한 결점을 갖고 있는 것처럼 보이는 사람이 더러 있다. 이를테면 오만한 정신, 너그럽지 못한 점, 교조주의, 빗나간 공동체 정신, 소유욕, 복수심 따위를 가지고 있는 경우다.

그러나 주의하여 교제 법칙을 지키면 당신은 그다지 괴로운 일을 당하지 않을 것이다.

요는 그들로부터 신앙심이 없는 인간으로 보여지지 않도록 주의해야 한다. 분별이 있는 인간은 사교장에서 종교의 화제를 입에 올리는 일은 피하는 법이다. 이와 마찬가지로 성직자가 동석하고 있는 자리에서는 악의로 받아들이기 쉬운 말이나, 어떤 특정한 종파의 교의(敎義) 등을 입에 올리지 않는 것이 중요하다.

성직자를 사교장에서 웃음 거리로 삼아서는 안된다. 설령 웃음 거리가 될 만한 실수를 그가 했을 경우에도 그러한 일을 해서는 안된다.

어떠한 경우라도 그들과 이야기할 때에는 충분히 주의해야 한다. 왜냐하면 이 신사들은 자신의 문제를 이내 신(神)의 문제로 비약시켜 버리기 때문이다. 또 존경할 만한 신분에 속하는 이 사람들은(성직자들 중에는 존경받을 만한 인품이 못되는 사람이 분명히 존재하지만), 본래 소중히 다루어질 만하기 때문이다.

그리고 성직자를 웃음 거리로 삼았기 때문에 본의 아니게 종교를 모독하는(유감스럽게도 이러한 사태가 매우 빈번히 생겨나는 것이다) 행위가 될 수 있기 때문이다.

이에 반해 성직자에게 어떤 경의를 당연히 표해야 할 경우에는 분명히 겉으로 알 수 있는 형태로 경의를 표해야 한다. 어떤 형태로든 그들의 기분을 상하게 하는 일을 해서는 안된다. 다른 사람이면 너그럽게 양해할 작은 실수를 그들은 양해하지 못하는 수가 있다.

그러므로 그들에게는 조금이라도 소홀한 짓을 해서는 안 된다. 항상 정중하고 공손한 태도로 대해야 한다.

그들이 당연히 지급해야 할 대금에 대해서는 금액을 깎아 주거나 지급 기간을 연기해주어서는 안된다. 그리고 흔히 볼 수 있는 일인데, 그들에게 많은 것을 주어서는 안된다. 많은 것을 주면 그들은 모든 걸 우리에게 의존하고, 우리가 자유 의지로 주고 있는데도 그것을 자신의 권리로 생각해 버리기가 쉽다. 뿐만 아니라 자신의 후계자들에게도 이 권리가 상속되어야 한다고 생각해 버리는 것이다.

보통의 교제밖에 하고 있지 않은 성직자에게, 그의 인품을 잘 알지 못할 동안은, 자신의 가정 내의 중요한 일이나 그 밖의 일을 이야기하지 않도록 주의해야 한다. 부탁하지도 않았는데 말참견을 하려고 한다면 거리를 두고 떨어져 있어야 한다.

아내나 딸의 신상 문제 상담에 응해 주는 조언자나 고해 신부에게 무엇이든 다, 너무 많이 고백하는 일이 없도록 주의해야 한다.

---

● 종교의 차이란 — 얼마나 괴상한 말이냐. 결국 역사상의 여러 사상事象 가운데서는 신앙의 차이가 존재할 수도 있다. 그러나 그것은 종교를 얻는데 있어서 종교 자체로서가 아니라, 역사로서의 차이이다. 또한 그것은 학구적 방법의 영역에 관한 차이이다.
그리고 확실히 종교 서적에서의 차이는 있을 수 있다. 예컨대《조로아스터 교전》,《페타교전》,《코란》등과 같이. 그러나 참된 종교는 모든 시대를 통하여, 오직 하나 뿐이다. 모든 신앙의 차이란 종교에 대한 보조적 수단의 의미밖에 갖지 못한다.
  칸트 — 독일의 철학자.

## 213 — 오늘날 어떠한 사람이 식자나 예술가로 여겨지고 있는가

오늘날 영국에서는 젠틀맨(gentleman)의 칭호는 대수롭지 않은 것이 되어 버렸다. 그렇다면 독일에서의 '식자' 칭호는 어떠한가. 대중들은 식자라는 말을 듣고 어떤 인물을 연상하는가.

진정으로 유용한 지식으로 자기의 정신을 탁마하고, 그 지식 덕분에 마음이 맑게 고양된 인물을 연상할 수 있다면 나는 일부러 한 장(章)을 마련하여 교제 방법을 설명할 필요도 없을 것이다. 총명하고 고상한 인물과 어떻게 교제할 것인가에 대해서는 지루하게 무엇을 설명하거나 지도할 필요가 없는 것이다. 왜냐하면 현명한 그들이 각양 각색의 사람들과 교제하는 방법을 잘 알고 있기 때문이다.

그런데 오늘날 3류 작가나 편집자, 저널리스트, 번역가 등이 거리낌없이 스스로를 식자라고 일컫고 있다.

또한 예술이라는 것은 인간과 사회에 얼마만큼 유용한가 하는 관점에서 판단되지 않게 되었다. 오히려 독자 대중의 변덕스럽고 경박한 취미에 영합하는 것이 예술이란 이름으로 불리고, 까다로운 사변(思辯)이 예지(叡智)로 받아들여지며, 일시적으로 마음이 들뜬 몽상(夢想)이 활력이나 정열로 간주된다.

자신의 어설픈 경험을 시문(詩文)의 의상을 입혀 잡지에 발표한 소년이 시인으로 인정받으며, 음정이 빗나가고 하모니나 표현력도 갖추지 못한 인물들이 곧잘 음향 예술가로 간주된다. 오선지 위에 콩나물대가리를 그릴 수만 있으면

작곡가로 취급되고, 무대 위를 뛰어다니기만 하는 인간이
무용가로 여겨진다.

이러한 상태이므로, 식자나 예술가라고 불리고 있는 사람
들과 어떻게 교제할 것인가에 대해(취미나 지식이 없는 인
간이라고 여겨지고 싶지 않다면) 약간 설명해 두려고 한다.

●지식은 위대한 자를 무력하게 하고, 범용한 자를 놀라게 하고, 어리석
은 자에게 부질없는 자랑을 준다.
　세네카 — 로마의 스토아파 철학자.

### 214 — 글로 씌어진 것을 통해 식자를 판단할 수 있는 가. 유명 인사를 중상하는 일에 대하여 단정적인 말을 하고 싶어하는 젊은 식자에 대하여

글로 씌어진 것을 실마리로 하여 식자의 도덕적 성격을
판단해서는 안된다. 인쇄된 종이에 나타나는 인간은 흔히
작가의 실제의 모습과는 다를 수가 있는 법이다. 그리고 이
는 그다지 나쁘게 평가받을 일도 아니다.

서재의 책상 앞에 앉아 있을 경우 작가는 안정된 정신 상
태인 때를 선택하여 글을 쓸 수 있다. 마음의 안정을 잃게
만드는 걱정거리가 없다면, 훌륭한 도덕적 원칙을 적어 나
갈 수도 있을 것이다.

그러나 서재에서 나와 현실의 세계를 접하면 온갖 자극이
나 유혹, 뜻하지 않은 사건 등과 마주치는 것이다. 여기서는
서재에서의 도덕 원칙은 지켜 나가기란 쉬운 일이 아니다.

그러므로 덕(德)을 쌓도록 설교하는 사람을 반드시 미덕의

화신(化身)인 것처럼 보아서는 안된다. 오히려 그러한 사람
도 살아 있는 보통의 인간이라고 생각하는 편이 낫다.

인간적인 결점에 빠지지 않도록 그가 경고할 때, 경고를
하고 있는 그 자신이 인간적 결점을 극복할 만큼의 강인함
을 갖고 있지 않을 경우가 있었다 하더라도, 우리는 적어도
경고해준 것에 대하여 작가에게 감사해야 할 것이다.

작가가 작품 속의 등장 인물로 하여금 이야기하도록 한
말을 작가 자신의 말이라고 해석하는 것도 옳은 일이 아
니다.

넘치는 상상력과 불꽃 같은 정열에 이끌리어 훌륭한 인간
속에 있는 사악한 측면을 묘사한다, 정욕(情慾)의 장면을 특
별히 그려넣는다, 몹시 역겨운 듯이 인간의 어이없고 어리
석은 면을 서슬한다——작가가 이런 표현을 작품 속에
했다고 해서 작가 자신이 사악한 인간이거나 색정광(色情狂)
이거나 인간 혐오자인 것은 아니다.

물론 저속하고 부도덕한 묘사는 하지 않는 편이 좋은 것
이다. 그러나 묘사를 했다고 해서 작가가 나쁜 인간인 것은
아니다.

방탕한 생활에 빠져 지내는 작가도 신(神)들의 향연(饗宴)
을 훌륭히 묘사할 수 있다. 이와 마찬가지로 술과 성애(性
愛)를 노래하는 시인이지만, 스스로는 성실하고 중용(中庸)
을 터득한 생활을 보내고 있는 사람도 있다. 잔혹한 장면을
매우 리얼하게 묘사하는 작가이지만 자신의 행동은 온건하
고 진지한 작가도 있다. 빈정거리는 투의 풍자문(諷刺文) 작
가이지만 본인은 인간애와 자비로운 마음으로 충만해 있는
그러한 사람도 있다.

흔히 사람들은 작가나 예술가에 대해서는 다른 종류의 인간이라고 착각들을 하고 있다. 일상 생활 속에서도 그들이 언제나 명문(名文)만을 이야기하고, 언제나 총명함과 학식으로 충만한 말만을 입에 올리고 있을 것이라는 착각이다. 예술에 대해 어마어마한 언설(言說)을 논하는 사람이 반드시 예술을 근본적으로 이해하고 있다고는 할 수 없다.

식자나 예술가가 자신의 전문 분야에 대해 의기 양양하게 이야기했다 해도 그것을 나쁘게 받아들여서는 안된다. 학문이나 예술의 모든 세밀한 면의 지식을 갖고자 하고, 이 세계에 인간이 고찰할 수 없는 것이 있다면 이는 매우 부끄러운 일이라고 생각하는 등의 불행한 박식주의(博識主意)를, 우리 시대의 사람들은 가장 명예로운 것으로 여기고 있다.

확실히 대화를 할 때에 무엇이든 화제를 자신이 잘 아는 분야로 끌어들여 이야기하는 사람의 말을 듣는 것은 권태로운 일이다. 그러나 이보다 더 권태롭고 화가 나게 만드는 일이 있다. 단순히 이야기하기 좋아하는 사람이 자신과는 전혀 관계 없는 화제에 대해 단정적인 판단을 내렸을 경우나 성직자가 정치에 대해, 법률가나 연극에 대해, 의사가 회화(繪畵)에 대해, 매춘부가 철학에 대해, 예쁘장한 남자가 병법(兵法)에 대해 잘 아는 체하며 떠들어대는 경우이다.

다소 전문적인 지식을 갖고 있는 인물이 정열적으로 자신의 학문이나 예술에 대해 이야기했다 해도, 이는 허용해주는 것이 좋다. 오히려 자진하여 그러한 기회를 마련해주는 편이 좋을 정도이다. 어느 한 분야를 근본부터 알고 있는 인물은——물론 일상의 상식이 결여되어 있어서는 안되지만——세상에서 상당히 가치가 있는 인간으로 통용되는 것이다.

그러나 너무 주제넘어서는 곤란하다. 걸어다니는 백과 사전 같은 사람을 보면, 나는 구역질이 난다. 무엇이든 알고 있는 것처럼 이내 단정적인 판단을 내리는 젊은 신사를 보면, 나는 구역질이 난다.

이러한 인물과 사교장에서 동석하게 되면 엉뚱한 꼴을 당하게 된다. 그들은 좀처럼 단정적인 말을 하지 않는 신중한 전문가를 발견하면, 아는 체하는 한마디의 단언으로써 달려든다. 특히 지식이 있는 사랑스러운 부인들이 동석했을 경우에는 그들의 역겨운 언동이 더욱 심해진다.

●좋지 않은 것이 씌어 있다고 해서 반드시 나쁜 책일 수는 없다.
세르반테스—스페인의 작가.

## 215—작가와 교제할 때에 주의해야 할 규칙

작가는 대개 자신의 도덕적인 생활 태도에 대해 주위 사람들이 이러쿵저러쿵 말하더라도 문단에서의 명성(名聲)에 대해 누가 이러니저러니 말하는 경우보다는 훨씬 너그러이 봐주는 법이다.

그러므로 그들의 작품에 대해 비평을 할 때는 충분히 주의해야 한다. 작가 자신이 당신에게 의견을 물으러 왔을 경우, 그는 우리가 칭찬해주기를 바라고 있는 것이라고 해석해야 한다. 물론 작가와의 사이에 진정한 우정이 있기 때문에 분명한 의견을 숨김없이 말하는 것이 오히려 친구로서의 옳은 태도라고 여겨질 경우는 예외이다.

아무래도 자신의 진의(眞意)를 배반하는 일없이는 칭찬할 도리가 없는 작품의 비평을 요구받았을 경우에 당신은 다음과 같은 의견을 말해야 한다. 즉 그가 당신의 말을 듣고(설령 허영심이 손상되었다 하더라도), 적어도 그것을 비난으로 받아들일 수 없는 그러한 의견을 말해야 한다.

사교석상에서 작가임을 전혀 모르는 사람이 있거나 그의 작품을 전혀 읽어본 적이 없는 사람이 있으면 작가는 매우 불유쾌하게 생각한다. 또한 그들의 감각과 합치되지 않는 가치관, 혹은 그들이 여러 권의 책에 일관되게 주장한 내용에 저촉되는 가치관을 누군가가 표명했을 경우, 그들은 불유쾌하게 생각하는 것이다.

작가의 기분을 상하게 하고 싶지 않다면 그러한 일을 하지 않도록 특히 주의해야 한다.

### 216 — 식자끼리의 교제에 대하여

재미있는 구경거리가 있다. 작가 두 사람이 글이나 말로 서로 찬양하고, 서로 호의적인 서평(書評)을 쓰고, 찬란하고 영원한 장래를 서로 보증하는 광경이 그것이다.

서로 칭찬하고 각자의 장점을 서로 이야기하기 위해 몇명의 사람들이 모이는 수가 있다. 내가 그러한 장소에 함께 있게 되었다면 아마도 나는 말을 하지 않는 방관자가 될 것이다.

그들은 상대의 결점을 찾아내는 일이 없도록 서로 눈을 다른 데로 돌리고 있다. 이러한 두 사람이 이별할 때는 언제나 한쪽이 다른쪽보다 우수하다는 것이 분명해졌을 경우이다.

336

이 정도는 아니지만 그밖에도 재미있는 구경거리가 있다. 식자들 중에서 흔히 볼 수 있는 괴물들이 그들이다. 그들은 서로의 의견이나 이론이 다르면 공공연하게 대중 앞에서 마치 구걸하는 소년들처럼 서로 다툰다.

같은 곳에 식자가 살고 있고 같은 전문 분야에 명성을 다투고 있는 경우에는 서로 박해하고 증오하며, 최소한의 올바름조차 서로 인정하려 하지 않는다.

나는 그런 모습을 볼 때마다 절망한다. 식자들의 지성과 교양에 환멸을 느끼고 진리의 갈증에 가슴앓이를 한다.

이러한 점에 관해서는 이미 많이 언급되어 왔다. 따라서 나로서는 학식이 있는 매춘인(賣春人)의 모습을 소개하는 데 그치려 한다.

그러나 유감스럽게도 우리의 주위에 이러한 인간의 모습을 흔히 목격할 수 있는 것이다.


*217*―식자와 친구 사이임을 자만해서는 안된다.


어느 저명 인사와 친척이거나 친구 사이이다. 그러므로 자신도 중요한 인간이라고 생각하는 인간이 있다. 이러한 어리석은 생각은 마땅히 버려야 한다.

현명한 사람이나 신분이 높은 사람이 따뜻이 배려해주었다고 해서, 그러한 배려를 받은 본인이 현명하고 선량한 것은 아니다.

타인의 권위를 증거로 삼아 그것을 자랑하는 것은 참으로 유치한 일이다. 나는 그런 인간을 만나면 맘껏 경멸하고 상대를 하지 않는다. 그들은 인간 중에서도 최하급이므로 피하는 것이 좋다.

## 218 — 저널리스트와 교제할 때의 주의 사항

오늘날 식자라고 불리고 있는 사람들 가운데 몇 명의 저널리스트들은 상당한 명성을 떨치고 있다. 그러나 이러한 사람과 교제할 때에는 특히 주의할 필요가 있다.

그들 자신은 대체로 학식이 모자란다. 그래서 그들은 대개 지배적인 세력이나 그 리더의 우산 아래에서 생활의 방편을 얻고 있다.

그들은 각 지역을 돌며 온갖 이야기들을 수집한 다음 기회를 보아 세상에 발표한다. 자신들의 깃발에 호응하지 않는 인간을 발견하면 교묘하게 비방하여 쓰러뜨려 버린다. 혹은 자신들의 정당함을 의심하는 인간을 발견하면 그들의 입을 틀어막는다.

자신의 신념에 맞지 않은 말을 어디선가 찾아내면, 그것을 증거로 삼아 숨김이 없는 선량한 인간을 괴롭히기가 일쑤다.

이러한 인간이 당신을 친밀한 듯이 방문하러 왔을 때는 경계심을 늦추지 말고 말조심을 해야 한다. 만약 경솔한 말이나 비밀을 그들에게 토로했다면 나중에 틀림없이 그 사항을 세상에 알릴 것이다. 때문에 저널리스트를 만나면 이러한 사실을 항상 염두하고 입조심을 해야 한다.

세상에서 이러한 짓을 가장 격렬히 하고 있는 인간, 아무리 올바른 방책을 강구해도 구제할 길이 없는 인간, 그 인간의 이름을 나는 여기에 공표하고자 한다. 그것은 다름 아닌

'익명'이라는 이름이다.

그리고 '익명' 씨는 결코 어쩌다 드물게 볼 수 있는 인간이 아니다. 괴인(怪人)이 여러 가지 얼굴 모양을 해보이듯이 '익명' 씨도 그 모습을 여러 가지로 바꾸기 때문에 어떠한 수배서(手配書)도 도움이 되지 않는다.

실로 '익명' 씨야말로 역겹고 두려운 악당이다. 이 악당은 먹이를 노리는 사자처럼 포효한다. 라틴어의 속담에 나오는 것처럼 '사자는 으르렁거리며 탐내는' 것이다.

### *219*—시인이나 음악가, 호사가(好事家) 등과의 교제

시인·작곡가·성악가·무용가·배우·화가·조각가 등과 교제할 경우, 위에서 말한 것과는 전혀 다른 방식으로 교제할 필요가 있다. 그들은—— 그중의 가장 선량한 사람들은 물론 예외지만—— 위험한 인간은 아니다. 그러나 대체로 허영심이 강하고 독선적이며, 또 신뢰하기에는 어쩐지 미덥지 않은 인간들이다.

예술이 인간의 심정에 영향을 미친다는 점에 대해서는 부정할 수 없다. 그러나 안타까운 사실은 인간의 심정에 좋은 영향을 줄 수 있는 예술가의 수는 너무나 적다는 것이다.

현대는 경박한 취미가 널리 만연되어 견실한 예술이 경시되고 있는 시대이다. 일반 대중의 문화 수준은 날로 저하되고 있으며, 예술가들은 그러한 일반 대중의 구미에 맞추는 일에 급급하고 있다.

그 결과 예술의 본질은 묘하게 변질되고 타락했다. 외설(猥褻)이 훌륭한 예술로 둔갑하고, 고성(高聲)과 방음(防音)

이 개성적인 음악으로 통용되고 있다.

이러한 상태이므로 우리의 주위에는 예술의 기초조차도 모르는 사이비 예술가들이 득실거리고 있다. 시를 쓰고, 희곡을 쓰고, 작곡하고, 노래를 부르고, 연주를 하면서도 그것이 지닌 참다운 의미를 깨닫지 못하고 있는 것이다.

예술 행위는 치열한 철학적 고찰과 사유를 필요로 한다. 그런데 철학적 정신이나 건전한 이성, 지식, 순진 무구한 감정 등을 가지고 있지 못하면서도 예술가로 자처하여 예술을 훼손시키고 있는 것이다.

원래 빈수레가 요란한 법이다. 참다운 예술 행위를 하지 못하는 사람들일수록 더욱 소리를 높여 자신을 내세운다.

그렇지만 유행을 추구하는 사람들 가운데에는 이러한 예술가를 지지하는 사람이 있는 법이다. 그들을 옹호하는 뻔뻔스러운 평론가도 있다.

이러한 현실이므로 무지한 인간으로 간주되고 싶지 않다면, 그리고 호사가(好事家)들은 모두 적으로 돌리고 싶지 않다면, 당신은 그러한 예술가를 굳이 사람들 앞에서 3류라고 불러서는 안된다. 물론 현명한 인간이라면 호사가들(신분이 높은 사람도 있고 낮은 사람도 있다)을 보면, 혐오감을 느끼지 않을 수 없을 것이다. 그들의 비뚤어진 비평이나 내용이 없는 어리석은 이야기를 듣고 혐오감을 느끼지 않을 사람은 없을 것이다.

그러므로 이렇게 천박한 무리들 속에서 일해야 한다면 당신은 마땅히 인내심을 갖고 그들의 무의미한 말에 귀를 기울여야 한다. 뿐만 아니라 억지로 절개를 굽혀 호사가의 말을 칭찬하고 그의 말에 따를 필요도 있다.

그들로부터 인정받고 존경받고자 한다면 소극적이어서는 안된다. 오히려 그들과 같은 정도로 뻔뻔스러워져야 하고, 억지로라도 대담한 판단을 내려야 한다.

신분이 높은 사람들이 있는 곳에 당당히 발을 들여놓고, 넉살좋게 사람들 앞에 나서며, 자신의 전문 영역에서 세상 사람들로부터 얼마나 많은 호평을 받고 있는가를 선전하라. 도저히 손에 넣을 수 없는 것은 철저히 경멸하고, 적절한 말을 발견할 수 없을 때에는 의미가 있는 것처럼 고개를 갸웃거려라. 초심자에게는 오만하게 행동하고 신분이 높고 재산가이며 권세를 자랑하고 있는 호사가들에게는 알랑거리며 아첨하는 말을 하라. 쓸데없는 것을 기꺼이 즐겨라. 저속한 무곡(舞曲), 진지한 음악 속에 삽입되는 술집풍의 댄스 음악, 야하고 현란한 색채, 관능적인 시(詩), 허풍 떠는 일과 내용이 없는 미사 여구, 줄거리가 엉망이고 잔혹한 장면이 빈번히 나오는 연극 등을 기꺼이 즐겨야 한다── 그리하여 당신은 보편적인 세속의 타락에 진심으로 기여할 수 있는 것이다.

그러나 만일 당신의 마음속에 활력이 있고 타인을 두려워할 이유가 전혀 없다면, 그 괴물(怪物)에 단호히 저항해야 한다. 한심스럽고 비열한 자들에게는 반항하라. 우리 시대의 미다스*의 껍질을 벗겨 줘라. 그러면 그 기다란 귀(耳)가 나타나게 되어 허울 좋은 가면(假面) 때문에 생각이 혼란스

---

* 미다스(Midas);그리스 신화 프리기아 왕(Phrygiaz). 세일레노스(Seilenos)의 마력에 의해, 만지는 것마다 모두 황금으로 변한다는 소원이 이루어졌으나, 먹으려는 음식이 금으로 변하고 사랑하는 딸마저 금으로 변하여 슬퍼했다고 함. 또 아폴론과 판의 음악 콩쿠르에서 음악의 신 아폴론에게 졌다고 판정했기 때문에 당나귀 귀가 되는 수난을 당했음.

러워지는 일도 없어진다.

그러나 매우 유감스러운 일이 있다. 오늘날에는 진정으로 위대한 예술가들도 사이비 예술가들의 행태로부터 자신을 방어할 수밖에 없는 것이다. 그래서 어떤 부분에서는 위와 같은 저속한 방법을 쓰지 않을 수 없다. 세상 사람들로부터 호평을 받고 생계를 이어가기 위해서는 유행과 세평(世評)에 매달리지 않을 수 없는 것이다.

예술가, 특히 음악가 중에는 흔히 난처한 일을 당하는 사람이 많다. 예컨대 예술가를 칭찬하려고 사람들이 모인 장소에 발을 들여놓은 경우이다. 사람들은 무엇인가를 들려달라고 부탁하지만, 연주가 시작되면 주의력이 산만해지고 예술을 이해할 지식도 없다.

예술가는 피아노 앞에 앉아 더할 나위 없이 우아한 아다지오(adagio)를 연주한다. 가장 감동적인 대목에 이르면 많은 청중이 큰소리로 감동을 표현한다.

"아, 정말 아름답다!"

"정말 훌륭하다!"

이리하여 감동적인 대목이 청중들의 환성으로 엉망이 되어 버리는 것이다. 이 얼마나 무례한 행동인가.

---

●예술은 알맞은 환경에 놓였을 때에만 이익을 가져오는 것이다. 예술의 목적은 교훈이다. 그것은 사랑을 내포한 교훈이다. 예술이 다만 사람들의 오락물로써 존재하고, 진리를 계발하는 힘을 갖지 못할 때에, 그것은 참다운 예술도 아니며 고상한 예술도 못된다.

러스킨 — 영국의 평론가.

## 220—배우와의 교제

젊은 사람들을 위하여 예술가에 대해 주의할 점을 한마디
더 말하고자 한다. 특히 배우, 그것도 질이 별로 좋지 않은
배우에 대해 말하고자 한다.

현명하고 분별 있는 사람이라면 내가 선입관이나 냉혹함
때문에 이러한 말을 한다고는 생각하지 않을 것이다. 나의
충고는 예술을 즐길 때에도 절도를 지키라는——그리고 마
음에 드는 예술가나 그 추종자들과 어울릴 때에도 절도를
지키라는——것이다.

말할 것도 없는 것이지만 음악이나 문학, 연극, 무용, 회
화 등은 사람의 마음에 좋은 영향을 미치는 것이다. 예술은
인간의 마음을 온화하게 만들고 고귀한 정감(情感)을 감수
(感受)할 수 있도록 만든다.

그것은 상상을 휘몰아 풍부하게 만들고, 지성을 연마하
고, 마음에 기쁨을 주고, 기분을 쾌활하게 만들고, 사람들
의 행동을 온화하게 만들며, 사회 도덕을 촉진시키는 것
이다.

그런데 도가 지나치면 이러한 멋있는 효과가 여러 가지의
비참한 결과를 낳게 된다.

세상에는 유별나게 감수성이 예민한 사람들이 존재한다.
좋은 의미에서 감수성이 예민하다는 것은 순수하기 때문인
데, 이를 '단순하다'는 말로 대체하여도 무리는 없다.

단순한 사람들은 어떤 현상에 대하여 희로 애락을 정직하
게 반영한다. 그것이 픽션이건 논픽션이건, 자신에게 관련
된 일이건 타인에게 관련된 일이건 간에 이내 마음의 동요

를 느낀다.

예술적 감수성이 너무 강한 사람들은 바람결에 휘날리는 갈대처럼 여러 가지 정념에 쉽게 휩싸인다. 언제나 타인이 꾸며낸 이야기에 의하여 행복을 그리거나 스스로의 가슴을 찢으며 아파한다. 거짓말쟁이가 교묘히 유혹하면 의심도 없이 그 술수에 넘어가 농락당한다.

이런 식의 너무 연약하고 줏대가 없는 심정은 실로 예술이 가져오는 비극적인 선물 중의 하나이다.

자살을 예찬한 어느 무책임한 작가의 글에 영향을 받아 수많은 젊은이들이 목숨을 끊었던 비극적인 실례가 있다. 작중 인물의 난잡한 탈선을 본받아 실제로 탈선한 부인들도 많다. 배우들의 경박한 언동이나 저속한 의상 등은 빠르게 유행된다.

병적으로 감수성이 강한 사람들은 항상 실현성이 없는 헛된 생각에 잠겨 살기 때문에 현실과의 괴리감을 떨칠 수 없다. 찬란한 몽상에 비하여 현실은 너무도 초라하고 불행하며, 드라마틱한 작품에 비하면 풍파가 없는 가정 생활이 매우 따분하게 생각된다. 한마디로 말하여 예술에 탐닉하고 배우들의 말이나 행동에 좌우되는 인간은 자기 자신의 주체적인 삶을 아깝게도 놓치고 있는 것이다.

이렇듯 예술은 인간의 심정에 부정적인 영향을 미칠 수 있는데, 그 작품을 연기하는 배우가 그 주역을 담당하는 것이다.

그렇다면 여기서 배우라는 직업의 사람들을 살펴보자.

흔히 배우를 '천의 얼굴'을 가진 인물이라고 말한다. 출연하는 작품에 따라서 역할이 변하기 때문에 붙여진 이름이다. 그러므로 알게모르게 자기 본연의 성격을 잃어버리고 변덕스럽게 된다. 세상의 어느 직업에 비하여 배우들에게 추문이 끊이지 않고 있다는 사실이 이를 반증하는 것이다.

배우는 연기를 하는 동안에는 자신의 감정을 직접 드러내서는 안된다. 슬플 때에 익살스러운 역할을 할 때도 있고, 그 반대의 경우도 있다.

이런 직업적 특성 때문에 배우 개인의 성격을 좀처럼 알아챌 수 없다. 질이 좋지 못한 배우가 매력적인 인물의 연기를 할 때, 그 리얼한 연기력에 깜빡 속을 수가 있는 것이다.

### 221 ─ 음악가나 배우를 돌보고 있는 사람은 어떻게 행동해야 하는가

배우나 음악가를 돌봐주고 있는 사람에게 나는 다음 사항을 충고하고자 한다. 그들의 변덕스러움이나 제멋대로의 성격 때문에 괴로움을 당하고 싶지 않다면, 처음에 단호한 태도를 보여주어야 한다. 그 경우의 중요한 주안점을 말하겠다. 그들의 특성을 당신이 충분히 알고 있다는 점을 보여주고, 또 당신이 예술가를 평가하고 판단할 능력이 있다는 점을 보여줄 것, 시간이나 규칙을 잘 지키지 않는 습관이 들지 않도록 할 것, 만일 시간을 지키지 않거나 건방지게 반항하면 처음으로 그런 행동을 했을 때에 엄하게 대처할 것.

그리고 다른 한편으로는 예술가의 재능이나 인품에 따라 이쪽에서도 정중하게 상대를 칭찬하는 기분으로(다만 자신의 품위를 그들과 같은 차원으로 끌어내리는 일없이) 대응할 것.

## 222 — 젊은 예술가와 교제할 때의 규칙

신인 작가나 예술가를 격려할 때에는 그들 수준에 걸맞는 칭찬과 격려의 말을 사용해야 한다. 결코 아첨이나 추종이 되지 않도록 해야 한다.

추종이나 아첨의 말은 마약처럼 젊은이를 타락시킨다. 지나치게 칭찬하거나 박수 갈채를 보내면 그들은 이내 우쭐한 마음이 생겨서 오만해진다. 예술가의 오만은 곧 예술의 무덤이다. 왜냐하면 자신의 예술을 연마하여 보다 완성도가 높은 것으로 만들려는 노력을 태만히 하게 되기 때문이다.

그런데 오늘날 출판물의 상황을 보면, 유감스러운 일이지만, 명백한 넌센스가 아닌 한 모든 작품이 칭찬을 받고 있다. 왜냐하면 사람들이(특히 문예 분야에서) 쓸모없는 태작(駄作)을 읽는 데 익숙해져 있기 때문이다.

재능이 있는 젊은이라면 주위의 평판으로 말미암아 타락해 버리지 않도록 주의해야 한다. 그러기 위해서는 겸손한 마음을 지니는 것이 무엇보다 중요하다.

당신의 예술이 보다 더 고상하고 빼어난 것이 될 수 있도록 영향을 미칠 만한 사람과 교제하도록 하라. 당신에게 알랑거리는 말을 하는 저속한 사람이나 열광적인 신봉자와는 교제하지 말아야 한다.

## 223 — 진정으로 철학적인 예술가와의 교제에 의해 얻어지는 행복

저급한 예술가와 친교를 맺으면 당신에게 유익한 점은 거의 없다. 반대로 철학적 정신과 학식, 기지(機知) 등 자신의 작품에 담고 있는 예술가와 교제하면 배울 점이 매우 많고 또 유쾌하다.

이러한 예술가와 친분을 맺는다는 것은 하나의 축복이다. 그의 정신은 여러 가지 지식으로 채색되고, 그의 눈은 자연과 인간의 관찰에 의해 예리한 빛을 띄고 있다. 그는 예술의 신(神) 뮤즈의 우아한 가호를 받고 있으므로, 그 옆에 있는 사람의 마음도 덩달아 사랑과 우정과 자선(慈善)으로 충만하고 도덕은 청징(淸澄)한 것이 된다.

낙담과 실의에 빠져 있을 때에 그의 힘찬 말을 들으면 어둡고 흐렸던 우리의 마음은 밝아지면서 맑게 개인다. 우리가 세상 사람들에게 불만을 느끼고 언짢은 생각을 하게 되었다 해도 그의 분별 있는 말을 들으면 다시금 세상 사람들과 화합할 수가 있다.

괴롭고 무미건조한 나날의 일에 얽매여 있는 우리에게 그는 휴식을 안겨 준다. 격무에 지쳐 기진맥진해진 우리의 마음에 활기를 안겨 주며 새로운 희망을 일깨워 준다.

그들과 교제함으로써 우리의 평범한 식사는 신(神)들의 향연(饗宴)으로 화하고, 누추한 집은 신전(神殿)이 되며, 부뚜막은 뮤즈의 제단(祭壇)이 되는 것이다.

---

● 예술은 사람들을 합치시키는 수단의 하나이다. 우리의 예술 — 부유한 계급의 오락을 위하여 이루어진 예술은 매춘부의 웃음이나 다름없는 것이다

　톨스토이 — 러시아의 작가·사상가.

*224*—의사에게는 어떻게 행동하면 좋은가.

의사가 그 사명을 정당하게 수행하고 있다면 인류에게 있어 이만큼 고마운 직업은 없다. 만물의 영장이라고 자처하는 인간도 육체가 병들어 고통을 당하면 정신마저 무너지는 경우가 많다. 고귀하고 훌륭한 생각을 품고 있는 사람이 몸이 병들어 그 생각을 실현할 수 없는 경우, 육체의 고통보다 더한 정신적 고통을 느낄 것이다.

이러한 육체와 정신적 고통으로부터 인간을 구원해주는 존재가 바로 의사이다. 그들은 헤아릴 수 없이 많은 환자들을 치유시켜 사랑하는 가족들에게 돌려준다.

어린 아이가 그의 아버지나 부양해줄 사람, 교육시켜줄 사람을 잃지 않도록 해준다. 무덤에 묻힐 때까지는 무엇과도 바꿀 수 없는 남편을 정숙한 아내에게 되돌려준다.

요컨대 의사 이상으로 세상의 복지(福祉)나 동포의 행복, 평안, 만족 등에 직접적인 혜택을 가져다 주는 직업은 없다. 더구나 그러한 일을 하는 데는 참으로 많은 지식과 노고가 필요한 것이다.

어떤 직업이든 재능이 없으면 커다란 성공을 거둘 수가 없다. 하지만 보통의 건전한 상식이 있으면(혹은 그것이 약간 결여되어 있어도) 그런 대로 잘 해낼 수 있는 학문도 있다.

그런데 훌륭한 의사가 되려면 매우 총명한 두뇌와 섬세한 심정의 소유자여야 한다. 그들에게는 재능이 전부가 아니다. 잠시도 쉬지 않고 계속 공부해나갈 노력의 정신이 수반되어 있어야 한다.

약학(藥學)의 전제가 되는 여러 가지 보조적인 학문도 포
함하고 있는 의학은, 인간에 대한 기초적 지식 가운데서 가
장 숭고하고 자연스러운 학문이다. 의학은 자연의 모든 영
역에 걸쳐져 있다. 자연에서 찾을 수 있는 모든 작용과 성분
을 연구한다. 인간의 육체와 마음, 단단한 부분과 액상(液
狀)의 부분, 전체의 구성, 마음의 움직임과 정념(情念)을 탐
구하는 것이다.

이런 것을 놓고 볼 때 의사가 우리를 도와주는 일——그
리고 의사와 교제하는 일——만큼 유익하고 위안이 되는
일은 없을 것이다.

그런데 아스클레피오스의 후계자들 가운데에는 이와 판
이한 종류의 인간도 수없이 많은 것이다. 학위를 방패 삼아
환자가 알지 못하는 사이에 인체 실험을 하는 특권을 행사
하는 자들도 있다. 환자의 육체를 마치 자신의 소유물인양
제멋대로 여러 가지의 액상(液狀), 분상(粉狀) 물질을 주입할
수 있는 용기(容器)로 생각하는 것이다.

그들의 목적은 이러한 염류(鹽類), 산류(酸類), 알콜성 물
질 등이 서로 충돌하여 어떠한 효과가 생겨나는가 하는 것
을 관찰하는 데 있다. 그러한 짓을 하면서도 그들이 할 수
있는 일은 고작 환자의 육체를 파괴시키는 것에 지나지 않
을수도 있다.

매우 철저한 지식을 갖고 있으면서도 관찰 능력이 모자라
는 의사도 있다. 그들은 질병의 징후를 잘못 파악하거나 환
자의 그릇된 보고 때문에 판단을 잘못할 경우가 있다. 그래
서 냉정하고도 깊이, 열심히 살펴보지도 않고 처방하는 것
이다. 정말로 환자가 그러한 병에 걸려 있다면 틀림없이 그

처방도 도움이 되겠지만, 그렇지 못할 경우에는 환자의 생
명을 좌우할 수도 있는 것이다.

체계(體系)나 권위에 집착하는 의사, 유행을 추구하는 의
사도 있다. 그들은 결코 나쁜 결과에는 책임을 지지 않는다.
그들의 처방에 의하여 환자의 상태가 나빠질 경우에는 자연
쪽에 책임을 떠넘기는 것이다.

그리고 돈을 벌려는 속셈에서 환자의 회복을 지연시키는
의사도 있다——이러한 자들 중의 누구에게 걸리더라도 불
확실함이나 무책임함, 옹고집, 악덕(惡德) 등의 희생이 될
위험을 각오하고 있어야 한다.

그러므로 의사와의 교제에 있어서는 다음과 같은 점을 지
키는 것이 현명하다.

자신의 체질에 해가 되는 것과 유익한 것을 분간하고, 무
엇이 자신에게 맞고 맞지 않은가 하는 점에 주의해야 한다.
이러한 방식으로 자신의 건강 상태를 엄하게 규제해 가면
병원이나 약국에 무턱대고 돈을 퍼붓는 식의 곤란한 일은
별로 생기지 않는 법이다.

평소에 자연 과학과 의학 책에도 관심을 갖는 것이 좋다.
자신의 체질에 맞는 의학 상식을 가지고 있으면 작은 질병
은 스스로 치료할 수도 있는 것이다. 부득이 의사의 도움을
받아야 한다면, 우선 그가 건전한 지성의 소유자이냐의 여
부에 주의해야 한다. 또 다음과 같은 점에도 주의해야 할 것
이다.

의학 이외의 일에 대해서도 명석하고 공평하며 편견없이
이야기하는가. 조심스럽고, 입이 무겁고, 열심이고, 의학에
열중하고 있는가. 인간을 사랑하고, 정감이 풍부한 마음의

소유자로 보이는가. 언제나 환자에게 너무 많은 약을 복용하도록 강요하는가. 아니면 단순한 처방을 사용하여 가능한 한 자연히 회복되도록 하고 있는가. 의사 자신의 기호에 따라 환자에게 무엇을 먹지 못하게 하거나 먹도록 권하고 있는 것은 아닌가. 이야기의 앞뒤가 맞지 않는 경우가 있는가. 동업자에 대한 시기심을 갖고 있는가. 가난한 사람이나 신분이 낮은 사람보다는 부자나 신분이 높은 사람을 치유해주는 데 더 의욕을 나타내는 인간인가——이러한 점이 만족스럽고 안심할 수 있다면 기꺼이 그 의사에게 몸을 맡기는 것이 좋을 것이다.

●병원의 침대는 주차해놓은 택시와 같다. 미터가 자꾸 올라가니까.
　　막스—미국의 배우

### 225—법률가에 대하여

인간의 삶에서 건강 다음으로 가치가 있는 것은 자신의 귀중한 재산을 안전하게 보유하는 일이다. 그 보증에 기여해주는 인간, 정의의 정도(正道)에서 단 한발짝도 벗어나는 일이 없는 인간, 속임수나 말로 구워 삶는 모든 수법·애매함·혼란 등을 명석하게 꿰뚫어보고 이성이나 진실·성실·공정이 가리키는 바를 알아맞힐 수 있는 인간, 강한 자·부유한 자·억압자로부터 가난한 자·약한 자·억압당하고 있는자를 지키는 인간, 고아의 아버지가 되고 무고한 인간의 구제자·변호자가 되는 인간——이러한 인간이야말로 바로 우리의 전적인 존경을 받을 만한 존재이다.

위에서 말한 사항은 존경할 만한 재판관이나 고결한 변호사가 되는 데는 얼마나 많은 일이 요구되는가를 말해주는 것이기도 하다.

"법률가가 되는 데는 건전한 이성은 별로 필요치 않다. 뛰어난 기억력과 무정한 마음, 그리고 능수 능란한 화술만 가지고 있으면 된다. 법학(法學)이란 특권적인 방식으로 사람들로부터 많은 돈을 벌어들이는 기술에 지나지 않는다."

이렇게 주장하는 사람이 있다면 그것은── 가장 온건하게 말한다 해도── 성급하기 이를 데 없는 판단이다.

물론 악덕한 법률가도 있다. 사리 사욕에 치우쳐 법률을 이용하는 자들도 있다. 법전(法典)의 허점을 이용하여 공식적으로 그릇된 판결을 내리기도 한다. 속임수로 빠져나가는 방법에 능하고 교묘한 화술로써 진실을 오도시키기도 한다.

바로 이러한 자들이 존경받아야 할 그 직업 자체를 모독하는 자들이다. 그러나── 악(惡)에도 눈을 감지 않고 말한다면── 대다수의 재판관이나 변호사의 행동과 많은 나라들의 사법 기구의 상태가 법조(法曹)에 대한 부정적인 판단을 내리게 하고 있는 것은 유감스럽지만 사실이다.

이러한 까닭에 가장 비뚤어진 두뇌의 소유자가 법학 공부에 몰두하는 경우가 많다. 그들은 법전만을 달달 암기하여 소정의 자격을 취득하면 그만이다. 그 지식을 다른 여러 가지의 훌륭한 지식과 결부시키려는 노력을 하지 않는다. 현대에 뒤떨어진 법 논리를 가지고 판결을 내린다.

이런 부류의 법률가들을 보면 마치 무학(無學)한 인간을 대하는 듯한 느낌이 든다. 그들의 사고(思考)는 그들의 바이블인 '법전'에서 조금도 오차가 없다.

정말로 융통성이 없는 법률가는 사회 생활 속에서 만날 수 있는 가장 고리타분한 생물이다. 그들은 다른 모든 인간적인 사항이나 심정을 도야하는 지식도 경험하지 않고 공직(公職)을 맡게 된다.

인격이 결여되고 경험이 없는 사람일수록 형식을 좋아한다. 그래서 그들에게는 단순 명료한 일도 번거롭고 까다롭게 만드는 재능이 있다. 선입견이 없는 건전한 머리를 가지고만 있다면 누구나 한 시간 내에 해결할 수 있는 소송을 오랜 세월 동안 지연시키는 것이다. 그들의 집무실에는 방마다 날조된 문서들이 가득차 있으며, 계쟁물(係爭物)의 가치를 훨씬 후가하는 비용을 지불하게 만든다.

아무리 이유가 갖추어진 청구라도 쓸데없는 형식상의 결함이 조금이라도 있으면 무효가 선고된다. 아버지로부터 물려받은 재산을 교활한 사람에게 빼앗겨도, 책략에 의해 불행한 일을 당해도 막대한 소송 비용을 염출할 재산이 없으면, 억울하지만 당해야 한다.

옹졸하고 편협한 재판관은 억울한 사람의 말보다는 거짓을 꾸미는 말에 친숙해져 있다. 그렇기 때문에 가난하고 힘없는 사람은 억울해도 당해야 하고 죄없는 많은 인간이 영어(囹圄)의 몸이 되거나 처형대의 이슬로 사라져야 한다.

법학 교수들은 미숙한 제자들에게 생명이나 재산에 관한 판결문을 쓰게 하고, 자신이 감정하는 데 돈을 지불한 제자의 것을 올바른 판결이라고 인정한다 —— 하지만 이렇게 비분 강개해본들 무슨 소용이 있겠는가. 이 역겹고 혐오스러운 황폐(荒廢)를 모르는 사람이 어디에 있겠는가.

내가 할 수 있는 최고의 충고는, 재산에 관한 일이든 인격

에 관한 일이든 사법(司法)의 손아귀에 넘어가지 않도록 주
의하라는 것뿐이다.

어떠한 경우라도 소송은 피하는 것이 좋다. 이쪽이 옳다
고 완전히 확신하고 있더라도 화해하는 편이 낫다. 법정에
서 싸워야 할 사태에 이르기 전에 상대가 다투려고 하는 물
건의 절반을 양보해 버리는 것이 낫다.

유산(遺産)에도 어떤 재판 거리가 남겨지지 않도록 일을
정리하고, 생전에 그 모든 것을 명확히 해두어야 한다.

하지만 사악한 적(敵) 덕분에 소송을 하지 않을 수 없게
되면 이기적이 아니고 성실하며, 실력이 있는 변호사를 찾
아야 한다. 이때는 소정의 요금 외에 계쟁(係爭)이 해결되는
기간이 짧아짐에 따라 별도의 보수를 지불하기로 합의해 두
는 것이 좋다.

재산이 일단 변호사나 재산 관리인의 손아귀로 넘어가면
되찾을 수 없다고 각오해야 한다. 특히 이것은 태만이나 낡
은 인습, 이치에 맞지 않는 일 등이 법률 업무에 뿌리를 내
리고 있는 나라들에 해당된다.

어떠한 종류의 사건이라도 재판관을 매수하는 일을 해서
는 안된다. 이러한 짓을 하는 인간은 매수당하는 쪽과 마찬
가지로 극악 무도한 인간이라는 오명을 벗을 길이 없다.

법률가와 용건을 상의할 때에는 언제나 참고 견디는 일이
중요하다. 신속 단순하게 처리해야 할 일에는 결코 소송을
사용해서는 안된다.

벌률가에게 문서를 보내거나, 발언하거나, 약속하거나,
주장할 때에는 극도로 주의할 필요가 있다. 그들은 자구(字
句) 하나하나에 구애된다.

법률적인 증명은 건전한 이성에 의한 증명과 반드시 일치하는 것은 아니다. 법률적인 진리는 어떤 때는 상식의 진리 이상이지만, 어떤 때는 그 이하이다. 법률적 표현은 일상(日常)과 다른 해석을 허용하는 경우도 드물지 않다.

이 말은 법률 상의 의사(意思)가 일상 생활에서 말해지고 있는 것의 정반대를 의미하는 경우도 흔히 있다는 것이다.

## 226 — 군인과 교제하는 방식

오늘날에도 전쟁이 사람 대 사람의 싸움인 채로 남아 있다면, 그리고 인간을 살육하는 기술이 계통적 기계적으로 이루어지지 않고 개인의 전술이나 용감성만이 승패를 결정한다면, 병사는 조국의 방위 등을 위해서만 싸우게 되어 있다면 오늘날과 같은 기풍(氣風)이 군인들 사이에서 지배적인 경향이 미치지 않았을 것이다.

오늘날 능력 있는 군인이 되기 위해서는 이전과는 전혀 다른 종류의 지식의 필요해지고 있다. 그리고 몇가지의 새로운 동기 —— 명예에 대한 형식적인 생각과 복종 —— 가 대담한 용기에 대체되어 버렸다.

그러한 까닭에 군인들은 격정(激情)에 사로잡힌 통치자가 머물러 있도록 명한 지점 —— 약간의 돈을 받는 대신 목숨을 걸도록 명한 지점 —— 에 멈춰 서서 먼 곳으로부터의 사격(射擊)에 몸을 드러내고 있어야 할 처지가 되었다.

금세기(18세기)의 전반(前半)에는 어떤 종류의 거친 행위나 방자한 행동, 사회 생활과 도덕의 규약을 무시하는 행동을 취하는 것이 상하를 불문하고 군인의 일반적인 성격이

었다. 이러한 특권을 평화를 지켜주는 것에 대한 부산물에
지나지 않는다고 생각하는 듯했다.

그렇지만 오늘날에는 상황이 전혀 달라지고 있다. 과학
문명의 모든 분야, 특히 그 직업에 필요한 분야의 지식, 조
심스럽고 세련된 태도, 엄격한 덕성(德性), 유연한 성격, 정
신과 감정의 도야를 위한 여가의 활용 등이 군인들에게도
필요한 것이 된 것이다.

실제로도 많은 사람들로부터 애정과 존경을 받을 만한 군
인들이 많이 배출되었다. 그러므로 군인과의 교제에 대해
특별히 설명할 만한 규칙은 없다. 하지만 다른 계층과 마찬
가지로 여기에도 나쁜 예외가 있는데, 몇가지 주의해야 할
점을 간단히 설명하겠다.

자신의 인격이나 명예가 조롱당하거나 모욕당하기를 원치
않는다면, 승부를 걸거나 술을 마실 때에——혹은 이와 유
사한 기회에——거친 군인과 동석하는 일을 피하는 것이
현명하다. 만일 그것을 피할 수 없는 상황이라면 각별히 정
중하고 진지하게 행동하는 편이 좋다.

특히 프랑스의 군대에서는 명예 훼손에 대한 편견이 강
하다(이 편견은 여러 가지 면에서 유익한 일을 가져오기도
하지만,설명이 길어지므로 여기서는 언급하지 않겠다). 이
편견 때문에 군인은 자신에 대한 약간의 애매한 말을 들으
면 참지 못한다.

보통 사람들에게는 허용되는 표현이 군인에게 있어서는
모욕적인 의미가 되는 일이 흔히 일어나게 된다. 이를테면
'그것은 역시 좋은 일은 아닙니다.'라고 말하는 것은 괜찮
지만, '그렇게 하신 것은 나쁜 일입니다.'라고 말해서는 안

된다.

'좋지 않다'와 '나쁘다'는 결국 같은 의미의 말인데도 군인들은 한쪽은 허용하고 다른 한쪽은 배척하는 것이다.

이러한 규칙을 신조로 삼는 인간과 교제할 때는 그들 세계에서 통용되는 '언어 상의 약속'을 알아두는 것이 좋다.

군인의 면전에서는 그 계층에게 불리해지는 말은 털끝만큼도 해서는 안된다. 군인은 스스로 온 세계에서 가장 중요한 사명을 수행하고 있다는 자부심을 갖는 것이 실제로 필요한 만큼 이것은 자명한 일일 것이다.

그들에게 있어서는 명성과 영예를 요구하는 일 이외에 도대체 무엇이 그토록 괴롭고 위험한 생활에 몸을 바칠 동기가 될 수 있겠는가.


## 227 — 상인과 교제할 때의 유의 사항

맨주먹으로 시작하지도 않고 큰 불운을 겪지도 않은 상태에서 막대한 재산을 이룩하고, 알맞은 지혜에 의해 사업을 하며, 위험한 모험이나 투기를 하지 않는다면 상인의 신분만큼 쾌적한 것은 없을 것이다.

사실 상인만큼 행복스런 자유를 향유하고 있는 신분도 없다. 지금까지의 도덕이나 문화, 사치 등에 상인만큼 중대한 영향을 직접적으로 미친 계층도 없다.

모든 인간의 기풍(氣風)이 변해가는 것도 그들의 활동 덕분이다. 즉 멀리 떨어져 있고, 여러 가지 면에서 몹시 다른 민족들 사이에서 그들은 메신저 역할을 하고 있는 것이다.

이리하여 인간은, 이들이 개입하지 않으면 결코 전달되지 않았을 —— 적어도 훨씬 뒤에야 겨우 전달되게 되었을 ——
습속(習俗)이나 재보(財寶), 희망, 지식, 정신적·육체적 욕구
등에 접하게 된다.

그러므로 어느 한 대국(大國)의 상인들이 —— 더욱이 이들
가운데 가장 두뇌가 명민한 자들이 —— 합의하여 확고한 원
칙 아래 조직적으로 활동하게 된다면 그들은, 아마도 의심
할 나위 없이, 세계의 지성(知性)이나 의지를 자유로이 어느
방향으로나 조종할 수 있을 것이다.

그렇지만 세상의 상인들 가운데에는 그만큼 넓은 시야와
기획력이 있는 인물이 존재하지 않는다. 더욱이 그들은 아
주 상이한 이해(利害)에 의해 분열되어 있기 때문에 서로 결
속하여 세계를 지배할 수 없다. 이런 까닭에 상업은 인간의
계몽이나 습속에 계속 영향을 미치면서도 그 영향이 조직적
으로 되는 일이 없다. 모든 것이 시간의 흐름에 맡겨져 있는
것이다.

이상적인 인물로서의 대상인(大商人)은 선견지명이 있고
매우 포괄적인 정신의 소유자여야 한다. 세상의 복지에 관
심을 갖는 고결하고 고상한 지조(志操)의 소유자여야 한다.

세상에는 실제로 이러한 상인도 존재한다. 내가 프랑크푸
르트 및 그 부근에 머물고 있던 때에 이러한 상인들과 알게
되었다. 아마도 그들은 다른 무대에서 활약했다 하더라도
동시대의 위인(偉人)으로 꼽혀졌을 것임에 틀림없다.

현명하고 선량한 인간과의 교제에는 아무런 규칙도 필요
없다. 그러므로 여기에서는 일반적으로 흔히 볼 수 있는 종
류의 상인과의 교제 방식만을 살펴보기로 하자.

상인의 주된 관심사는 금전이나 재산이다. 부(富)나 이득

에 관한 일에는 무척 예민하다. 그래서 그들은 인간의 가치를 재산이 많으냐 적으냐의 여부로 판정하는 경향을 보인다.

그들에게 있어 '그 사람은 좋은 사람이다.'라고 말하는 것은, '그 사람은 부자이다.'라고 말하는 것과 마찬가지다.

그들로부터 자기보다 나은 사람으로 인정받으려면 적어도 재산 상태가 엉망이 아니라는 평판을 받고 있을 필요가 있다. 유복하다는 점이 그들에게 가장 좋은 인상을 불러일으킨다.

자신의 책임이든 운이 나빴든 간에 가난에 허덕이고 있다면 지성(知性)이나 심정에 아무리 빼어난 장점이 있더라도 그들로부터는 인정받지 못한다.

상인과 친밀한 교제를 원한다면 금전에 대한 약속만큼은 철저히 이행해야 한다. 약속을 엄수하고 정확히 지불한다는 평판을 얻을 수만 있다면 상인과의 교제는 용이하다.

다음은 그들과 거래할 때의 유의 사항이다.

거래 상대인 상인의 태도가 대체로 만족스럽다면 특별한 문제가 없는 한 상대를 바꾸어서는 안된다. 거래 상인을 쉽게 바꾸지 않는 것이 여러모로 유익하다. 이쪽을 단골 손님으로 확보하려고 마음 먹고 있는 상인과 계속 거래를 해야 성실한 서비스를 받을 수 있다.

사소한 물건을 구매하면서 상인에게 많은 노고와 시간을 허비하게 만들어서는 안된다. 이 나쁜 버릇은 특히 부인들에게서 흔히 볼 수 있다. 여러 시간에 걸쳐 온갖 상품을 살펴보거나 만져본 다음에 아주 사소한 물건을 구매하는 행위는 상인을 불쾌하게 만든다. 더욱 심한 경우는 구경한 상품

의 질이 나쁘다든가 값이 비싸다는 이유를 들어 아무 것도
사지 않는 경우이다.

　이렇게 무례한 행위를 조심한다면 상인과의 좋은 교제를
가질 수 있다.

●인간은 일반적으로 개와 비슷하다. 멀리서 다른 개가 짖어대는 것을 듣고 자신도 짖어댄다.

볼테르—프랑스의 작가·계몽 사상가.

●예술이란 대자연이 내포하고 있는 사상을 부각 추출하는 정신적 창조이다. 영감의 불 밑에서 다감多感한 묵즙墨汁에 의하여 회화繪畵가 나타난다.

비밀이 선명해지고, 막연하여 포착하기 어렵던 것이 명백히 드러나며, 끝없이 복잡하던 것이 일목요연一目瞭然하게 단순화되어 표출된다.

한마디로 말하면 예술은 대자연의 숨은 목적을 표현하며, 그것을 폭로하는 것이다. 그리고 위대한 예술가는 그 모든 것을 항상 단순화한다.

아미엘—스위스의 문학자·철학자.

●미숙한 예술가들은 모방을 하지만 성숙한 예술가들은 도둑질한다.

트릴링—미국의 비평가.

제5장

# 여러 가지 생활 방식이나 생업을 갖고 있는 인간과의 교제에 대하여

오래전에 심리학자들은 대부분의 사고는 우발적으로 일어나는 것이 아님을 발견했다. 빈번히 문제나 사고를 일으키는 인격의 형이 확실히 따로 있는 것이다. 그들은 어떠한 일이건 다른 사람의 탓으로 돌리고 응석을 부리고 싶어하며 보통 이상의 적의를 갖는 경향이 있다.

올바른 치료에 의해서 이와 같은 부류의 사람을 고칠 수 있는 가능성은 있지만, 정신 분석 의사라든지 그 계통의 전문가가 아닌 한 결국 무리이다.

그러므로 이와 같은 사람을 발견하면 피할 필요가 있다. 그들을 채용해서는 안되며, 사교 동아리에 참가시켜서도 안된다. 될 수 있는 대로 깊이 사귀지 않아야 한다. 불가피하게 교제하지 않으면 안될 경우에는 언제나 주의를 게을리하지 말아야 한다.

## 228―질이 나쁜 사기꾼

세상에서 사기꾼처럼 첫인상이 좋고 매력적인 인물은 드물다. 그들은 항상 행운의 여신을 가장하여 나타난다. 상대를 유혹할 수 있는 계획이나 기획, 적은 투자로 막대한 이익을 얻을 수 있는 일, 삶의 행복을 약속해줄 수 있는 훌륭한 조건 등을 지내고 접근한다.

이렇듯 변장하거나 거짓을 날조하여 자신의 이득을 꾀하는 사기꾼을 만나면 그가 질이 매우 나쁜 자라 하더라도 경솔하게 그의 정체를 폭로하여서는 안된다.

그들의 정체를 폭로하는 일이 우리의 생각처럼 쉬운 일은 아니다. 왜냐하면 그들은 말로 구워삶는 재간이 뛰어나므로 오히려 이쪽에서 당할 우려가 있다.

그렇다고 타인의 행복을 파괴하는 악당을 보고도 모르는 척하라는 것은 아니다. 명백한 증거를 잡았다면 당연히 그런 악당의 가면을 벗겨 추악한 진면목을 세상에 알려야 한다.

모르는 사람이나 갑자기 친해진 사람이 당신에게 행운을 주려고 할 때는 일단 의심하는 것이 좋다. 이것은 결코 어려운 일이 아니다. 그 사람이 당신에게 주려고 하는 행운을 비밀로 하지 않으면 되는 것이다. 현명한 사람들에게 그 사실을 털어놓고 조언을 구한다면 사기꾼의 술수는 이내 탄로가 나는 것이다.

## 229—도박꾼—도박 및 도박할 때의 행동에 대하여

나의 생각으로는 모든 사기꾼들 가운데 가장 경멸할 만한 존재는 도박을 생업으로 삼고 있는 인간이다. 그들에 대해 이야기하는 김에 도박할 때의 태도나 도박 전반에 관해서도 약간 언급해 두려고 한다.

도박 버릇만큼 저주스럽고 과도해지기 쉬운 것은 없다. 도박 버릇만큼 그 당사자는 물론이거니와 그의 가족 전원을 끝없는 빈곤에 빠져들게 만드는 것은 없다. 도박 버릇만큼 인간을 범죄와 악덕의 연쇄(連鎖)에 말려들게 만드는 것은 없다.

소유욕, 질투, 증오, 노여움, 타인의 불행을 기뻐하는 마음, 위장(僞裝), 거짓말, 우연한 행운에의 신앙—— 도박 버릇은 우리가 생각할 수 있는 이러한 모든 저열한 정념(情念)의 온상이다.

도박 버릇이 원인이 되어 사기, 싸움, 살인, 악행에 이르는 수가 많다. 귀중한 시간을 되찾을 수도 없이 낭비해 버리는 것도 이것이다.

이미 돈을 갖고 있는 자가 그토록 불확실한 일에 돈을 투자하는 것은 매우 어리석은 일이다. 따라서 애당초 도박을 손대지 않았다면 도박을 독사의 이빨로 생각하고 피하는 것이 좋다.

도박에 처음으로 빠져들었다면 변덕스러운 행운이 미소지어줄 때까지 계속하고 있어서는 안된다. 오히려 최초의 타격을 받았을 때에 물러나는 것이 좋다. 그렇지 않으면 가난한 사람이 거지로 전락할 위험성도 생긴다.

엄밀히 따져서 부자의 어리석음이 가난뱅이의 어리석음보다 더 곤란한 것이다. 도박을 좋아하는 인간이 부자로서 죽는 사람은 드물다.

그러므로 이 야비하고 한심스러운 수단에 의해 재산을 이룩하고, 또 도박을 계속하고 있다면, 그 사람은 이중 삼중으로 부정한 인간일 것임에 틀림없다.

금전을 소중히 여긴다면 프로 도박꾼과 도박을 하지 않도록 주의해야 한다. 그리고 어떠한 도박꾼도 신용해서는 안 된다──이런 말을 하면 그들 중의 성실한 자에게는 부당한 말이 될지도 모른다. 하지만 소수의 예외는 고려할 만한 것이 못된다.

도박은 그 특성상 거는 돈의 액수가 적으면 아주 지루하다. 그렇다고 해서 큰돈을 '우연'에 맡기는 것은 어리석은 일이다. 사려 깊은 인간은 머리나 마음이 잠들어 버릴 것 같은 희미한 활동을 경멸한다. 더구나 이러한 종류의 도박의 확률은 언제나 우리에게 불리하다. 이러한 점은 보통의 계산력이 있으면 이내 알 수 있을 것이다.

확률을 무시하고 성공했다 해도 우연의 산물에 지나지 않는다. 도대체 우연의 노예가 되고자 하는 사람이 그 누구란 말인가.

이른바 놀이로써 하는 사교상의 도박에도 손을 대지 않는 것이 좋다. 만약에 부득이 손을 댈 경우에는 미리 잘 학습하여 거는 돈의 액수가 많든 적든 언제나 주의를 기울여야 한다. 이때 중요한 점은 자제하는 정신이다. 기술적인 잘못이나 부주의를 거듭하여 돈을 잃거나 상대를 초조하게 만들거나 지루하게 만들어도 안된다.

돌려진 패가 나쁘거나 놀이에 지고 있어도 언짢은 기색을 드러내서는 안된다. 도박을 하여 돈을 잃기가 아주 싫다면 술래잡기라도 하며 노는 수밖에 없을 것이다.

도박을 할 때는 상대가 참을 수 없게 될 정도로 동작이 완만해서는 안된다. 상대가 잘못을 저질러도 욕을 해서는 안된다. 승부에 이겨도 그 기쁨을 노골적으로 나타내어서는 안된다. 패한 사람에게 있어서는 패한 것 이상으로 승자의 만족스런 표정이 얄미운 것이다.

도박이 서툰 사람이나 좋아하지 않는 사람에게 도박을 강요해서는 안된다. 이것은 인원을 갖추는 데 얽매이는 인간에게 일어나기 쉬운 일이다.

도박에 대한 이야기를 쓰자면 한 권의 책으로 엮고도 남을 정도이다. 그렇지만 더 이상 길게 논하지는 않겠다. 이쯤에서 화제를 바꾸기로 하자.

## 230─신비(神秘)를 이용하는 사기꾼 및 현대의 '신비주의 신앙'에 대하여

현대의 사기꾼들 가운데 적지 않은 역할을 하고 있는 자들이 바로 시령자, 연금술사 및 그 밖의 신비를 사용하는 사기꾼들이다. 이러한 종류의 몽상(夢想), 즉 초자연적인 현상이나 작용에 대한 신앙은 매우 강한 전염력을 갖고 있다.

인간은 상상력을 가진 생물이기 때문에 온갖 것을 상상할 수 있다. 천국을 만들 수도 있고 지옥을 창조할 수도 있다. 더욱이 인간의 마음속에는 과학으로 설명할 수 없는 이런 부분들은 알고 싶어 하는 강한 욕망이 도사리고 있다.

그래서 이성적인 증명으로는 처리할 수 없는 불가사의한 사상을 해명하려고 생각하는 인간이 생겨나게 되었다. 그들은 세상에 드러난 사실들을 모으고, 모아진 사실로부터 어떤 결론——이론이나 추론에 의해서는 반드시 그렇게 되지 않는 결론——을 끌어내게 된다. 그리고 그 신념에 무게를 더하기 위해 많은 사례들을 그것에 접목시키고 있다.

그들은 신비한 것을 더욱 신비하게 만들어 인간의 약점을 공략한다. 간혹 놀라운 이적(異蹟)을 행하기도 하지만 대개가 눈속임에 불과하다. 동서 고금을 통하여 이러한 사기꾼들의 출현과 종말을 우리는 숱하게 찾아볼 수 있다.

인간은 어디까지나 성실한 인간의 행동 양식에서 벗어나서는 안된다. 불가사의한 현상을 어떤 사람의 논증에 의하여 다소 납득을 했다고 하더라도 그것을 전적으로 믿는 것은 위험하다.

그러나 어떤 사상이나 현상을 냉정히 음미해보지도 않고 찬부(贊否)의 태도를 결정해 버리는 것은 이성적인 인간에게 어울리지 않은 일이다. 특히 매우 현명한 인간이 평생 동안 연구해도 해명할 수 없는 이러한 종류의 사항을 다룰 경우는 더욱 그렇다.

확실한 속임수를 발견했다고 하더라도 비웃음이나 농담에 의해서는 몽상가의 눈을 뜨게 할 수 없다. 한걸음씩 앞으로 나가는 것이 중요하다. 또 이성보다는 감각 쪽이 더 기만당하기 쉬우므로 실험하거나 신비로운 현상을 지켜보기에 앞서 전체의 입각이 되는 이론 쪽을 명확하게 설명하도록 요구해야 한다. 이때는 비유적인 언어가 아니라 명확하고 잘 알 수 있는 표준어를 사용하고, 학자들 사이에서 일단 일반

적인 것으로 되어 있는 사고 방식이나 언어를 사용하는 설
명만을 받아들이는 것이 좋다.

신비주의자의 은어(隱語)에는 수많은 지혜가 숨겨져 있을
지도 모른다. 하지만 우리에게 있어서는 우리가 이해할 수
있는 것밖에는 가치가 없다. 더럽혀진 돌멩이를 다이아몬드
라고 생각하고 기뻐하고 있는 인간이 있어도 그 기쁨은 인
정해주는 것이 좋다.

그렇지만 아무리 보아도 그 돌이 더럽혀진 돌멩이로밖에
보이지 않는다면, 상대만큼 보석에 대한 지식이 없어도, 그
것을 고백해야 한다. 솔직하면서도 온화하게 부끄러워하지
말고 자기의 생각을 말해주어야 한다.

알지 못하는 것을 아는 체하는 것, 이해하고 있지 못하면
서 이해하는 척하는 것은 수치 이상의 것이며, 자신과 상대
방을 동시에 기만하는 행위이다.

만일 신비주의자들의 농간에 당신이 확실한 피해를 당
했다면, 다른 성실하고 믿기 쉬운 인간에게 경고하기 위해
서도 망설이지 말고 그 기만 행위를 폭로해야 한다. 설령 그
것이 별로 당신의 명예가 되지 않는다 해도 그렇게 하는 것
이 의무라고 생각해야 한다.

●종교가 있으면서도 사람들이 이처럼 사악하다면 종교가 없었다면 그들
은 어떻게 되었을까?

　　B·프랭클린 — 미국의 정치가과학자.


●남의 작은 잘못을 책하지 않는다. 남의 비밀을 폭로하지 않는다. 남의
구악舊惡을 생각하지 않는다.

　　《채근담菜根譚》


●수치심은 모든 사람에게 정말로 어울리는 것이다. 그렇지만 그것을 극
복하는 방법을, 그리고 그것을 절대로 잃지 않는 방법을 터득해 두지
않으면 안된다.

　　몽테스키외 — 프랑스의 철학자.

제6장

# 동물과 어울리는 방식

인간과의 교제에 관한 책 속에 동물과 어울리는 방식에 대한 한 장(章)을 마련한 것이 엉뚱한 일로 여겨질 것이다. 하지만 여기서 말하려고 하는 사항은 그다지 많지 않고, 또 그것은 전체적으로 볼 때 사회 생활 전반과 밀접한 관계를 갖고 있다. 이 작은 탈선(脫線)을 독자 여러분이 허용해주리라고 생각한다.

---

●사람이 호랑이를 죽이려고 할 경우에는 스포츠라고 한다. 호랑이가 사람을 죽이려고 할 경우에는 흉악하다고 한다.
　　B·쇼 — 영국의 극작가

## *231*—동물을 학대하는 일에 대하여

'올바르고 의로운 사람은 그의 가축(家畜)도 불상히 여긴다.'라는 격언이 있다. 그렇다. 고결한 인간은 생물도 학대하지 않는다. 반면에 무정하고 잔혹한 인간—— 경솔하고 거친 인간이라고 하는 편이 공정할지도 모르지만—— 도 존재하는 것이다. 그들은 쉴새없이 쫓겨가는 사슴의 괴로움이나 야만스런 구경거리가 되어 죽어가는 가축의 고통받는 모양을 보고 즐길 수 있는 것이다.

한가한 인간들 가운데에는 그 한가함 때문에 동물을 학대하는 경우가 있다. 뚜렷한 이유도 없이 동물을 상대로 잔혹한 행동을 하고, 피흘리며 죽어가는 고통스런 모습을 보면서 즐거워하는 것이다.

일부의 동물들은 인간의 먹이로써 이 지상에 존재하기는 해도 결코 인간에게 괴로움을 당하기 위해 존재하고 있는 것은 아니다. 그러므로 동물을 학대하는 것은 창조주에 대한 범죄 행위에 해당된다.

지상에서 존재하는 생물들 중에서 가장 고결하면서 잔혹한 생물은 인간이다. 어떤 맹수들보다도 인간은 잔혹하다.

이성을 지니고 있지 않은 생물에 대한 잔혹함은 자신도 모르는 사이에 습성화가 된다. 그래서 이성을 가진 무리의 동류(同類)인 인간에 대한 잔학함이나 냉혹함으로 전화(轉化)하게 된다—— 아무쪼록 이러한 점들을 알고 살아 있는 모든 것에의 온화한 공감(共感)을 향해 마음을 열어 주었으면 한다.

인간 교제술 · 371

## 232-동물에 대한 쓸데없는 감상 과다에 대하여

하지만 이러한 개탄을 쓸데없는 감상 과다라고 생각하지 말아주기 바란다. 남자든 여자든 간에 피〔血〕를 정시할 수도 없는 나약한 자들이 있다.

그들은 참새구이는 맛있게 먹는 주제에 비둘기가 죽임을 당하는 것을 보면 기절할듯이 놀라며 눈물을 흘린다. 독설(毒舌)이나 펜으로 친구나 동료에게 정신적으로 상처를 입히고 있는 주제에 날개가 상한 나비를 가엾다고 생각한다. 급한 용건이 없는 사나운 날씨에 고용되어 있는 사람을 몇시간이나 부려먹으며 뛰어다니게 하는 주제에 빗속을 날아다녀야 하는 새에게는 되게 동정하는 인간도 있다.

나는 이렇게 보잘것없는 정신을 지닌 사람들은 찬양하는 것이 아니다. 또 나는 사냥꾼을 모두 잔혹한 인간이라고 생각하고 있는 것도 아니다. 아니, 사냥꾼 같은 인간은 절대 존재해야 한다고 생각하는 사람이다. 세상에 동물을 죽이는 인간이 존재하지 않는다면 인간은 식물계(植物界)의 음식만으로 살아가지 않으면 안되게 된다. 다만 내가 말하고자 하는 것은, 목적이나 이익도 없는데 —— 인간에게 대항할 생각도 없는 생물에게 불공평한 싸움을 거는 수렵 같은 짓을 뭔가 고상한 놀이인 것처럼 생각하고 즐기는 행위 —— 동물을 살생하거나 학대해서는 안된다는 점이다.

---

●동물을 괴롭히는 일은 참으로 무자비한 것이다. 그것은 사람이 만물의 영장이라 해서가 아니라, 사람은 모두 생명 있는 것들과 괴로움을 같이 하지 않으면 안되기 때문이다.
    석가

### 233—우리에 갇혀 있는 동물을 보며 즐기는 일에 대하여

동물을 상자나 우리 속에 가두어 두고 구경하는 것이 무엇이 그리도 기쁜지를 나는 이해하지 못하고 있다. 인간들에게 잡혀 자연의 힘을 작용시키거나 전개할 수 없게 된 갇혀 있는 생물의 광경, 그런 광경은 결코 사려 깊은 인간을 기쁘게 만들지는 않을 것이다.

나에게 예쁜 새장에 담겨진 새를 선물하려는 사람이 있다면, 이 기회에 미리 말해 두고 싶다. 나는 기쁘게 만들 수 있는 것은 새장 속의 새가 아니다. 새장을 열어 불쌍한 생물을 노예 상태로부터 해방시키고 하느님이 창조한 자연 속으로 놓아주는 일이다.

막대한 비용을 들여 작은 건물에 야생 동물을 집어넣고 기르고 있는 동물원이라는 것도, 내가 보기에는 매우 빈약한 오락의 대상일 뿐이다.

### 234—동물을 인간과 똑같이 다루는 짓의 어리석음

나는 동물을 학대하는 인간을 비난하였다. 하지만 동물을 인간과 마찬가지로 다루는 인간도 경멸한다.

고양이를 남편보다 더 다정하게 껴안는 부인, 자신의 말(馬)에게 부모님이나 친척들에게 주는 음식보다 더 좋은 음식을 주는 젊은이, 애견(愛犬)을 친구 이상으로 소중하게 생각하는 별종(別種)들을 나는 알고 있다.

인간이 인간을 사랑하면서 동물을 사랑하는 행위는 고결

하다. 그런데 인간이 인간을 사랑하지 않으면서 동물을 사
랑한다는 것은 이율 배반이다.

●인간이 다른 동물보다 위에 서는 것은 우리가 동물을 냉혹하게 괴롭힐
 수 있기 때문이 아니라, 그들을 가엾게 여기기 때문이다.
　석가

●서투른 익살은 농담이 되지 않는다.
　　　이솝—그리스의 우화 작가.


●교수형을 당한 사람의 집에서는 끈 이야기를 해서는 안된다.
　　　스페인의 속담


●교제에 능란하다는 것은 매우 위험하다.
　　　쉴러—독일의 시인·극작가.


●인간에게 있어서 행복한 날이 계속되는 것만큼 견디지 못하는 무거운
　짐은 없다.
　　　A·H·뮐러—독일의 경제학자.

제7장

# 작가와 독자의 관계에 대하여

인간과의 교제에 관한 이 책을 마무리 짓기 전에, 독자와 더불어, 작가와 독자의 상호 관계에 대해 약간 생각해보는 것도 좋을 것이다.

먼저 작가라는 직업이 무엇인가에 대해 내가 생각하고 있는 바를 적어보려 한다. 이 책의 머리말에서도 말했지만, 작가는 문자를 통해 독자와 대화를 나누는 일이라고 나는 생각한다. 그러므로 이따금 어느 작품에 다소 쓸데없는 말이 말이 섞여들어가더라도, 우정이 담긴 회화(會話)와 마찬가지이므로 너무 까다롭게 생각하지 말아주기 바란다.

원래 작가가 자작(自作)에 대한 평가를 내리는 일은 사람들이 생각하는 것보다 훨씬 어려운 일이다. 이는 작가적인 허영심이 작용한다는 이유 때문만은 아니다. 오랫동안 다듬어온 주제는 작가에게 있어 소중한 것이며, 작가는 이에 대한 자신의 생각을 매우 가치가 있는 것으로 생각해 버린다.

그 이유는 작품을 탈고할 때까지 쏟은 열정과 고찰(考察)이 그렇게 만드는 것이다.

그런데 제삼자의 눈에는, 작가가 이에 대해 뭐라고 말하든, 가치가 없고 평범한 것으로 보이는 것이다. 더욱이 그것을 쓸 때에 문장이나 표현이 작가의 마음대로 되는 것도 아니며, 시대와 파장(波長)이 맞지 않은 경우도 있는 것이다. 또한 작가의 마음이 너무 충만하여 느낀 것을 차례로 이야기할 수 없는 경우도 있다.

작가로서는 커다란 흥미를 느끼고 매우 치밀하게 묘사했는데, 독자에게 하품이 나게 만들거나 책값을 아깝게 만드는 경우도 있다.

그러나 독자는 어떤 작품이 자기의 마음에 들지 않는다고 해서 그 작품을 성급히 혹평해서는 안된다. 그 책에서 단 한 가지만이라도 배울 점이 있고 유익한 점이 있다면, 그 점을 그 작품의 가치로 인정하는 자세가 요구된다.

그리고 작가는 사회적인 책임이 있다는 사실을 하시라도 잊어서는 안된다. 그 작품의 영향을 받아 독자가 고결한 인간성을 기를 수도 있고 악한으로 전락할 수도 있는 것이다. 그러므로 결코 윤리 도덕을 손상시키거나 어리석은 행위를 부추겨서는 안되며, 고의로 남에게 상처를 입혀서는 안된다.

그 이외의 모든 일 —— 제재의 선택이나 표현법 등 —— 에 대해서는 작가의 소신을 굽히지 않아야 한다.

---

● 작가의 진실한 기능은 걸작을 남기는 것이다. 그외 다른 과업은 별로 중요하지 않다.

## 235 — 작가가 성공하는 데 필요한 점

그러므로 유해(有害)한 것이나 어리석은 이야기를 쓰지 않는다면 작가가 그의 사상을 활자화하는 일은 승인되어야 한다. 작가가 뭔가 유익한 것을 썼다면 그것은 모든 사람들에 대한 공적인 것이다.

그러나 유익한 작품이라고 해서 모든 사람들이 환영하는 것은 아니다. 그것은 전혀 별개의 문제이다.

선인과 악인, 현명한 사람과 어리석은 사람, 고결한 사람과 비열한 사람이 모두 똑같이 갈채를 보내는 작품은 있을수 없다. 만약 작가가 그런 작품을 쓰기를 바란다면 그것은 얼토당토않은 희망 사항이다.

하지만 독자들의 포괄적인 인기를 얻으려고 많은 작가가 바람직하지 않은 수단을 사용하고 있는 것도 사실이다. 작품의 형식이나 표현, 표제 등을 다루는 데 있어 해마다의 유행에 영합하는 행위가 그것이다.

그러나 독자의 구미를 맞추지 않는다면 적어도 우리 시대에 있어서는 작가로서 성공하지 못할 것이다. 왜냐하면 유익하기 이를 데 없는 작품을 써도 독자들의 외면을 받을 것이 뻔하기 때문이다. 그러므로 이러한 저작술(著作術)도 순수한 것은 완전히 무시하지 말기 바란다.

---

● 작가라는 것은 보통 사람들보다 글쓰는 것이 더 어려운 사람이다.
  토마스 만 — 독일의 소설가

## 236—작가에 대한 독자의 행동 방식 및 비평에
대하여

여기서 작가에 대한 독자의 행동과 의무에 대해서도 언급하고자 한다.

첫째로 말하고자 하는 것은, 작가가 독자 개개인의 취향에 맞추기란 불가능한 일이라는 것을 결코 잊어서는 안된다는 점이다. 어느 독자가 그때의 상황이나 기분에 의해 무척 흥미를 느낀 이야기라도 다른 사람에게 있어서는 아주 지루하고 쓸모없는 이야기로 여겨질 수도 있다. 이 말은 부정할 수 없는 사실이다. 만약에 모든 독자의 취향에 맞는 한 권의 책을 쓸 수 있는 인간이 있다면, 그는 놀라운 능력을 지닌 마법사일 것이다.

작가와 같은 수준이나 기분이 아니면 도저히 이해할 수 없는 어려운 작품이 있다. 그런가 하면 누구나 쉽게 읽고 그 의미를 흡수할 수 있는 가벼운 작품도 있다.

그렇다고 해서 전자는 수준 높은 작품이고 후자는 수준 낮은 작품인 것은 아니다. 세상에는 어려운 문제를 쉬운 문장으로 쓰는 작가가 있는가 하면 쉬운 문제를 어려운 문장으로 표현하는 작가도 있다. 같은 의미를 전달하는 것이라면 쉬운 문장을 사용하는 편이 훨씬 능력 있는 작가일 것이다.

독자는 저자의 저작에 대하여 함부로 비평의 이빨을 드러내서는 안된다. 특히 자기의 취향에 맞지 않는다고 해서 혹평하는 것은 매우 경솔한 행동이다.

하지만 독자가 가장 피해주기를 바라는 것은, 마음에 들

지 않는다고 해서, 단순한 억측에 의거하여 작가의 덕성이
나 작품성을 곡해하는 일이다. 또한 그 작품의 일부만을 읽
고 전체를 판정해서는 안된다. 무지하고 짓궂은, 혹은 돈만
주면 무슨 짓이든 하는 비평가의 찬사나 비난을 그대로 받
아 옮기는 일도 하지 말아 주었으면 한다.

### 237—독서에 대하여

그런데 무익한 서적이 범람하는 것을 생각하면, 인간과
마찬가지로 서적에 대해서도 주의하여 대응하는 것이 현명
하다. 나는 책을 읽을 때 특별히 새로운 책을 읽으려고 하지
않는다. 오히려 오랫동안 많은 사람들이 읽어 온 책을 읽
는다. 만약 그런 책이 발견되지 않는다면 빼어나게 독창적
인 책이나 양서가 나타날 때까지 기다리기로 하고 있다. 무
익한 책을 읽음으로써 시간을 낭비하거나, 그러한 책과의
대화에 의해 시간을 헛되이 보내기가 싫기 때문이다.

나는 오래 된 좋은 친구들과의 모임을 갖고 있는 것에 만
족하고 있다. 그들과는 활자를 통해 흔히 어울리며, 그때
마다 새로운 만족을 얻는 것이다.

나의 오래된 좋은 친구란 바로 고전(古典)이다.

# 에필로그


친애하는 독자여, 이제 인간과의 교제에 관한 이 책의 결
말로 접어드는 단계이다.

독자가 이 책 속에서 뭔가 주의할 만한 것을 발견했다면,
그리고 이 책이 대중에게 호의(好意)를 갖고 받아들여져 공
정한 평가가 내려진다면, 이는 내가 지금까지 성공을 거둔
어느 저작보다도 더 큰 기쁨을 내게 안겨줄 것이다.

나는 적어도 이 책 속에서 성실하고 사려 깊은 인간이 수
치스럽게 생각할 원칙을 만나게 되지 않기를 희망하고
있다. 또 특별한 점은 없어도 완전하다는 장점은 인정해주
리라고 생각한다. 왜냐하면 내가 어떤 형태로든 다루지 않
은 사항을 사교 생활 속에서 발견하기란 용이한 일이 아니
라고 생각하기 때문이다.

하지만 이 책이 성공했는가 그렇지 않은가, 성공과 실패
가 절반씩 차지하고 있는 셈인가, 아니면 그저 평범한 것인
가 —— 이에 대한 판단은 독자의 몫으로 남기고 작별을 고
하려 한다.

# 인간교제술 효과적인237가지법칙

2022년 3월 25일 인쇄
2022년 3월 31일 발행

지은이 | A.F.V.크니게
옮긴이 | 김 진 욱
펴낸이 | 김 용 성
펴낸곳 | 지성문화사
등  록 | 제5-14호 (1976. 10. 21.)
주  소 | 서울시 동대문구 신설동 117-8 예일빌딩
전  화 | (02) 2236-0654
팩  스 | (02) 2236-0655